天涯论丛　陈义华◎主编

中国日语教育发展与日语教学创新

汤伊心 著

ZHONGGUO RIYU JIAOYU FAZHAN
YU RIYU JIAOXUE CHUANGXIN

中山大学出版社

·广州·

图书在版编目（CIP）数据

中国日语教育发展与日语教学创新/汤伊心著 .—广州：中山大学出版社，2023.7

（天涯论丛）

ISBN 978-7-306-07787-5

I. ①中… II. ①汤… III. ①日语—教学研究—高等学校 IV. ①H369.3

中国国家版本馆 CIP 数据核字（2023）第 066004 号

出 版 人：王天琪
策划编辑：嵇春霞　廖丽玲
责任编辑：廖丽玲
封面设计：曾　斌
责任校对：邱紫妍
责任技编：靳晓虹
出版发行：中山大学出版社
电　　话：编辑部 020-84110283，84113349，84111997，84110779，84110776
　　　　　发行部 020-84111998，84111981，84111160
地　　址：广州市新港西路 135 号
邮　　编：510275　　　　　传　真：020-84036565
网　　址：http://www.zsup.com.cn　　E-mail：zdcbs@ mail. sysu. edu. cn
印 刷 者：广州方迪数字印刷有限公司
规　　格：787mm×1092mm　1/16　13 印张　270 千字
版次印次：2023 年 7 月第 1 版　2023 年 7 月第 1 次印刷
定　　价：58.00

前　言

　　长期以来，日语教育一直都是我国教育事业的重要组成部分，在培养日语人才、加强对日交流等方面发挥了重要作用。1949 年 10 月 1 日，中华人民共和国成立。随着新中国的诞生，我国高等日语教育开始发生变化，从以往的精英教育进入普通民众也可以参与的教育阶段，同时也结束了为解燃眉之急而急功近利的状态，结束了半殖民地半封建社会下国内实际动荡导致教学无法保证的状态，结束了以往的强制学习状态，结束了在战争过程中我国日语教育简单化的教学状态，真正进入了稳定、系统且在社会主义体制下的发展阶段。随着"文化大革命"结束，我国在各个方面逐渐进入恢复阶段，此时我国高等教育开始在恢复中进行发展。1977 年，我国政府对"文革"过程中所有遭到迫害的知识分子进行了平反。与此同时，邓小平同志开始着手恢复教育工作，并在此过程中召开了全国高等学校招生工作会议。在该次会议上，邓小平明确指出高校的招生对象，同时决定恢复高考。从 20 世纪末期开始，随着我国改革开放的不断深入和市场经济的快速发展，我国国力不断增强，并且在 2001 年加入 WTO（世界贸易组织），同时国内以及国际形势不断发生改变。在这种形势下，我国开始大力推行素质教育，以此向社会输出更多新时代人才。

　　从 20 世纪 90 年代末期开始，随着我国高校的扩招，全国开设日语专业的高校数量不断增加，日语专业的办学条件也得到进一步改善，相关图书资料以及多媒体资源快速增加，选修课程大量新增。另外，日语专业教师队伍结构也更为合理。在进入 21 世纪之后，随着市场经济需求的变化，出现了更多与专业融合的日语人才培养模式，比如旅游日语、科技日语、经贸日语等，这些日语人才培养模式都是在日语语言文学基础上拓展而来的。在这一时期，日语专业成为高校新增的热门专业。2008 年，随着我国奥运会的成功举办，我国在国际上的影响力进一步提升。在这种形势下，我国有 26 所高校申请开设日语专业，促使日语专业排在全国高校新增热门专业中的第 7 位。在这一时期，我国高校的日语学科建设不仅包含了系统的语言教学，还包含了日本文化以及政治等方面的教学，为我国培养了大量的专家学者及各种日语人才，与此同时，理工科高校的日语专业也大量涌现。

此外，我国的高等日语教育在这一时期各层次的教学规模都在不断扩大，但是随之也带来教学质量参差不齐的问题。在日语教师方面，进入 21 世纪之后，高校日语教师的待遇不断提升，吸引了更多优秀日语教师加入，促使高校日语教师队伍的水平无论在学历方面还是在整体业务水平方面都得到了新的提升。另外，各大高校对文化、语言、经贸等方面也十分重视，因此，高等日语教育在结构上获得了平衡。

综上所述，我国的日语教育发生了翻天覆地的变化，20 世纪 60 年代我国开设日语专业的本科高校不足 30 所，1972 年超过 100 所，1999 年达到 205 所，2022 年增加至 525 所。为了应对时代变迁，本科日语专业在教学方面也由早期的以听说读写译为主的单一的语言技能教学演变为更注重跨文化交际的复合型人才的培养。

当前，我国日语教育又进入了新的发展阶段。党的十八大以来，中国特色社会主义进入新时代，这是我国发展新的历史方位。2021 年 5 月 31 日，习近平总书记在主持十九届中央政治局第三十次集体学习时强调，讲好中国故事，传播好中国声音，展示真实、立体、全面的中国，是加强我国国际传播能力建设的重要任务。要深刻认识新形势下加强和改进国际传播工作的重要性和必要性，下大气力加强国际传播能力建设，形成同我国综合国力和国际地位相匹配的国际话语权，为我国改革发展稳定营造有利外部舆论环境，为推动构建人类命运共同体做出积极贡献。同年 9 月，习近平总书记给北京外国语大学老教授亲切回信，对外语人才培养提出殷切期许：要努力培养更多有家国情怀、有全球视野、有专业本领的复合型人才，助力中国更好地走向世界、世界更好地了解中国。2021 年 3 月 2 日，中华人民共和国教育部发布《教育部办公厅关于推荐新文科研究与改革实践项目的通知》（教高厅函 〔2021〕 10 号），为深入学习贯彻习近平新时代中国特色社会主义思想，贯彻落实全国教育大会精神，落实新文科建设工作会议要求，全面推进新文科建设，构建世界水平、中国特色的文科人才培养体系，开启了新文科研究与改革实践项目立项工作。

　　本书从我国高等日语教育发展出发，分析了日语教学的改革创新。全书分为上下两编，其中上编为中国高等日语教育发展概述，包含三章，具体阐述了中国高等日语教育的创始阶段、迅速发展阶段和跨越式发展阶段的发展情况，并且在每章中分析了我国高等日语教育在该阶段的社会背景、政治经济环境、日语专业建设情况、日语课程建设情况及其他情况。下编为日语教学的创新与人才培养，包含四章，分析了中国高等日语教学现状及发展对策、不同教学方法在日语教学中的应用、网络资源在日语教学中的应用和日语人才培养。其中，第四章为中国高等日语教学现状及发展对策，主要包括日语教学现状调查分析、调查分析结论与对策等内容；第五章为不同教学方法在日语教学中的应用，主要包括情境教学法和 Seminar 教学法在日语教学中的应用；第六章为网络资源在日语教学中的应用，主要包括网络资源应用于日语教学的实验分析、网络资源对日语教学的积极作用、网络资源应用于日语教学的具体策略等内容；第七章为日语人才培养，主要包括高校日语人才培养现状、高校日语人才培养存在的问题以及高校日语人才培养的改革措施等内容。

　　本书通过分阶段的方式阐述了我国高等日语教育的发展，从不同角度分析了当前我国高校日语教学现状，并且以此为基础提出了我国高校日语教学各个方面未来创新发展的对策。虽然经过不断修改和完善，但是本书难免存在不足之处，恳请各位读者指正，笔者不胜感激。

　　本书为"外语专业多元化人才培养途径的探索：境外教学实践的创新之路"（项目批准号：Hnjg2018-32）的阶段性研究成果。项目主持人：汤伊心。

目　录
CONTENTS

下编·中国高等日语教学的创新与人才培养

上编

中国高等日语教育发展概述

第一章　中国高等日语教育的创始阶段

1949 年 10 月 1 日，中华人民共和国成立。随着新中国成立，我国高等日语教育开始发生变化，从以往的精英教育进入普通民众也可以参与的教育阶段，同时也结束了为解燃眉之急而急功近利的状态，结束了半殖民地半封建社会下国内实际动荡导致教学无法保证的状态，结束了以往的强制学习状态，结束了在战争过程中我国日语教育简单化的教学状态，真正进入了稳定、系统且在社会主义体制下的发展阶段。

/第一节/　创始阶段的社会背景及政治经济环境

一、国内社会背景及政治经济环境

在新中国成立初期，百废待兴，全国上下致力于建设社会主义以及实现经济发展，所以当时的高等日语教育也需要服务于社会主义建设。从全国范围来看，当时已经开展高等日语教育的学校仅仅只有两所：第一所是北京大学，属于普通高校；第二所是军委工程学校，属于部队高校。从整体上看，当时我国高等日语教育规模很小。与此同时，在这一阶段我国主要与其他社会主义国家建立外交关系，尤其是苏联，因此我国充分参考了苏联模式来进行本国建设，比如我国向苏联派遣了大批人员进行学习，同时也从苏联引进相关的专家帮助我国进行建设，在教育方面的教材也大量使用苏联教材，俄语是当时的重要交际工具。除了俄语以外，其他外语教育基本处于初级发展阶段，其中包含日语教育。从当时的实际情况来看，我国日语教育整体规模较小，影响力较弱。之所以在当时形成以俄语为主导的外语教育格局，主要受到当时我国外交政策的影响，即我国不承认所有国民政府所建立的外交关系，所以在新的基础上与其他国家建立了平等的外交关系。同时在国际关系方面，当时我国加入了社会主义阵营，以此来对抗西方国家的压迫。

在外语教育方面，由于当时俄语教育处于主导地位，导致俄语人才超过了当时实际的需求。主要原因为在当时由于各方面因素影响，我国在人才需求设计方面出现了一定误差，从而导致俄语人才输出量超过实际需求。为了应对这一情况，我国教育部针对俄语专业学生制定了相应的解决办法，即提倡俄语专业学生转专业或转业，以此解决俄语专业人才过剩的问题。在之后的发展过程中，随着我国与苏联关系的逐步恶化，我国俄语教育规模逐年缩小，促使许多俄语专业人才转向其他专业。自此开始，我国的外语教育在规模方面由英语占据第一。

在全面学习苏联时期，我国高等教育也充分借鉴了苏联教育模式。比如教学计划、教学大纲、教学法等这些新概念逐渐被引入我国教育领域，并且开始在我国高等院校中应用。教育部 1950 年在结合苏联高等教育模式的基础上，对学生学习课时数以及休息天数等方面进行了规定，第一次明确了具体的学习时间。同时，我国教育部在这一年也颁布了针对高等院校的一系列规定，明确了高等学校领导关系、高等学校课程改革等方面的问题。1951 年，全国高等学校教学计划审查会议研究制订了我国高等院校在招生以及毕业生工作分配方面的计划，并且出台了相应规定。1953 年，教育部颁布了高校学生学籍问题处理规定，随后又针对教师工作以及学生考试出台了相应的办法，以此来明确教师工作内容以及学生考试内容。在接下来的一年内，教育部明确了不同职称教师的工作内容与职责。所以在 20 世纪 50 年代，我国高等教育领域在教师等级方面已经形成了与当时一致的职称划分。1956 年，教育部颁布了关于高等学校教材编写、高校教师调动和教职工人员任用等方面的规定和办法。1957 年，教育部根据当时的实际情况规定了不同高等院校互派教师进行教学的具体内容，并且强调不同高等院校之间的互派教师必须符合相关规定。上述这些文件都给我国高等教育的发展带来了极大帮助，改变了我国长期以来所实行的封闭式教学模式，改变了旧大学中教学和科研的无政府状态，促使我国高校教育开始进入稳定的发展状态。除了上述关于高等教育发展的各种文件，教育部还充分结合当时的实际情况制定了一系列相关措施来推动我国高等教育实现稳定健康发展。

1952 年，教育部规定全国高校除经教育部批准的个别学校外，一律参加统一招生。在 1952 年之后到 1965 年之前，这一阶段是我国实行高考制度的初期发展阶段。在这一阶段，日语教育仍然处于初期发展阶段，没有形成较大规模，并且因为日语教育的特殊培养目标以及涉及我国外交事业，所以在日语专业方面对学生的家庭出身、语言能力和外观气质等方面都有较高要求。因此，在这一时期对于日语专业的招生，往往是采用高校教师干部在全国各地中学单独招生的方式，除此之外就是接收政府机关单位、其他高校或军队送来的干部。整体上来看，当时的日语专业主要是为了培养更多外交人才。

1952 年 7 月，教育部在相关指导方针的指导下，要求全国高等院校对自身的院系进行调整，同时要求当时所有的私立高校全部转为公立高校。此外，教育部对高等院校进行改组，促使各种庞杂的高等院校转变为有明确培养目标并且需要在一定范围内招生的高等院校。通过这样的改革，更多高校有了明确的任务，能够在明确目标的指引下集中自身优势力量为国家培养更多的专业人才。在日语教育方面，当时我国开设日语专业的普通高校只有北京大学，所以当时的院系调整对于日语教育来说没有产生任何影响。

同时，在第一个五年计划超额完成的支撑下，我国再次要求全国向科学进军，以此来进行更好的社会主义建设。在这一时期，全国范围内迎来了一次建设社会主义的高潮，在这一高潮的带动下，我国外语教育迎来了新的发展机会。总体上来看，在新中国成立初期阶段，整个国家十分重视高等教育建设，并且将高等教育建设与国民经济发展联系在一起。正是由于这种对高等教育建设的重视，促使我国在这一阶段获得了较大的高等教育建设成效，并且在此基础上充分展示了集体力量的优势，有效促进了人心的凝聚。1956 年，在我国高等教育建设开始的基础上，教育部召开了高等学校校长、院长、教务长座谈会，并且在会议中探讨了对"双百方针"的贯彻。同年，毛泽东在《人民日报》发表文章，指出要充分认识人民内部矛盾和敌我矛盾，不能够将两者相互混淆。整体上来看，在新中国成立初期阶段，我国高等教育整体氛围较为积极和宽松。所以，很多学者将 1956 年作为我国外语高等教育不同阶段划分的重要标志之一。例如，学者赵德强认为，从新中国成立到 1957 年，是外语高等教育发展的最好时期。在这一阶段，我国在各个方面都获得了较好的成绩。

1957 年，在中央的指示下，我国教育行政部门要求高等院校在校园内进行整风运动，以此肃清高等院校内存在的不正之风。同年 6 月，教育领域正式开始全国范围的反右派斗争，在此过程中，大量教师和大学生被划分为"右派分子"。1958 年，全国开始了教育大革命的破旧运动，对外语教学进行了批判，反对高校创造外语语言环境，强调必须脱离西方文学体系，不断加强外语教学的实用性。在这一指导思想的要求下，我国所有高等院校日语专业中所使用的日语教材需要能够充分反映我国内部的政治环境以及劳动人民的真实情况，这就导致日语教材中反映日本实际情况的内容占比不断降低，并且出现了大量政治方面的词汇和语句。在这种情况下，日语专业学生只能够学习大量政治方面的日语词汇和语句，从而导致在当时的学生群体中出现了大量中国式日语。尽管在部分日语教材中存在反映日本情况的内容，但是无论是日语语句还是词汇，基本是以揭露日本民众生活困苦为主，存在一定与实际不符的问题。

这一场波及全国所有高校的整风运动对我国高等教育发展产生了巨大影响，具体来看，对我国高等教育发展产生了更多负面影响。比如在这项运动进行过程中，对我国的知识分子进行了批斗，并且要求所有高校内的教师与学生及时上报自己思想的不正确的一面。同时在学校方面大办工厂以及农场，导致教学处于半工半读状态。从全国范围来看，在这一运动的影响下，全国开始兴办各种大学或学院，这一做法背离了我国初期的整体布局。比如在这些相关的大学和学院中，一些只向学生传授简单的劳动技术或对学生进行简单的劳动培训的学校也被称为大学，并且也享受与正式高等院校一样的高等教育资源，导致当时我国高等教育资源的极大浪费，并且对教学秩序产生了重大影响，原有的正常的师生关系也开始出现混乱。1961 年，我国颁布"高校六十条"，对这一时期所产生的错误进行了一定纠正。同时，该文件重新规定了高等院校的发展目标和需要承担的教育任务，并且明确了教学任务是高等院校的主要任务，需要对生产劳动等方面进行合理安排，并且提出要彻底执行党中央所制定的关于教育的相关政策，充分认识到知识分子在教育发展中的优势与作用。除此之外，该文件还对高校的领导体制进行了重新规定，明确了高校应实行以校长为首的校务委员会负责制。1961 年之后，随着各种政策文件的出台，我国的外语教育逐步恢复并且进入新的发展阶段。同时，我国高等教育方面的各种教学规范和教学指导文件相继出台。①

二、中日关系

除了对国内这一时期的整体环境进行考察以外，还需要考察这一时期我国与日本之间的关系。在新中国成立初期，日本作为战败国仍然受到美国的控制。并且在当时由于美国与苏联之间的冷战，促使美国希望通过控制日本来实现自己的冷战目标，因此将日本作为与社会主义阵营进行对抗的主力场所。在

---

① 李传松：《新中国外语教育史》，旅游教育出版社 2009 年版，第三章 "除旧立新调整发展时期"。

此时，日本各个方面尤其是外交完全处于美国的掌控中。日本由于受到美国的控制和影响，并且美国在当时对我国所采取的政策多是敌视政策，因此日本在当时宣布对我国实行封锁禁运。此时的日本政府由于处在美国的全球战略中，因此也禁止与中国进行贸易。在这一时期，为了打破中日关系的僵局，我国决定从日本民间交往入手，希望通过民间交往来实现与日本的交流。日本方面则出于自身经济以及外交等方面发展的考虑，在1949年成立了日中贸易促进会。从1949年到1967年期间，该组织为中日贸易的发展发挥了重要的促进作用。1950年，日本国内成立了日中友好协会，该团体也在中日贸易关系的发展过程中发挥了重要的积极作用。

从我国国内来看，1952年成立了中国国际贸易促进委员会。同年，在莫斯科召开的国际经济会议上，日本的三位国会议员在与我国代表进行交流之后，决定应我国邀请访问新中国。从这一次日本访问之后，我国与日本正式开始了经济方面的交流沟通，并且在这一过程中，我国与日本之间签订了民间贸易协议。

为了能够打破我国与日本之间的封锁禁运，我国和日本成立了贸易促进团体。在这一过程中，我国和日本在中日贸易促进会的支撑下完成了几宗商品交易。在此之后，朝鲜战争的结束以及我国和美国的谈判，使得日本政府放宽了相关的贸易限制，促进了我国与日本之间的贸易往来。比如在1953年，更多的日本贸易代表团来到我国进行交易，并且与我国签订了相应的经济贸易协议。在我国与日本第三次签订中日贸易协定之后，我国的贸易代表团也访问了日本。除此之外，在当时我国与日本还首次共同举办了商品展览会。自此之后，我国与日本之间的民间贸易往来更加频繁，同时在贸易范围方面也不断拓展。

从文化方面来看，随着日本红十字会代表团来我国访问，我国与日本之间有了更为深入的文化交流。比如在此次日本红十字会访问我国期间，我国红十字会与其交流了日本侨民的回国问题。正是这一次访问，促使我国与日本之间的关系更加缓和。在这次会议之后，红十字会帮助大量在我国的日本侨民回到日本，同时在此过程中，部分日本侨民成为我国高等日语教育中的一员，为我国高等日语教育的发展做出了贡献。在日本红十字会访问我国之后，中国红十字会于1954年访问日本，这是新中国成立以来我国第一个到日本访问的代表团。在当时，无论是我国还是苏联都表示需要通过相互访问加深与日本的关系，指出要在与日本建立双赢合作的基础上强化与日本的经济贸易关系，并且要在文化方面建立更为紧密的联系，从而促使两国之间实现关系的正常化。

但是从当时的实际情况来看，尽管日本对我国表达了恢复两国之间正常关系的意愿，但是美国不断从中阻挠，这就导致日本开始在恢复正常关系方面退缩。在此之后，随着日本国内更多的民间团体支持日本与我国建立外交关系，日本与我国之间的关系更加紧密，不仅在经济方面有更为深入的合作，同时在其他方面的交流也实现了进一步发展，比如在科学以及文化领域，我国与日本之间展开了新的合作，并且有了新的发展。

但是，这种友好关系并未持续太久，随着岸信介上台，我国与日本之间的关系开始倒退。岸信介在上台之后，不仅窜访了中国台湾，还在各种外交场合中发表了对我国进行攻击的言论。在这种形势下，我国与日本在签订第四次贸易协定过程中遇到了一定阻碍，并且最终未能实现贸易协定的签订。在此之后，"长崎国旗事件"的发生，导致我国与日本之间的贸易陷入中断状态，并且这一状态从 1958 年一直持续到 1960 年。

在 1960 年之后，随着日本国内爆发大规模反对美国的运动，大批日本民众否定了岸信介政府所做出的各种决定，从而导致岸信介政府在 1960 年 6 月倒台。日本内部政局的变化为之后日本与我国重新恢复良好关系打下了良好基础。岸信介政府倒台之后，池田勇人内阁成立，尽管池田勇人在上台之后并没有有效解决日本内部存在的问题，但是其在上任之后对岸信介的教训进行了充分考量，整体表现得更加谨慎，并且在执政期间提出了人均收入倍增计划，促使日本经济开始高速发展。池田勇人希望能够改善与中国的关系，同时希望日本能够与中国进一步开展经济贸易，并且发表了关于建立中日友好关系的言论，这些都为之后我国与日本建立友好关系发挥了一定促进作用。我国政府也注意到池田勇人政府这一积极态度，再加上当时我国与苏联关系破裂，使得我国必须在外交方面实现突破，以此来稳定我国在国际竞争中的地位，所以我国对池田勇人进行了积极回应。在这种形势下，周恩来总理提出了中日"贸易三原则"，并且强调新的中日"贸易三原则"必须与之前的"政治三原则"紧密关联。1962 年 9 月，日本议员松村谦三在池田勇人的重托下来华访问，并且在与我国的交流过程中充分围绕中日贸易展开讨论，研究了扩大中日贸易的方法，商定中日贸易的具体方案。1962 年 11 月，高崎达之助在《中日长期综合贸易备忘录》上签字。该备忘录的达成，使得我国与日本之间关系更加紧密，并且初步形成了中日贸易的发展轨道。在此之后，我国为了能够更好地处理中日贸易相关的工作，在原有基础上成立了中日贸易办事处，同时日本方面也成立了相关的办事处。此次我国与日本成立的相关办事处，是一种在原有民间贸易的基础上增加了官方性质的常设机构。自此开始，我国与日本之间的贸易从原来的民间贸易发展阶段进入了半官半民发展阶段。1972 年，随着我国与日本之间关系的不断加深，最终双方正式恢复了邦交关系。高崎达之助在《中日长期综合贸易备忘录》上签字一个月之后，我国和日本签订了友好贸易协定，该协定对两国之间的贸易进行了具体规定。1963 年，中日友好协会成立，这是中日关系发展历史中的重要里程碑。

但是，随着 1964 年池田勇人的下台和佐藤荣作出任日本首相，我国与日本的关系又开始逐渐恶化，甚至进入停滞状态。佐藤荣作作为岸信介的弟弟，在上台之后颁布了反华政策，导致两国之间关系逐渐恶化。佐藤荣作政府的"两个中国"政策，破坏了中日友好关系，日本试图通过这种方式来向美国示好，以此来获得美国更多帮助。由于佐藤荣作政府的影响，1964 年呈现增长趋势的中日贸易总额，在进入 1965 年之后开始逐渐下降。①

上述内容对新中国成立之后到"文化大革命"之前的国内形势以及中日关系进行了回顾与总结，其中可以看出，在十几年时间内，新中国经历了各种波折与起伏，整体上来看，在这一时期，新中国的政治经济局面呈现出从好到坏，再到好再到坏的发展路径。中日关系也由于中苏关系、日本国内形势、日美关系及我国国内形势的变化呈现出从好到坏，再到好再到坏的发展路径。从这里能够看出，我国国内形势与中日关系发展轨迹具有一定的相似性。高等日语教育在这种大背景下，也经历了从初创到遭到破坏，然后得到一定恢复，到再次遭到巨大破坏的发展历程。

---

① 冯瑞云、高秀清、王升：《中日关系史》（第三卷），社会科学文献出版社 2006 年版，第五章"中日关系被推进到半官半民阶段"。

/第二节/　日语专业建设情况

一、日语专业建设整体规模情况[①]

20 世纪 50 年代，我国设置了日语专业的高校主要包括：1949 年，北京大学、洛阳外国语学院[②]开展了日语教学；1951 年，南京国际关系学院（现为中国人民解放军国防科技大学国际关系学院）开展日语教学；1953 年，北京对外贸易专科学校（现为对外经济贸易大学）开展日语教学；1956 年，北京外国语学院（现为北京外国语大学）开始开展日语教学，并且设立了日语教学点，该教学点之后在 1962 年并入北京外国语学院。在所有设立了日语教学点的高校中，只有北京大学一所高校是四年本科院校。洛阳外国语学院和南京国际关系学院都属于部队院校，有两年制教育，也有四年制教育，这两所高校所开设的日语专业规模较大，但是两所高校的日语专业并不是每年都进行招生。除此之外，其余学校所开设的日语教学均不是正式的日语专业教学，比如北京对外贸易专科学校是在外贸专业中开设日语教学，所以在教学过程中以对外贸易课程为主。需要注意的是，北京对外贸易专科学校的外贸专业所开设的日语课程是按照相应课程标准开展的，与公共日语教学存在较大差异，这是我国最早培养商务日语人才的大学。北京外国语学院所开展的日语教学归属于国际关系专业之下，基础班课程是以国际关系课程为主，并且该专业中所开设的日语教学也是按照相应的专业标准进行开展的，这是我国最早的复合型人才培养。在整个 50 年代期间，我国的高等日语教育规模整体较小，真正设立了专业教学点并且较为全面和系统地教授学生日语的高校以北京大学和洛阳外国语学院

---

① 此部分内容综合参考了王守仁：《高校大学外语教育发展报告（1978—2008）》，上海外语教育出版社 2008 年版，第十章"大学日语教育的发展"；修刚、李运博：《中国日语教育概览1》，外语教学与研究出版社 2011 年版；伏泉：《新中国日语高等教育历史研究》，上海外国语大学博士学位论文，2013 年；程志燕：《日语教育近年在中国的发展及启示》，载《理论与现代化》2016 年第 5 期，第 123～128 页。

② 该校多次更改校名，其前身为军委工程学校第二部、第三部和东北民主联军测绘学校，先后由原解放军信息工程学院、解放军测绘学院、解放军电子技术学院和解放军外国语学院合并组建而成，现名为中国人民解放军战略支援部队信息工程大学。

为主，所以这两所大学之间有更加深入和频繁的交流。

进入 20 世纪 60 年代之后，1960 年，上海外国语学院（现为上海外国语大学）、上海对外贸易学院（现为上海对外经贸大学）设置了日语专业；1961 年，国际关系学院设置了日语专业；1962 年，北京师范学院（现为首都师范大学）设立了日语专业；1963 年，吉林大学以及辽宁师范学院（现为辽宁师范大学）设置了日语专业；1964 年，北京第二外国语学院、大连日语专科学校（现为大连外国语大学）和黑龙江大学纷纷设立日语专业。

在 20 世纪 60 年代初期，从全国范围来看，有日语专业课程的教学点共计14 个，具体为北京大学、洛阳外国语学院、南京国际关系学院、北京对外贸易专科学校、北京外国语学院、上海外国语学院、上海对外贸易学院、国际关系学院、北京师范学院、吉林大学、辽宁师范学院、北京第二外国语学院、大连日语专科学校和黑龙江大学。这一数据和我国教育部在 1966 年 3 月发布的统计资料数据相吻合。

通过上述统计结果可以发现，在新中国成立初期，全国范围内设置了本科日语专业的高等教育教学点较少，并且这一时期正处于我国高等日语教育发展的起步阶段，整体进展较为缓慢。在"文化大革命"这一动荡时期，不仅中日之间没有恢复外交关系，而且在美帝国主义的封锁禁运下，中日贸易总额极小。在这种大形势之下，日语人才的培养自然在整个新中国高等教育的起步阶段处于角落中，当时对日语人才的需求量极低。

从各个教学点的设立时间来看，1949—1956 年，由于当时国内形势较好，中日之间的民间往来也较为频繁，因此设立的日语专业教学点较多。1957—1959 年，随着我国国内政治运动的加剧，在中日民间往来受到岸信介政府极大阻碍的背景下，没有日语专业教学点设立。1960—1964 年，由于当时对前期政治运动中出现的错误进行了纠正，高校逐渐恢复了教学，同时中日关系也在"三原则"和备忘录等文件的影响下向积极方向发展，因此在这一时期日语专业教学点的设立也更为普遍。1965—1969 年，由于"文革"的影响，全国范围内没有一所高校新增加日语专业教学。从这里可以看出，社会政治经济环境和中日关系大大影响了我国高等日语教育的发展。

二、日语专业教学点的具体情况①

（一） 北京大学

北京大学的日语专业在全国范围内是发展时间最长、层次最高的日语专业。北京大学日语专业作为全国最高水平的研究型大学中的学科型专业之一，长期以来在科研能力方面都保持着较高水平，同时也十分重视通过加强日语专业学生语法功底和提升学生文学素养等方式来培养日语专业人才。同时，北京大学在培养日语专业人才方面也强调要有效提升学生的日语实际应用能力。此外，由于北京大学建校较早，已经形成了较为浓厚的人文环境，可以帮助日语专业学生更好地建立日语方面的知识体系。在 2020 年关于中国大学研究生的专业第一名的统计中，北京大学的日语专业排第一名。北京大学的日语专业拥有最为悠久的历史，曾经出现过诸多杰出的日语教师。

在开设日语专业之后，北京大学就正式进行日语教学活动。在招生方面，北京大学第一届日语专业学生并不是通过选拔方式而是通过不同部门或是不同地区向北京大学输入生源的方式进行招录的，学制为一年到三年。总体上来看，当时北京大学的日语专业整体规模较小，学生人数较少，但是在培养目标方面更具有针对性。事实上，日语教学作为一种小语种教学，在新中国成立初期就已经存在。北京大学第一届日语专业学生只有 7 名，第二届只有 1 名。随着新中国成立之后我国对经济建设的重视和发展，1951 年，北京大学日语专业开始派遣教师进入全国各地的高中选拔高三学生。再加上全国各地输送的委托培养人员，使当时北京大学日语专业的学生数量快速增加，其中在春季入学的学生共计 13 人，在秋季又有 23 名学生进入日语专业。1952 年，北京大学日语专业共招收学生 24 人。

1952 年，我国开始了高等学校院系调整及专业设置工作，将东方语的高等教育工作全部纳入北京大学，与此同时，也将当时其他高校的东方语教师全部调入北京大学。在人力和物力的支撑下，北京大学东方语系部整体规模快速

---

① 此部分内容综合参考了王守仁：《高校大学外语教育发展报告（1978—2008）》，上海外语教育出版社 2008 年版，第十章 "大学日语教育的发展"；修刚、李运博：《中国日语教育概览 1》，外语教学与研究出版社 2011 年版；伏泉：《新中国日语高等教育历史研究》，上海外国语大学博士学位论文，2013 年；程志燕：《日语教育近年在中国的发展及启示》，载《理论与现代化》2016 年第 5 期，第 123～128 页。

扩大。

正是在这种形势下,在日语专业方面拥有四年制本科招生资格的高校只有北京大学。改革开放之前,北京大学日语专业的学生主要包括委托培养人员、干部调动人员及由各地方推荐而来的工农兵学员。直到 1977 年,高考在全国范围内恢复,北京大学日语专业才开始通过高考方式在全国范围内选拔学生。北京大学日语专业之所以会使用上述招生方式,主要原因是在当时国家充分考虑到外交人才的重要性,所以在为北京大学提供生源的同时,会对推荐工作有严格的筛选,并且需要进行面试,以此来对学员进行把关。在自主招生方面,北京大学日语专业的学生大部分来自经过高考的高中毕业生。与此同时,所有能够进入北京大学日语专业的学生都需要经过严格的政治审查并获得其所在高中的推荐,还需要由专业教师面试并予以通过。另外,学生不仅要有良好的政治表现,而且因为北京大学日语专业学生在毕业之后会进入国家外交部门负责外交事务,所以北京大学在对学生进行筛选时还会对学生的整体形象和语言表达能力等方面进行考量。

北京大学日语专业在完成设立之后所实行的招生方式是每年招生,而当时全国其他高校都没有采用这一招生方式。这是因为当时其他高校在人才需求及自身办学能力等方面的影响下,需要在一届学生完成培养之后才能够进行第二届学生的招生工作。1965 年,北京大学暂停了每年招生,随后在 1970 年恢复。从整体上来看,新中国成立初期,北京大学日语专业所招收的学生基本为高中毕业生或是经过其他渠道所输送的青年知识分子。在当时,教育部规定外语专业一个班级为 16 个人,北京大学在结合实际招收人数的基础上,对日语专业班级进行了划分。当遇到学生人数较多的情况时,北京大学日语专业会将学生分为两个班级,这样的班级规模一直延续至今。

从当时教师的实际情况来看,北京大学在建立日语专业时只有两名日语教师。其中一位教师为陈信德。陈信德是一位进入过日本京都帝国大学学习的日语教师。1950 年,陈信德进入北京大学,在此之后便一直在北京大学从事日语方面的教学工作。陈信德的原有专业并非日语语言学,但是经过长期的努力与实践,他于 1958 年编著了《现代日本语实用语法》一书,并于 1959 年编写了下册。1964 年,陈信德编写了《新编科技日语自修读本》和《译注科技日语自修文选》,这些书在当时受到了社会各界的欢迎。其中,《现代日本语实用语法》一书在初次出版时只印了 4000 册,在短时间内进行了 3 次印刷,印刷数量达到了 1 万余册。该书的下册在 1964 年由商务印书馆出版第一版。在此之后，随着该书受到重视，在 1980 年进行了第 3 次印刷，印刷数量达到了 7 万余册。1983 年，该书的上册进行了第 4 次印刷，印刷数量从原来的 1 万余册增加到 45000 余册。《新编科技日语自修读本》在初版时第一次印数就达到 7 万册，并且在此之后不断重印。该书在 1978 年进行了第 4 次印刷，此时该书的印刷总数已经突破 37 万册。《译注科技日语自修文选》初版时印数为 33500 册，在第 2 次印刷时总数已经超过 8 万册。这些书在当时可以实现数量如此大的印刷，反映出其在当时受欢迎程度极高。

除此之外，陈信德在教学期间还带领其他教师共同编写了《大学一年级日语课本》，并且在之后编写了另外一本教材《日语》。这些教材都是在这一阶段我国高等日语教育中的成果。同时，这些教材在编写完成之后的相当长一段时间内都是我国各个高等院校日语教学的主要教材之一，具有创始性的意义。北京大学的日语教材尽管在"文革"期间遭到了批判，被指其中存在美化日本帝国主义的内容，但是从今天来看，这些教材具有极高的历史价值。《大学一年级日语课本》在初次出版时印数仅有 9000 册，但是在进行第 2 次印刷时其总数相较于第 1 次印刷翻了 3 倍。《日语》截至 1964 年，累计印数为 20550 册。《日语》成为当时开设日语专业高校所使用的教材。

这些书都是陈信德在广泛汲取前人理论的基础上，通过自身的独立思考与考察，最终编写出的适合中国学生学习日语的教材。《现代日本语实用语法》不仅是一本可供教师使用的日语教学教材，同时也是一本可帮助教师进行自修的工具书。该书以日语的发音和文字为基础，详细介绍了日语语法方面的内容。该书的上册详细介绍了日语发音以及文字，下册主要介绍了词法，重点阐述了日语中的助词、助动词及其他相关理论。该书每章之后都附有相应的练习题及答案，讲解十分详尽。

除了陈信德以外，今西春秋也是新中国成立初期在高等日语教育方面的重要人物之一。1952 年，原来作为日语教师的今西春秋由于政治问题被遣送回日本，在此之后陆续有不同的日语教师被调入北京大学的日语教研室，如孙兴凡、徐祖正、黄启助、孙宗光等，促使北京大学日语教研室的教师数量快速增加，增强了北京大学日语教研室的师资力量。当时，这些教师主要负责 70 余名学生的日语教学。在进入 20 世纪 60 年代之后，北京大学培养的日语专业毕业生开始留校任教，其中包含徐昌华、潘金生等人，他们是北京大学日语专业第一批青年教师。这些青年教师的加入，充实了北京大学日语专业的师资力量。除此之外，还有日本外教加入北京大学日语专业的教师队伍中，这些外教为当时的北京大学日语专业学生开设了战后日本政治课程。

从课程设置方面来看，当时北京大学日语专业一二年级的主要课程为基础课，在陈信德编写的教材《日语》出版之前，基础课程主要使用的教材为《日语初介》。这一教材是陈信德编写的讲义，没有出版，只在北京大学内部使用。由于北京大学曾经办过日本文学系，使用过日语教材，因此在这一时期北京大学的日语专业教学中，所使用的教材都是之前的日语教师所总结的各种讲义。当时，北京大学在基础课教学方面主要由张京先等教师进行教学。在学生进入二年级之后，课程中会增加口语课程，该课程也主要由张京先进行教学。在三年级和四年级的教学中，在口语课基础上增加了泛读课、文学课、翻译课等。截至 1956 年，北京大学的日语专业只有精读课程，并且教学方式主要模仿苏联的教学法，同时教学内容中存在大量国人自己翻译的日语文章。1957 年，北京大学对日语课程进行了优化调整，将日语课程分为两种，即语言课程和文学课程。其中，语言课程主要由陈信德教授日语语法；文学课程则由刘振瀛教授进行教学；徐祖正和魏敷教授负责翻译课程的教学，主要使用李季编写的《鲁迅对于翻译工作的贡献》。北京大学所有日语专业的教师本身都拥有丰富的翻译经验，所以能够以此为基础进行日语教学，在教学过程中向学生教授各种翻译方面的知识以及翻译技巧。从课程设置方面来看，日语教师会在每周固定时间教授相应的日语课程。日语课程教授时间之所以较为固定，主要原因为当时北京大学日语专业每届学生数量较少，并且只有一个班级，所以不存在对班级教学进度进行调整的问题。在实际教学过程中，教学进度安排、教学内容分配等方面都由教师自主决定和安排。相较于英语和俄语这些大语种，在当时，日语教学还主要依靠教师本身的经验判断进行教学，同时在日语教学方向和内容重点等方面也完全依赖教师的教学经验及知识结构。所以在当时，基础课的教师往往担负着较为繁重的教学任务，每周的课时达到 10 节以上。除了需要完成本校的教学任务以外，教师还需要完成一些翻译任务或是到其他学校与其他日语教师进行交流或进行指导工作。这是因为在计划经济时代，教师需要参与的社会活动以及需要完成的工作较多。

1955—1958 年，北京大学日语专业的四届学生学习时间为五年。之所以在这一阶段将学制改为五年，是因为当时教育部提出了提升学生英语水平的要求，让学生能够掌握两门外语，这样能够更好地帮助学生从事外交工作。随着学生在英语学习方面需求的增加，北京大学日语专业对学制进行了改革，开始使用五年制。同时，北京大学日语专业学生除了学习相应的外语课程以外，还需要学习较多的公共课程，如语文等方面的课程。除此之外，当时北京大学日本历史教授周一良还根据实际情况为日语专业学生开设了日本历史课程。该课程主要以日本历史学为起点，对日本历史发展过程中产生的一些具有争议的问题进行了重点论述。学生基于北京大学所拥有的丰富学科资源，还可以去学习其他课程，这样不仅扩大了学生的知识面，同时还促使学生的整体能力得到了强化。

在这一阶段，我国日语专业教材以及教研室方面的建设主要参考了苏联模式，北京大学日语专业也在专业设立之初就建立了相应的教研室，并且每周都会进行一次关于日语教学的会议。通常情况下，外派而来的进修教师也能够像北京大学教师一样参加学习。日本外教也会为教师与学生开设临时性的讲座。当时由于教师出国机会较少，因此高校的青年教师主要通过日本外教所组织的讲座来实现自我提升。另外，北京大学一直以来都有五四科学讨论会这一传统，日语专业的教师也会参与其中，并且如陈信德等人都会在讨论会上发表文章，但是由于当时缺乏相应的条件，针对这种讨论会并没有相应的规定，而是依靠教师自觉进行。在这样的讨论会中，日语教师可以发表自己的意见，留校青年教师则是旁听。除了教师以外，学生也可以参与其中。学生主要是总结语言规律，并且在总结的基础上提出自己的看法。此外，当时学校对学生的毕业没有硬性规定，只要学生能够完成相应的日语相关课程的学习就可以顺利毕业。同时，学校对学生也没有专业实习的要求，人才培养方案方面相较于现在较为简单。

在 20 世纪 50 年代后期，北京大学日语专业开始进行科研方面的研究，但是由于在当时没有权威的发表研究成果的平台，因此北京大学日语专业教师所获得的各种研究成果主要体现在教材或是相关参考工具书上。正是由于这些研究成果的支撑，促使这一时期内我国其他高校设立日语专业等工作更加顺畅，同时也让更多日语专业学生有了各种学习资料。在教师评价方面，除了在课堂教学过程中教师的整体表现及获得的教学成果以外，另外的重要评价就是教师在教材编写方面获得的成果，在论文方面则对日语教师没有要求。直到 20 世纪 80 年代出现了关于日语教师职称评定的标准之后，才逐渐要求日语教师发表了相关论文之后才可以评定职称。

20 世纪 60 年代初期，以语言为教学中心的理念逐渐成为我国外语教育的指导理念。在当时，北京大学所编写的教材就充分体现了这一思想，即这一时期的教材十分重视学生在日语学习过程中接触更多日语的原版文章，并且鼓励学生通过各种方式去接触地道的日语。尽管当时有实际条件的限制，其中依然存在不少由中国人翻译的课文，但不可否认的是，这是一次巨大的进步和尝试。总体上来看，在这一时期，北京大学日语专业所使用的日语教材与以往北京大学内部使用的日语教材在内容、形式等方面都存在较大区别。

从当时的实际情况来看，北京大学日语专业的泛读教材中所选择的日语作品往往是日本无产阶级作家的作品，并且选读的文章在难度方面比必读文章更高。北京大学正是通过这些文章来引导学生进行大量的阅读训练，从而促使学生日语阅读能力得到加强的。尽管这些日本无产阶级作家的作品在很多方面相较于一些文学大师存在一定差距，但是这些无产阶级作家的作品在内容方面更为先进，同时在语言表达方面也中规中矩，值得日语专业学生学习。正是在教材中使用了大量这种原著文章，才促使北京大学日语专业教学实现了良好发展，同时也为日语专业学生的日语学习提供了很大帮助。在实际教学过程中，教师在选择好相关文章之后自己使用钢板蜡纸刻字，也有少数教师会交由学校的打字员进行处理，但是这些内容都没有出版成书。

无论是在课堂教学中还是在教研室的活动中，在新中国成立之后的前16年里，因经历了各种政治运动，导致我国日语教育多次遭到冲击，严重影响了我国日语教育的健康发展。比如日语教师和学生被强制安排到农村或工厂中工作，从而导致日语教学活动整体上不够稳定。1957年，北京大学发生了一场社会主义民主运动，并且在北京大学内部分为两派，严重影响了北京大学的教学秩序。虽然当时学生没有日语的第二课堂活动，但是他们不仅拥有十分认真的学习态度，而且学习热情高涨，比如很多日语专业学生在没有教师硬性要求的情况下也自觉进行日语晨读。除学生以外，当时的日语教师在教学方面也非常负责，虽然学生的学习活动较少，但是很多日语教师还是会自己组织学生进行相关的学习活动。例如，北京大学日语教师曾经组织日语专业学生到北京对外贸易专科学校进行交流；洛阳外国语学院派遣教师到北京大学日语专业听课，学习北京大学日语专业教师的教学经验等。

（二）洛阳外国语学院

在新中国成立三年之后，军委工程学校（洛阳外国语学院前身）在张家口建立。在该学校的所有专业中，日语专业整体规模较大，其中不仅有日本外教，同时也有较多的中国教师，比如徐祖正、王恒容等。大部分中国教师都曾经有日本留学的经历，所以无论是在日语语言教学方面还是在日本文化、日本文学等方面都拥有较高的水平和十分丰富的经验。军委工程学校日语教学学制为两年，在其招收的学生中，很多为东北地区的学生。因为在战争年代东北地区的学生往往拥有较好的日语基础，所以有大量东北地区的学生进入军委工程学校学习日语。军委工程学校日语专业主要将学生分为两种班级，即普通班级和高级班级，并且实行淘汰制。军委工程学校每个月都会组织一次日语考试，然后根据考试成绩进行重新分班，最后能够坚持完成所有学习任务并且顺利毕业的学员只有五分之一。这种淘汰制度在当时是我国高等日语教育中具有特色的教学制度。

在课程设置方面，洛阳外国语学院与北京大学日语专业一样，有着较为详细和系统的设置，其中包含精读课程、口语课程、翻译课程、文化课程和日本历史概况课程等。在教材方面，基本为教员的自编讲义，主要在学校内部使用。尽管洛阳外国语学院的学制只有两年，但是在教学或训练方面都很正规。教学中所使用的教学方法与北京大学基本一致，主要为语法翻译法，在强调学习语法的同时融入了部分口语训练。由于洛阳外国语学院的学员都拥有一定日语基础，因此在这种强化训练下日语水平提升较快。在教材课文内容选择方面，范围较为广泛，比如日本政治、经济、文学等方面内容在教材中都有涉及。

在第一届日语专业学生学成毕业之后，洛阳外国语学院从洛阳迁至北京，并且改名为军委技术干部学校，同时学校的师资力量在迁至北京之后也发生了一定变化，同时对教材也进行了重新改编，通过借鉴日本国内的报纸、文学作品及其他方面的内容使得日语教材内容更加丰富多样。除了这种选择大量日本原著的教材外，洛阳外国语学院的教师还根据自身的教学经验以及现有资源编写了日语教材供学生学习。在课程设置方面，主要包含精读课程、泛读课程、翻译课程和公共课程。

在教师的科研方面，教师王曰和在业余时间研究日语口语语法，编写了我国第二部日语语法参考书籍《现代日语实用口语法》。该书在编写完成之后，初期主要作为洛阳外国语学院日语专业的内部教材使用，之后由商务印书馆出版。该书在初版时印数已达到58000册。除了王曰和以外，教师陈书玉也在对日语语法进行研究的基础上，编写了工具书《日语惯用型》，该书主要在教师的日常教学中使用，并且于1980年由商务印书馆出版，在1981年累计印数达到121000册。

洛阳外国语学院还在发展过程中组建了自己的教材编写组，旨在编写更多可以提升日语教学质量的教材。与此同时，洛阳外国语学院制定了一系列措施来提升教师的能力，比如组织教师学习教育方面的理论知识，结合自身教学经验对教学进行讨论等。通过这些活动促使日语教师整体水平得到一定程度的提升。在此过程中，有部分教师在学习相关教育理论和教学法之后，对教学内容及目标进行了优化调整。同时，教师还以此为基础组织学生进行大量练习，不仅调动了学生的兴趣，还提升了教学的质量。在学生的考核方面，洛阳外国语学院充分借用了苏联的考核方式，使用 5 分制，这样不仅对考核过程进行了简化，而且强调了提升学生日语实际应用能力的重要性。

此外，在这一时期，洛阳外国语学院与北京大学进行了较为频繁的交流，这是洛阳外国语学院日语教师快速发展和成长的重要基础之一。北京大学与洛阳外国语学院均在北京，并且距离较近，所以交流起来很方便。洛阳外国语学院经常派遣一些青年教师前往北京大学进修，同时北京大学也会派遣教师到洛阳外国语学院听课并且进行作答，获得了较好的交流效果。在当时，全国日语教学点较少，高校在日语教学方面经验不足，这种不同学校之间的交流具有重大意义。

洛阳外国语学院在 1951 年建立之后，所招收的学生与在张家口时期存在一定差异，大部分学生都是没有任何日语基础的学生。同时，在洛阳外国语学院搬至北京之后，日语专业改为四年制，所招收的第一届日语专业学生在1955 年学成毕业。在第一届学生毕业之后，洛阳外国语学院招收了第二届日语专业学生。在这一届学生学习的第三学年，洛阳外国语学院与军委外国语学院合并，组成中国人民解放军外国语专科学校。两所学校的合并不仅促使日语专业教师数量增加，而且在其他方面也获得了一定程度的发展，因此，两所学校合并之后在日语专业教学能力和科研方面都获得了较大提升。从当时的实际情况来看，两所学校的合并，促使中国人民解放军外国语专科学校在高等日语教育中拥有非常强的教师实力。1960 年，该校迁往张家口，并且更名为中国人民解放军外国语文学院。在迁移到张家口之后，该校开始了每年招生，并且设置了日语系，学制为三年到四年。截至 1966 年，该学校在教学规模方面，与大连日语专科学校同为当时我国高等日语教育中较为突出的教学点。

1964 年，该校部分迁至南京，建立了中国人民解放军南京外国语文学院，在之后的发展过程中又改名为南京国际关系学院。在一部分资源迁至南京建立新的学校之后，该校的日语专业也被拆分为两个部分，其中一部分教师进入南京国际关系学院，另一部分教师则是组建成了中国人民解放军技术工程学校。

该校之后又迁往洛阳，并更名为中国人民解放军第一外国语学院，在此之后又更名为中国人民解放军外国语学院。

在洛阳外国语学院 10 余年的发展过程中，由于其所招收的学生数量较多，因此有多个班级，同时教师人数也较多。洛阳外国语学院日语专业相较于北京大学存在一定区别，其中洛阳外国语学院有着更为严格的教师备课制度，这也是洛阳外国语学院在这一时期成为我国高等日语教育中的佼佼者的原因所在。毕业于洛阳外国语学院的青年教师在初期往往作为助教，主要负责辅导日语专业学生及帮助正式教师批改作业，并且需要练习备课，接受教师的指导。在教师方面，各个班级的教师会被安排一定量的任务，教师本身需要多次完成，然后与其他教师进行讨论，通过讨论确定最终结果，最后在定稿完成之后统一下发。此外，由于洛阳外国语学院日语专业拥有较多的班级，因此为了能够更好地协调不同班级的教学进度，往往通过集体备课的方式来进行把控。这是因为在集体备课中，会涉及许多细节之处，比如课堂教学中教师应该怎样进行重点内容讲述或怎样进行提问，再比如在教学过程中哪些部分可以对学生进行启发等细节。集体备课由集体把关，这一方式能够更好地带动青年教师的发展。

与地方高校一样，军队院校的日语专业在初期发展过程中也经历了各种各样的运动，尤其是在 20 世纪 60 年代初期，随着"三八作风"运动、社会主义教育运动等的影响，军队院校进行了各种批判与斗争，从而导致军队院校教学氛围被破坏。比如在社会主义教育运动开始之后，军队院校的教师与学生需要深入山区去开展相应工作，从而导致军队院校教师数量不足，进而导致学校日语教学难以得到保障，最终影响了日语教学的整体质量。

(三) 北京对外贸易专科学校

北京对外贸易专科学校的日语专业于 1953 年设立，但是并不是独立的日语专业，而是隶属于外贸系，学生在学习对外贸易课程的基础上同时学习日语。在 20 世纪 50 年代，北京对外贸易专科学校是少数有日语专业教学的高等院校之一。该校由我国对外贸易部直接领导，尽管在当时中日两国之间并没有建立起正式的外交关系，但是中日两国之间以民间贸易为主要形式的经济活动已经开始。在民间贸易快速发展的情况下，我国需要有相应的日语人才作为支撑，在这样的形势下，为了能够充分适应这种民间贸易的快速发展，有必要培养自己的外贸日语人才，于是北京对外贸易专科学校在 1953 年设立了对外贸易日语翻译专业。

　　北京对外贸易专科学校在设立对外贸易日语翻译专业之后开始招收该专业学生，在当年共招收 10 名学生，总学制为五年。根据北京对外贸易专科学校所制订的教学计划，北京对外贸易专科学校的日语专业公共类课程是在第一学年和第二学年开设，总学时为 596 学时。第二学年到第四学年主要开设贸易类的专业课程，总学时为 1188 学时。除了日语公共类课程以外，其他外语课程在全学年都有开设，并且主要集中在第一学年到第二学年。根据相关统计，当时北京对外贸易专科学校外语课程第一学年与第二学年每周学时为 12 学时，第三学年到第五学年每周学时为 6～8 学时。日语教学方面，主要的教师为陈涛。陈涛从 1951 年开始在北京对外贸易专科学校任教，当时学校尚未改名为北京对外贸易专科学校，而名为高级商业干部学校。陈涛在任教之后，凭借自身丰富的教学经验以及相关研究工作经验促使北京对外贸易专科学校日语专业教学质量有了一定程度的提升。1959 年，商务印书馆出版了由陈涛主编的《日汉词典》，该词典是我国第一部日语词典，在出版之后迅速成为日语方面的重要工具书之一，被很多教师和学生使用。该词典的总字数为 353 万字，总页数为 2600 页，即使在今天也是一部大词典，是由当时众多日语教师的心血凝结而成的。该词典在第三次印刷时，印数达到 20200 册，售价为 11 元，由此可见其当时在日语教学界的地位。

　　在这一部词典中，所有日语单词的每一个意思都至少附加了一个例句和一个中文翻译，以此来表示该单词的使用方法，并且每一个单词的同义词也会在词条之后进行说明，还注明了单词的反义词。作为新中国的第一部日汉词典，这部词典达到了相当的高度。该词典直到 20 世纪 70 年代末期都依然对我国的日语教育工作者有着重要作用，所以，该词典具有重要的开创性和引导性。

　　除了陈涛以外，1957 年汪大捷也被调入该学校任教。汪大捷毕业于日本的东京高等师范学校，其在民国时期就编写了《日语翻译着眼点》等著作。在进入北京对外贸易学院之后，他在工作过程中与其夫人合作完成了《日语汉字词辨异手册》这一日语工具书的编写。该书的编写目的是让学生在日语学习过程中不会对日文产生汉语翻译方面的错误，所以在其中收录的单词存在一个汉字或词有两种以上不同读音和意义的情况，全书共计收录了近 1700 个词条，并且对其中的每一个单词用法都进行了详细描述，还设置了参考一栏，将单词更多的使用方法写明。在该书中还以汉字笔画顺序为基础加入了详细的日文读音索引。该书在初次出版时印数已经达到 20060 册，是当时我国日语教育中最常使用的日语学习参考书之一。除了该书以外，《日语学习文选》也是由汪大捷编写，该书在 1965 年由商务印书馆出版。毕业于奈良女子大学的张京先也在该校任职，后来他被调入北京大学。在 20 世纪 60 年代中期，陆续有其他新教师加入。随着更多日语教师的加入，北京对外贸易学院日语教学质量得到了有效提升，同时日语专业的发展也得到了促进。在这一时期，在强大师资力量的支撑下，该校外贸专业开设了日语课程，开创了我国商务日语人才培养的先河。

（四）北京外国语学院

甘莹于 1956 年被调入外交学院，主要负责日语专业的建设。1956 年 8 月，从北京大学毕业的李书成被分配到外交学院任教。由此，李书成与甘莹开始了在外交学院创办日语专业并且发展日语教学的艰苦工作。随着新教师的加入，在甘莹和李书成的带领下，外交学院创办了国际关系日语专业，并且在该专业建立之后开始招收学生，当年共招收学生 10 名，学制为五年。1960 年，外交学院招收了第二届学生，共 10 人。1961 年外交学院没有招生。此时，外交学院的这一专业已经有 5 名日语教师，初步形成了规模，在此之后又陆续有其他日语教师加入。

1962 年，在全国号召高校专业调整的背景下，外交学院日语专业被划入北京外国语学院亚非语系，同年在北京外国语学院成立了日语教研室，由甘莹担任第一届教研室主任。1963 年，北京外国语学院招收了第一届日语语言文学班。1963—1965 年保持年年招生，其中在 1963 年共招收学生 11 人，1964 年共招收学生 15 人，1965 年共招收学生 15 人。1966 年终止招生。

在外交学院日语专业划入北京外国语学院亚非语系之前，日语专业的相关日语课程只有精读课程，并且该课程的内容除了教师的自编讲义以外，在阅读方面所选择的内容主要是《人民中国》中的内容，存在日文和中文两种形式。之所以在阅读部分选择日文和中文两种形式，是为了帮助学生在学习日语的过程中进行对比学习。在进入 20 世纪 60 年代之后，精读课程中的阅读部分开始加入其他报纸的文章，并且主要为日文版。在这一时期，我国与日本之间没有建立正式外交关系，受到这一方面因素的影响，当时日语专业没有引进更多新的图书，只能使用以往的日语相关出版物作为教材。同时，由于当时政治环境的影响，日语专业精读课程的阅读内容以政治方面的内容为主，旨在帮助学生充分了解当时日本的政治情况。

外交学院日语专业并入北京外国语学院之后，不仅新开设了公共日语课程，还在其中加入了其他方面的内容，比如历史方面的内容、语言方面的内容等。除此之外，在加入新内容的基础上，北京外国语学院日语专业还将日语方面的课程进行了细分，分为精读、泛读和口语三种类型。从教学方面来看，无论是哪种类型的课程，都是以日语语法为中心进行教学活动。在经过三年发展之后，该校的日语专业在大环境的影响下开始趋向于英语专业课程的教学模式，并且按照学校实际要求尝试使用新的教学方法。在这一阶段，该校要求在日语课程教学活动中，教师必须全程使用日语进行教学，不能使用汉语，整体上需要使用直接教学法对学生进行教学，即在课堂教学过程中需要全部使用日语进行日语教学。这种教学方法在当时的外语教学中持续了三年左右，对于我国高等日语教育而言是一大进步，但是在使用该教学方法之前，并没有对这种教学方法进行充分论证，并且当时也不具备实施这种教学方法的支撑条件，与后面东北师范大学日语专业所使用的直接教学法相比，无论是在硬件还是软件方面都存在较大差距，所以导致在教学效果方面也存在巨大差别。当时北京外国语学院对日语教学的改革更多的是将教学重点强行转移到听说上来，因此在实际教学过程中出现了诸多问题。比如根据当时的日语专业学生回忆，北京外国语学院共选择了两个班级尝试使用直接教学法。教师在教学过程中会携带各种教具，如茶杯、尺子、毛巾等，以此帮助学生理解教学内容。但是在教授关于动物的单词时，由于教师不能使用汉语进行解释，教师只能通过形体语言或是学动物叫来对日语单词进行解释，尽管教师十分认真卖力，但是学生接受较慢，整体效果一般。

北京外国语学院 1956—1960 年学制为五年，1963—1965 年由于政治运动的影响，学生需要在北京外国语学院学习 7～8 年时间。北京外国语学院的学生除了需要参加社会主义教育运动以外，在 1963—1965 年期间还需要到外地参加各种运动，并且在 1966 年之后该校的学生尽管回到学校，但还需要参加"文革"，直到 1973 年才准予毕业。从整体上来看，在这一时期北京外国语学院日语专业学生基本是在参加各种运动的基础上维持自己的学习状态，但是从实际情况来看，这些学生并没有学到多少日语知识，大部分学生都是后来通过自学进行日语学习。

（五）北京第二外国语学院

1964 年，北京第二外国语学院建立，随即便展开招生工作，在当年共招收 40 名日语专业学生，分为 2 个班级，每个班级 20 人。1965 年，北京第二外国语学院招收了 60 名学生，分为 3 个班级，每个班级 20 人。在教师方面，北京第二外国语学院共有日语教师 12 名，主要由华侨及东北伪满时期的日语教师组成，还有 4 名日籍外教。1964 年 8 月，卢友络进入北京第二外国语学院从事日语教学工作；1966 年 1 月，苏琦进入北京第二外国语学院从事日语教学工作。

北京第二外国语学院在招生方面，相较于当时其他高校日语专业而言，在政治方面对学生提出了更高要求。所以，在当时该校招收的学生主要为贫下中农出身的学生，并且大部分学生的年龄在 18 岁左右。在该校日语专业发展初期，日语教师教学过程中所使用的教材基本为教师的自编讲义。同时，为了达到当时教育部提出的教学要求，北京第二外语学院日语专业在原有基础上提升了日语沟通表达能力方面的内容比重，并且对这一方面给予了更多重视，开始尝试使用新的教学方法进行教学。在实际教学过程中，日语教师主要从日语发音开始，强调发音的准确性。从整体上来看，在这一时期，北京第二外国语学院日语专业教学主要使用的教学模式为纯口语化教学，旨在提升学生的日语交流沟通表达能力。在之后的发展过程中，才逐渐在其中加入少量的阅读内容。

（六）上海外国语学院与上海对外贸易学院

1960 年，上海外国语学院日语专业开始招收本科生，当年共计招收 16 名学生，学制为四年。1962 年，上海外国语学院日语专业没有招生，主要因为上海对外贸易学院并入上海外国语学院。1966 年，上海外国语学院秋季招生停止。在当时，上海外国语学院日语翻译课程所使用的教材主要为北京大学日语专业教材《日语》，在此基础上进行了一定修改和增加。1965 年，上海外国语学院日语专业学生数量为 60 人，教师数量达到 20 人。

上海对外贸易学院的日语专业于 1960 年设立，学制为四年。在日语专业设立之后，于 1960 年招收了第一批学生，共一个班级，主要由王宏一位教师负责所有日语课程的教学。上海对外贸易学院日语专业学生平均年龄为 27 岁，并且这些学生在入学之前基本没有学习过任何一门外语。在两年之后，随着我国国内形势的变化，该校由于各方面因素影响，最终并入上海外国语学院。在教材方面，上海对外贸易学院所使用的日语教材与上海外国语学院一样，是由上海外国语学院增加和修改之后的教材《日语》，所使用的教学方法主要以语法为中心。在学生进入四年级之后，开始使用其他教材，如《日语经贸文选》等，这些教材基本没有出版，只在学校内部使用。在此之后，随着我国经济的不断发展，上海对外贸易学院在 1964 年从上海外国语学院中分离出来，王宏也随此次分离重新回到原来的学校，并且重新负责日语专业学生的日语教学。第二批学生与第一批学生存在较大不同，这是因为该批学生是通过高考进入学校，但是在进入学校之后，由于"文革"的爆发，这批学生真正学习日语的时间只有两年。在这一阶段，上海对外贸易学院日语专业所使用的教材是北京大学的《日语》。1965 年，上海对外贸易学院招收了第三批日语专业学生，在教材方面，主要使用本校教师所编写的在学校内部使用的教材。在这批学生进入学校之后，由于"文革"的影响，只进行了一年左右的日语学习，在毕业之后从事日语方面工作的学生较为稀少。1966—1972 年，上海贸易学院教学中断，直到 1972 年，上海对外贸易学院再次并入上海外国语学院。

（七）吉林大学、黑龙江大学、辽宁师范学院

1963 年，吉林大学开始了日语专业建设工作。在建设过程中，吉林大学将自身原有的公共日语课程融入其中，最终设立了日语专业。在日语专业设立完成之后，当年招收了第一批日语专业本科生，共计 25 名，分为两个班级，学制为五年。在之后的 1964 年与 1965 年，吉林大学连续按照这一规模招生，并且主要采用自主招生的方式，所招收的学生基本为零起点学生。在当时，吉林大学共有日语教师 10 人左右，并且大部分日语教师都曾经有过在日本留学的经历。从课程方面来看，当时吉林大学日语专业课程主要包括阅读、翻译、会话和精读 4 种类型。从教材方面来看，由于各方面因素影响，当时吉林大学日语专业所使用的日语教材基本为教师自编的各种讲义。在吉林大学设立日语专业之后，我国政府派遣了 2 名日本共产党的专家到吉林大学任教，教授学生阅读一些日本无产阶级作家的著作。从这里能够看出当时国家对吉林大学日语专业建设十分重视。1964 年，黑龙江大学设立了日语专业。1974 年，刘介人进入黑龙江大学日语专业任教。辽宁师范学院在 1963 年设立了日语专业，并且招收了第一届本科生。

（八）大连日语专科学校

1964 年，辽宁省教育厅为了响应周恩来总理提出的建议，召开了关于建设日语专科学校的会议。在此次会议之后，辽宁省教育厅从辽宁省内选调共计 75 名教师进入大连日语专科学校。1964 年，大连日语专科学校招收了 525 名学生，其中男生 319 名、女生 206 名，辽宁省 405 名、吉林省 40 名、黑龙江

省 80 名。1965 年，大连日语专科学校再次录取 405 名学生，其中男生 262 人、女生 143 人。大连日语专科学校日语专业的学制均为三年。除此之外，在日语专业创立初期还聘请了 3 名日语教师任教，截至 1965 年 10 月，到大连日语专科学校报到的日籍教师数量达到 30 余人。截至 1966 年年底，大连日语专科学校是当时全国日籍教师数量最多的日语教学点。随后在"文革"爆发之后，大连日语专科学校停止招生，直到 1970 年才恢复招生。该校从筹建到招生开学仅仅用时 140 余天，并且在筹建过程中克服了诸多困难，最终形成了一所大规模的专科日语教育学校。

/第三节/　日语课程建设情况

在新中国成立之后，东北地区早早开设了公共日语课程，并且依靠以往所积累的优势开展日语教学。在全国范围内尚未形成日语教育总体规模，并且英语和俄语是公共教育主要内容的时期，我国东北地区就充分利用自身优势形成了全国范围内最大规模的公共日语教学，为东北地区高校日语专业的设立打下了良好基础。

在这一时期，设立日语教研室的高校主要有：华南农业大学、苏州蚕桑专科学校在 1949 年设立公共日语教研室；吉林大学在 1953 年设立公共日语教研室；江西师范学院在 1957 年设立公共日语教研室；浙江丝绸工学院、福州大学、南京化工学院在 1958 年设立公共日语教研室；华中科技大学、南京中医学院在 1959 年设立公共日语教研室；大连理工大学、中国医科大学在 1961 年设立公共日语教研室；北京中医学院、山东中医学院、河北中医学院、天津纺织工学院、上海水产大学、西安电子科技大学在 1962 年设立公共日语教研室；成都纺织工业专科学校、延边大学在 1964 年设立公共日语教研室；延边农学院在 1966 年设立公共日语教研室。①

由上述内容可以看出，在这一时期内，公共日语教学在全国范围内发展更为迅速，并且在规模方面相较于专业日语教学已经远远胜出。相关资料显示，在"文革"爆发之前，全国已经有 40 所高校开设了公共日语课程。从地理位置来看，东北地区以及江浙沪地区开设公共日语课程的高校较多。从学校类型来看，除了各个综合大学开设公共日语课程以外，其他类型高校中的部分高校也开设了公共日语课程，如医学类高校等。之所以会形成这种分布情况，除了因为东北地区的区域特点以外，另一个重要原因是中国贸易在相关领域中产生了实体需要。当时湖南大学为了提升学生的外语能力，尝试在化学系开设公共日语课程，并且使用了教材《大学日语一年级课本》和《日语》。但是在使用这两种教材的过程中，一些日语教师逐渐发现它们对于化学系学生而言并不适合，而更适合文科学生。在这种情况下，湖南大学日语专业教师开始在原有教

---

① 徐一平：《中国的日语研究与教育》，载《日语学习与研究》1997 年第 4 期，第 36 页。

材的基础上进行教材编写。在此之后，这些教材不仅在湖南大学内部使用，也在其他高校的公共日语课程中使用。1974 年，湖南大学日语教师编写的公共日语教材《基础日语》正式出版，这是我国最早的理工科日语教材。

在文科方面，当时公共日语课程中所使用的教材除了北京大学的两本教材以外，其他的均为各大高校自己编写的教材。比如江西师范学院在 1957 年为中文系和历史系学生开设公共日语课程，其教学计划具体如下：

第一周上课时间为 10 月 9 日和 10 月 11 日，课时数为 2。其中，10 月 9 日课时数为 1，主要内容为片假名；10 月 11 日课时数为 1，主要内容为平假名及练习。

第二周上课时间为 10 月 14 日、10 月 16 日和 10 月 18 日，课时数为 3。其中，10 月 14 日课时数为 1，主要内容为浊音、鼻浊音、半浊音及练习；10 月 16 日和 10 月 18 日课时数为 2，主要内容为平鼻音、拗音、拗浊音及练习。

第三周上课时间为 10 月 21 日、10 月 23 日和 10 月 25 日，课时数为 3。其中，10 月 21 日课时数为 1，主要内容为长音、拗长音及练习；10 月 23 日和 10 月 25 日课时数为 2，主要内容为转呼音、连声、促音及练习。

第四周上课时间为 10 月 28 日、10 月 30 日和 11 月 1 日，课时数为 3。其中，10 月 28 日课时数为 1，主要内容为音便、音读及训练、名词及其用法；10 月 30 日和 11 月 1 日课时数为 2，主要内容为主语、客语、述语、补语、修饰语、代名词。

第五周上课时间为 11 月 4 日、11 月 6 日和 11 月 8 日，课时数为 3。其中，11 月 4 日课时数为 1，主要内容为数词；11 月 6 日和 11 月 8 日课时数为 2，主要内容为复习与测验。

第六周上课时间为 11 月 11 日、11 月 13 日和 11 月 15 日，课时数为 3。其中，11 月 11 日和 11 月 13 日课时数为 2，主要内容为动词变化法、终止法；11 月 15 日课时数为 1，主要内容为将然法。

第七周上课时间为 11 月 18 日、11 月 20 日和 11 月 22 日，课时数为 3。其中，11 月 18 日和 11 月 20 日课时数为 2，主要内容为动词否定法、连体法；11 月 22 日课时数为 1，主要内容为名词法。

第八周上课时间为 11 月 25 日、11 月 27 日和 11 月 29 日，课时数为 3。其中，11 月 25 日和 11 月 27 日课时数为 2，主要内容为连用法；11 月 29 日课时数为 1，主要内容为中止法、并列法。

第九周上课时间为 12 月 2 日、12 月 4 日和 12 月 6 日，课时数为 3。其中，

12 月 2 日和 12 月 4 日课时数为 2，主要内容为命令法；12 月 6 日课时数为 1，主要内容为前提法。

第十周上课时间为 12 月 9 日、12 月 11 日和 12 月 13 日，课时数为 3。其中，12 月 9 日和 12 月 11 日课时数为 2，主要内容为敬语动词法；12 月 13 日课时数为 1，主要内容为补助动词。

第十一周上课时间为 12 月 16 日、12 月 18 日和 12 月 20 日，课时数为 3。其中，12 月 16 日和 12 月 18 日课时数为 2，主要内容为练习；12 月 20 日课时数为 1，主要内容为测验。

第十二周上课时间为 12 月 23 日、12 月 25 日和 12 月 27 日，课时数为 3。其中，12 月 23 日和 12 月 25 日课时数为 2，主要内容为形容词活用及例句；12 月 27 日课时数为 1，主要内容为形容词终止法。

第十三周上课时间为 12 月 30 日和 1 月 3 日，课时数为 2。其中，12 月 30 日课时数为 1，主要内容为形容词将然法、否定法；1 月 3 日课时数为 1，主要内容为形容词中止法与并列法。

第十四周上课时间为 1 月 6 日、1 月 8 日和 1 月 10 日，课时数为 3。其中，1 月 6 日课时数为 1，主要内容为形容词名词法、副词法；1 月 8 日和 1 月 10 日课时数为 2，主要内容为形容词连用法、连体法、命令法及前提法。

第十五周上课时间为 1 月 13 日、1 月 15 日和 1 月 17 日，课时数为 3。其中，1 月 13 日课时数为 1，主要内容为形容动词的由来；1 月 15 日和 1 月 17 日课时数为 2，主要内容为使役助动词用法及例句。

第十六周上课时间为 1 月 20 日、1 月 22 日和 1 月 24 日，课时数为 3。其中，1 月 20 日课时数为 1，主要内容为续上；1 月 22 日和 1 月 24 日课时数为 2，主要内容为被役助动词用法及例句。

第十七周上课时间为 1 月 27 日、1 月 29 日和 1 月 31 日，课时数为 3。其中，1 月 27 日课时数为 1，主要内容为可能助动词用法及例句；1 月 29 日和 1 月 31 日课时数为 2，主要内容为续上。

第十八周上课时间为 2 月 3 日、2 月 5 日和 2 月 7 日，课时数为 3。其中，2 月 3 日课时数为 1，主要内容为复习；2 月 5 日和 2 月 7 日课时数为 2，主要内容为测验。

实际上，该校的课程教学时间为 17 周，基本为每周 3 个课时。从教学目标来看，该校也在教材中明确了教学目标，即两个学期内将日语文法教完，使学生基本能够阅读普通的日语书籍。

由上述内容可以看出，当时针对文科学生的公共日语课程，基本参照专业日语的语法教学模式，只将其中重要的语法点进行了改造，教学难度较大且教学进度较快，和重视教授学生日语科技文献阅读能力的理工科公共日语课程存在较大区别。在这一时期，专业日语教育中所采用的以语法为纲的教学理念在公共日语课程中也有体现。除了江西师范学院的教材以外，北京大学出版的教材也具有相似特点。

从教学点分布情况来看，在东北地区分布较多。这是因为我国东北地区的高校，除了在师资力量方面更强以外，学习日语的人数也更多。正是由于曾经学习过日语的学生数量较多，促使处于东北地区的高校都设立了关于日语的公共课程。从当时的实际情况来看，高校教师除了需要负责公共日语课程的教学以外，还承担着研究这一时期遗留下来的图书资料的工作。

从教学内容来看，该时期日语教学内容方面最突出的特点为科技日语发展迅速，比如农业方面的科技日语、医学方面的科技日语等，都在这一时期快速发展。这是因为在当时除了专业日语教学能够帮助学生获得各种日语知识以外，大部分学生还希望能够通过各种资料获得新的日语知识或是找到获取新知识的有效途径。在这种需求的驱动下，科技日语逐渐兴盛。除此之外，在第二次世界大战之后，日本的经济在 20 世纪 60 年代通过各种举措很快恢复到战前水平，并且随着经济的快速发展，日本需要对各种西方资料进行翻译，而这些经过日语翻译的资料也能为我国的科学研究提供帮助。因此，随着我国经济的快速发展，科学技术需要适应经济发展的步伐，此时日本翻译的科技类西方资料及日本发展过程中创作的各种科技资料都成为我国科学技术发展的重要资源。在这一时期，各大高校更加重视公共日语教学的实用性，所以最终促使科技日语诞生，并且迅速发展。科技日语的学习内容不带有任何政治色彩，所以在当时不会被扣上"资本主义"的帽子，并且这些文章十分符合我国当时的建设需要。在这一时期，我国的日语教育以科技日语为主，并且以理工科学生为主要教育对象。① 科学技术的快速发展促使这一时期的日语教育更加强调学以致用，这与当时实际社会需求紧密相关。同时，在这一时期，全国各大高校在公共日语方面都更加重视实用性，并对这种教学模式进行了实践，获得了一定效果。当时的公共日语课程能够促使学生从零开始在短期内掌握一些科技日语文章，这十分符合当时追求多、快、好、省的社会要求。同时，这一时期的科技日语学习风潮不仅存在于各大高校，也渗透至社会中的各个单位。另外，

---

① 伏泉：《以科技日语为例探讨大学外语教学》，载《学园》2013 年第 1 期，第 2 页。

在这一时期科技日语的服务功能有较为充分的体现，从而促使一部分日语教师开始进行关于科技日语的书籍编写，旨在为当时学习日语的学生提供丰富多样的阅读方法，比如《科技日语自修读本》和《译注科技日语自修文选》。当时的日语读本具有以下特点：

第一，当时的日语读本在内容方面主要以科普为主，如物理方面的知识、化学方面的知识等。科技日语的核心还是日语，当时读者还是将这样的科技类文本作为学习日语的书籍进行阅读，在这些读本中选择具有更强科普性的文章，能够方便更多学生阅读和理解。同时，在这些短文本中存在不少文章在引进日本原版的过程中标明了出处，甚至一些文章还有相应的日文评语，这使得当时的日语教材趣味性更强，能够更好地吸引学生的注意力。

第二，在大部分科技日语读本中，几乎都存在日语翻译方面的知识及相关翻译技巧。比如在很多读本中都包含日语词序颠倒、长句短句等内容，甚至在一些科技日语读本中还对文章中出现的长句及较为复杂的句子进行了总结，如双主语句、双宾语句、省谓语句等。这些内容是我国日语教学中所形成的独特内容，主要因为这些内容基本是在我国日语教学实践基础上所形成的内容，是根据我国学生在学习日语过程中的学习规律而总结的内容，具有较高的教学价值。从翻译方面来看，这一时期在日语教材中出现的大部分翻译内容主要使用的翻译方式为直译。使用这种翻译方式的译文尽管在阅读时有一些地方不够通畅，但是可以更好地帮助学生在阅读过程中看懂原文。除此之外，在日语教材中还有其他人性化的设置。比如在一些日语教材中会将日语原文的句子和译文的句子使用序号进行标注，这样能够方便学生很快找到原文所对应的汉语翻译；再比如教材中会将原文中的单词拆开翻译，并且在译文上方使用小字标注对应的日语部分，使用粗字体来标注意思部分的对应内容；又如教材中每一页的脚注都会使用较大篇幅来说明这一页的语法；在一些教材中还为学生整理了一套破译法，方便学生进行翻译。

第三，当时的科技日语读本还具有工具书的性质。很多科技日语读本附上了查阅方法、度量单位表或化学元素周期表等，学生在学习过程中可以通过查阅来了解相应单词的意思。这些方面的设置与当时学习日语学生的背景相符合，在当时具有创新性。除此之外，在日语教材中往往会向学生提供大量的日语单词和句子，但是在这些单词和句子中只有少量与日常生活紧密关联，大部分都和不同专业相关。同时，在这些科技日语读本中，任何出现汉字的地方都有相应的读音标注，还给出了日语中的惯用句型和词组，与当时学生的实际学习需求相契合。

第四，这一时期的日语教材连贯性较强。在当时，很多高校日语专业所使用的教材具有层次性和连贯性，比如高年级使用的教材往往是低年级日语教材的提高篇，这样能够为学生进一步学习日语以及掌握日语技能提供支撑。

除了科技日语以外，在公共日语课程中还需要着重提出的是北京大学在1959年出版的《大学一年级日语课本》，这是我国第一部公开出版的公共日语教材。这一套教材从字母和发音开始，然后进入语法教学部分，共分为12课时，对日语的基础语法进行了讲解。该教材所选择的文章主要是各种经过翻译的汉语文章，但是再版时，其中加入了部分日本国内的原文。尽管当时该教材主要在公共日语课程中使用，但是从各个方面来看，它也符合日语专业课程的要求。

在这一本教材之后，1964年，北京大学东方语言系日语教研室重新编写了一本在公共日语课程中使用的教材《日语》。该教材最初由商务印书馆出版。《大学一年级日语课本》共有388页、28万字；《日语》只有178页，整体篇幅较小。《日语》从假名和发音开始，介绍了判断句、描写句和叙述句，其中包含多篇学习课文。从语法方面来看，该教材几乎涵盖了所有的基本语法，但只对这些基本语法知识进行了简单介绍，没有深入讲解。总体上看，该教材相较于《大学一年级日语课本》，在内容方面削减很多，但是在其中蕴含了编写者的智慧。①

除了公共日语课程以外，各大高校的第二外语教学也开始发展。1961年，我国颁布了《关于高等学校外语课程设置问题的意见》，其中明确了第二外语教学的教学定位及重要性，并且规定了五年制的高校需要将第二外语作为必修课程，四年制的高校可以将其作为选修课程，同时还动员具备条件的专业教师去兼任第二外语课程教师。1964年，我国制定了《外语教育7年规划纲要》，在该文件中指出第二外语课程需要促使学生在听说读写各个方面都能够接受基本训练，使学生能够拥有一定的外语基础，能阅读一般性的外文报刊。这一文件的出台促进了日语作为第二外语的教学发展。

---

① 徐一平：《中国的日语研究与教育》，载《日语学习与研究》1997年第4期，第35页。

第二章　中国高等日语教育的迅速发展阶段

/第一节/　迅速发展阶段的社会背景及政治经济环境

一、国内社会背景及政治经济环境

随着"文革"结束，我国在各个方面逐渐进入恢复阶段，此时我国高等教育开始在恢复中进行发展。1977 年，我国政府对"文革"过程中所有遭到迫害的知识分子进行了平反。与此同时，邓小平同志开始着手恢复教育工作，并在此过程中召开了全国高等学校招生工作会议。在此次会议中，邓小平明确指出高校的招生对象，同时决定恢复高考。1977 年 11—12 月，全国不同地区先后恢复了高考。由于高考停止了 10 年，积累了大量考生，因此在恢复高考的第 1 年全国约有 570 万名考生报名参加高考。此时全国考生不仅人数多，而且由于 10 年时间的积累，很多考生年龄较大，当时 570 万名考生中年龄最小的考生只有 14 岁，年龄较大的考生已经 30 多岁，甚至出现了父子同考的现象。在高考恢复之后，高校招生的条件开始发生变化，不再对考生的成分提出要求，而是通过择优录取的方式来选择合适的人才进入高校学习。高考恢复之后，第 1 批被录取的考生总数约为 27 万人，从当时的报考人数来看，录取率不到 5%，这是我国自高考恢复以来最低的录取率。1978 年 7 月，在全国范围内举行了 1978 级学生高考，此次报考人数共计 610 万人，9 月份入学学生有 40 万人，录取率为 7%。1977—1978 年实行的都是分省命题。

1977 年，各个地区学校的宣传队分批次撤出，同时各地政府开始对"文革"时期所产生的各种冤假错案进行处理，对所有遭受迫害的人进行平反。1978 年，我国一批重点高校得到恢复，同时教育部出台了关于职务提升方面的文件，使高校教师科研工作有了进一步保障。同年 8 月，全国外语教育座谈会召开。62 所高校外语系及 11 所外国语中学代表参加了这次会议，讨论了外语教育的未来发展。同时，在全国外语教育座谈会中还提出了《加强外语教育的几点意见》。该意见指出：第一，在未来不断加强中小学的外语教育；第二，发展好公共外语教育；第三，建立一批重点外语院校；第四，布局具有长远眼光的语种发展战略；第五，做好师资培养工作；第六，编写和出版稳定的外语教材；第七，加强对教学方法及语言学方面的研究；第八，做好外语电化教学工作。除了上述几方面内容以外，在此次会议中还决定编写和出版包含日语在内的 5 种语言的 387 种教材。在此次会议之后，全国的外语教育出现了以往从未有过的良好发展局面。

1978 年，南京大学、哈尔滨工业大学、武汉大学首先尝试运行了学分制度，成为新中国成立以来第一批学分制试点学校。试行的学分制方案对课程设置进行了详细划分，主要分为 3 种类型，即必修课、指定选修课和任意选修课。在 3 种类型的课程中，选修课的学分占到总学分的 60%～70%，选修课往往是与学生所学专业紧密相关的边缘学科。同时在当时，如果学生能够在毕业之前获得学校要求的学分，就可以申请提前毕业，或是进行研究生阶段的学习。自此开始，学分制逐渐在全国高校普及，并且随着学分制成为我国各大高校的主流，我国高校的选课制度进入发展初期。在全国高校运行学分制的过程中，我国在 1983 年进行了第二次学分制改革，并且强调了学分制在高校发展中的重要作用。1985 年，我国提出教育体制改革，促使全国高校开始对自身课程体系进行改革，减小必修课所占比例，提升选修课所占比例，并且开始完全实行学分制和双学位制。

在这一时期，我国高等院校不仅在数量方面不断增加，而且内部各方面的制度也处于逐渐完善的过程中。比如在留学生制度方面，教育部召开了全国留学人员工作会议，提出了关于留学人员选派的相关方针，具体为在质量有保障的基础上充分结合国家实际需求及基础条件通过多种渠道选派留学人员。同时，教育部对助教、讲师、副教授及教授不同职称的职责进行了相关规定，并且在 1982 年发布了关于高校教师职称的实施意见，进一步完善了职称评定方面的工作，促使高校教师职称评定实现了有据可循、有法可依。

1981 年，我国正式开始实行学位条例，规定了学位标准。与此同时，我国也明确了学位授予方面的相关工作。1981 年，国家人事局和教育部联合发布了《高等学校毕业生调配派遣办法》，规定高校必须在遵守相关规定的基础上将毕业生分配至能够发挥毕业生专业能力并且国家急需的岗位之上，同时还需要按照相应原则来进行毕业生的调配工作，对于拒不服从国家分配的毕业生，如果毕业之后三个月内没有到分配的单位进行报到，取消其分配资格，并且在五年内该毕业生不能被所有制单位录用。在外语教育方面，从 1982 年开始，我国陆续出台了关于加强外语教育的各项文件，促使我国在 1980—1982 年三年内，外语高考成绩所占比例从原有的 30%增长至 70%。随着我国对外语教育重视程度的不断提升，最终在 1983 年外语高考成绩所占比例达到 100%。正是由于我国对外语教育重视程度的不断提升，我国高校外语专业生源方面产生了巨大变化。①

在外语教育方面，除了高等教育领域中的相关政策以外，我国的对外开放政策也对我国外语教育产生了重大影响，促使我国外语教育从发展停滞状态中迅速恢复过来。1978 年，随着党的十一届三中全会的顺利召开，我国开始抛弃原来以阶级斗争为纲的口号，提出必须将国家发展重点转移到现代社会主义建设中来，同时还要求在计划经济基础之上对经济体制进行改革，形成以社会主义公有制为基础的市场经济体制，以此来帮助国家进入全面建设的发展时期。随着党的十一届三中全会的召开，我国正式开始实行改革开放政策。自此开始，我国各大产业逐渐进入快速发展阶段。旅游产业的恢复和发展，促使日语导游翻译需求量快速上涨，为此，我国高校开始加速建设日语专业，以此来为市场输出更多日语人才。从此时开始，我国各种国际交流也逐渐增多，从而促进了我国外语高等教育的快速发展。自改革开放以来，随着整个国家人才需求的不断提升，我国高校外语教育获得了快速发展的机会。同时，外语人才需求量的上升也使得外语教育在教育领域中的地位不断提升，从而进一步加快了我国外语教育的发展。

1977—1998 年，在 20 余年的时间里，我国保持了十分稳定的政治环境，促使我国高等教育在这一时期实现了稳定发展。从发展规模方面来看，在这一时期我国高等教育主要为精英教育，每年招收的学生数量较少。根据相关资料统计，当时我国每年本科与专科所招学生数量具体为：1978 年，全国招生人数约为 40 万人；1979 年，全国招生人数约为 28 万人；1980 年，全国招生人数约为 28 万人；1981 年，全国招生人数约为 28 万人；1982 年，全国招生人数约为 32 万人；1983 年，全国招生人数约为 39 万人；1984 年，全国招生人数约为 48 万人；1985 年，全国招生人数约为 62 万人；1986 年，全国招生人数约为 57 万人；1987 年，全国招生人数约为 62 万人；1988 年，全国招生人数约为 67 万人；1989 年，全国招生人数约为 60 万人；1990 年，全国招生人数约为 61 万人；1991 年，全国招生人数约为 70 万人；1992 年，全国招生人

① 付克：《中国外语教育史》，上海外语教育出版社 1986 年版，第五章 "新中国外语教育的发展过程"。

数约为 75 万人；1993 年，全国招生人数约为 92 万人；1994 年，全国招生人数约为 90 万人；1995 年，全国招生人数约为 93 万人；1996 年，全国招生人数约为 97 万人；1997 年，全国招生人数约为 100 万人；1998 年，全国招生人数约为 108 万人。

从上述数据可以看出，我国高等教育招生总体规模增长速度较为平缓，甚至有 4 年时间招生规模出现负增长。这一数据和 1999 年之后我国高等教育的招生规模增长速度形成极大反差。

20 世纪 90 年代，经过多年发展，我国经济发展模式已经发生巨大变化，从原来的计划经济发展成为市场经济。与此同时，为了能够促使我国经济发展充分满足社会实际需求，从 1990 年开始，我国高校对自身的人才培养模式进行改革，在素质教育理念的指导下制定了复合型人才培养模式。在这种形势下，我国高校开始根据社会实际需求设置新的专业。另外，1994 年，我国高校开始实行招生并轨、自主择业和交费上学的政策。在外语方面，则开始实行外语专业毕业生自寻出路的政策，不再为外语专业毕业生分配工作。与此同时，我国的高等教育机制也产生了巨大变化，相较于计划经济时期完全不同。比如在 1993 年，国务院出台了《中国教育改革和发展纲要》，不仅标志着我国高等教育中委托培养和自费生所占比例开始上升，同时也标志着全国高校学生需要自己缴纳部分学习费用的时代的开始。与此同时，该纲要还提出高校无论是在招生方面还是在毕业生工作分配方面，都必须充分遵守当时的相关规定。于是从 1994 年开始，我国正式开始进行自主择业改革试点，同时也开始实行招生并轨。从 1994 年到 1997 年，我国高校的招生并轨不断发展，最终在 1997 年基本完成。这一改革促使我国高校招生就业制度发生了巨大变化，已经从计划经济时代的计划制度转变为市场经济时代的市场制度。[①]

20 世纪 80 年代中后期到 90 年代初期，尽管我国拥有巨大的市场发展空间，但是由于各方面因素的影响导致我国商品严重不足。在当时，只要敢于下海经商，往往就能够迅速获得原始资金积累，因此在当时的形势下出现了严重的倒挂问题。与此同时，由于受到市场经济的冲击，我国高校部分日语专业教师开始因待遇较低而下海经商，再加上出国热潮的产生，很多原先派往其他国家进修的教师并没有回国或是回归到原单位工作，导致高校日语教师队伍整体较不稳定，教师人数不足。学者王宏曾经在对 1990 年和 1993 年日语教育情况

---

① 李传松：《新中国外语教育史》，旅游教育出版社 2009 年版，第七章 "面向 21 世纪的外语教育"。

进行统计之后发现，在这一时期，很多日语教师因为待遇方面的问题离开高校下海经商，一部分进入日资企业，一部分则进入国家的贸易部门。同时，由于教师待遇明显低于日资企业，因此高校日语专业毕业生在毕业之后也极少愿意留校任职。学生人数在不断增加，教师数量却在不断减少，导致高校日语专业教师需要负担更多的教学工作，需要将大部分时间和精力投入教学工作中，无暇顾及科研等方面的工作。[①] 正是由于这一原因，高校日语专业教学质量不断下降。除此之外，在这一时期，大量教师的出走，导致高校教师队伍不稳定，这也是这一时期阻碍我国高校日语专业发展的重要影响因素之一。

在进入 20 世纪 90 年代中期之后，我国经济发展迅速，我国政府不断增加对高校的投入，从而促使上述情况逐渐得到缓解，教师队伍趋于稳定。在进入21 世纪之后，随着我国对高校投入的不断增加，高校教师的待遇也在不断改善，更多教师愿意留校任教，促使高校教师队伍进入稳定状态，并且在各个方面都处于逐渐上升的状态中。21 世纪初期，高校为教师提供了各种进修渠道，很多曾在日本留学的知识分子也开始进入我国高校担任日语教师，正是这一批日语教师，促使我国高等日语教育发展加快，同时也促使教师的准入门槛不断提高。

二、中日关系

1978 年 10 月，在日本首相福田赳夫的邀请下，邓小平副总理访问日本，中日双方签署了《中日和平友好条约批准书》。随着这一条约的生效，我国与日本之间的关系变得更加牢固。另外，邓小平在访问日本期间还会见了日本天皇，这是中日两国的一次历史性会见。1979 年，日本首相大平正芳应邀访问中国，他是日本第二位访问中国的首相。大平正芳在访问中国的过程中，同中国领导人在多个方面进行了探讨，并且发表了联合新闻公报。大平正芳访华促使我国与日本政府之间确定了开发援助计划，不仅对我国经济发展产生了重要影响，同时对我国日语教育的发展也有重大意义。在此次访问之后，全国范围内出现了一批日语教师培训班和中国赴日留学生预备学校。

在此次日本首相访华之后，整个 20 世纪 80 年代，我国与日本之间保持了较长时间的良好关系。在此期间，在大平正芳之后上任的日本首相都相继访

---

① 王宏：《1993 年中国日本語教育事情調査報告》，载《世界の日本語教育》1995 年第 3 期，第 165 页。

华，每次访华都进一步加深中日关系。我国领导人也多次访问日本，在这一时期，两国领导人互访频率不断增加。

除了政府之间的访问外，中日两国民间往来也更加频繁，来往范围不断扩大。根据相关统计，1986 年之后，我国每年派往日本的留学生人数超过 3000人，同时日本来华留学生人数每年达到 1000 人左右，并且在此过程中，我国城市与日本城市结成友好城市关系的共有 95 对。在 20 世纪 80 年代初期，日本经济经过快速发展之后，超越苏联成为世界第二经济大国，和美国之间实力差距不断缩小。此时我国自改革开放之后，经济发展速度也不断增快。20 世纪 80 年代，我国经济逐渐摆脱"文革"所带来的影响，开始逐渐恢复并且快速发展，在外交关系方面也不断拓展。从我国与日本的贸易情况来看，20 世纪 80 年代，我国与日本的贸易总额突破 80 亿美元，在和日本存在贸易关系的国家中处于第 5 位。1988 年，中日贸易总额已达到 190 亿美元。

在这一时期，中日关系除了向好的方面发展以外，也依然存在一些历史问题没有得到解决。比如 1979 年日本在钓鱼岛中建设了临时直升机机场，并对钓鱼岛周围的环境以及资源情况进行了调查。再比如日本在 1982 年组织了教科书修改运动，试图通过修改教科书来歪曲历史。这些负面事件的发生使得中日两国关系友好发展受到一定阻碍。

1989 年 8 月，日本海部俊树内阁成立。海部俊树在第一次记者招待会上表示要深入发展中日两国友好关系。在此次记者招待会结束之后，15 名内阁成员去参拜靖国神社，但是海部俊树首相并没有参加。1991 年，海部俊树应邀访问中国。在进入 20 世纪 90 年代之后，随着苏联的解体，美苏之间的冷战结束，促使国际局势进一步向和平发展。但是在此期间，由于各方面因素影响，日本经济发展速度逐渐放缓，并在 1991 年经济泡沫破灭，导致整个 90 年代日本陷入经济危机之中。在政治方面，日本陷入经济危机，导致日本首相频繁更换，从而使得日本政治环境不稳定，不同政治势力分化严重，不同势力之间的矛盾错综复杂。

我国在 20 世纪 90 年代进入快速发展时期。同时，在这一时期，我国外交关系也在不断拓展，促使我国的整体国际环境得到了巨大改善。在整个 90 年代，我国与日本保持着良好的相互访问状态，比如 1992 年日本天皇正式访华，这是进入 20 世纪以来我国与日本关系史上的一次里程碑。再比如 1994 年日本首相细川护熙访华，表示日本会严格遵守联合声明中的原则，不干涉台湾方面的事务。1995 年，日本首相村山富市访问中国，在参观我国人民抗日战争纪念馆之后首次公开就日本侵华表示道歉。1997 年，日本首相桥本龙太郎访问中国，与江泽民主席和李鹏总理进行了会谈，表明日本会在充分遵循联合声明的基础上不断发展中日关系，同时表示不支持"两个中国"。江泽民总书记在 1992 年应邀访问日本，与日本首相进行了深入会谈，为进一步推动中日两国友好关系发挥了重要作用。1998 年，江泽民主席再次访问日本，这是我国国家主席首次访问日本，在中日两国关系发展历史中具有重大意义。在访问过程中，江泽民主席与日本名仁天皇交换意见，达成了共识。1998 年 11 月 26 日，中日双方联合发表了《中日联合宣言》，这是我国与日本之间最重要的文件之一。在经济方面，整个 20 世纪 90 年代，中日之间的贸易总额快速增长。1998 年中日两国之间贸易规模仅次于日美贸易。1996 年中日双方人员来往次数突破 180 万次，并且中日之间友好城市从原来的 95 对增加到 250 余对。20 世纪 90 年代中期，随着我国与日本之间贸易规模的不断扩大，日本逐渐取代美国成为我国最大的贸易伙伴。[1]

整体上来看，尽管在 20 世纪 90 年代我国与日本之间的关系发展十分迅速，在贸易方面也实现了快速增长，但仍然存在一些负面事件。比如在 20 世纪 90 年代初期，日本国内为了渲染"中国威胁论"而兴风作浪。又如日本在 20 世纪 90 年代邀请李登辉"访问"日本，插手我国内政。再如在 1996 年，我国与日本在钓鱼岛问题上再次产生冲突。但总体来看，中日之间的关系主要在稳步中健康发展。

---

[1] 冯瑞云、高秀清、王升：《中日关系史》（第三卷），社会科学文献出版社 2006 年版，第八章"总体向前发展的当代中日关系"。

/第二节/　日语专业建设情况

一、日语专业建设整体规模情况①

从上述内容可以看出，在 20 世纪 80 年代到 90 年代这一时期，尽管我国国内无论是政治环境还是经济环境都处于稳定状态，但是由于国际形势的不断变化，导致我国与日本的关系在向好发展的过程中始终伴随着各种问题。从整体来看，在我国国内政治环境稳定、经济发展良好及中日关系不断发展的背景下，我国高等日语教育迅速得到恢复并且开始进一步发展。与此同时，随着学位制度开始在我国各大高校中实行以及出国留学热的兴起，我国高校日语教育逐渐向规范化发展，日语教师赴日进修更为频繁，促进了日语教师综合素质的提升及各种新课程的开设。同时在这一时期，高校学生的短期赴日留学派遣制度更为完善。我国的高等日语教育逐渐打破原来的封闭状态，向着更好的方向发展。

在高等日语教育整体形势良好的情况下，日语本科专业教学点数量迅速增加。根据相关统计，在 1976 年到 1985 年 10 年时间内，我国很多高校开始新增日语专业，主要包括：1977 年，南京大学与山西大学开设日语专业；1978 年，中山大学、福建师范大学开设日语专业；1979 年，天津理工学院（现为天津理工大学）、湘潭大学开设日语专业；1980 年，天津师范学院（现为天津师范大学）开设日语专业；1982 年，华南师范大学开设日语专业；1984 年，暨南大学开设日语专业。在这些高校中，有部分高校是在原有公共日语教研室的基础上设立日语专业。截至 1984 年年底，全国范围内设立日语专业的院校共计 44 所，部分列举如下：

1949 年，北京大学、洛阳外语学院开设日语专业；1951 年，南京国际关系学院开设日语专业；1953 年，吉林大学、北京对外贸易专科学校开设日语专业；1956 年，北京外国语学院开设日语专业；1960 年，上海外国语学院开

---

① 此部分内容综合参考了王守仁：《高校大学外语教育发展报告（1978—2008）》，上海外语教育出版社 2008 年版，第四章"大学日语教育的发展"；修刚、李运博：《中国日语教育概览1》，外语教学与研究山版社 2011 年版。

设日语专业；1964 年，大连日语专科学校、黑龙江大学开设日语专业；1970
年，广州外国语学院（现为广东外语外贸大学）开设日语专业；1971 年，复
旦大学与山东大学开设日语专业；1972 年，南开大学、华东师范大学及哈尔
滨师范学院（现为哈尔滨师范大学）开设日语专业；1973 年，天津外国语学
院（现为天津外国语大学）、北京师范大学、四川大学、广西大学开设日语专
业；1974 年，吉林师范大学（现为东北师范大学）开设日语专业；1975 年，
四川外语学院（现为四川外国语大学）开设日语专业；1978 年，浙江大学、
福建师范大学开设日语专业；1979 年，内蒙古大学、北京语言学院（现为北
京语言大学）、天津理工学院、湘潭大学、贵州大学开设日语专业。

在上述大学中，包含综合型大学 21 所、涉外型院校 14 所、师范类院校 10
所、理工类院校 1 所。根据 1979 年全国现职外语人员普查结果显示，1979 年，
全国共有日语干部 13251 人，这一数字仅次于英语干部和俄语干部，处于第三
位。在进入 20 世纪 80 年代之后，日语成为我国外语学习的第二大语言，1983
年全国高校日语专业在校人数为 3600 人左右，其中高等师范院校日语专业学
生有 600 人左右。1983 年，日语专业教师共计近 900 人，并且有大量日语专业
毕业生留校任职。截至 1984 年，全国范围内开设日语专业的高校共计 44 所，
具体如下：

在外语院校方面，开设日语专业的高校共计 10 所，具体包括北京外国语
学院、四川外语学院、上海外国语学院、西安外国语学院（现为西安外国语
大学）、广州外国语学院、大连日语专科学校、天津外国语学院、北京第二外
国语学院、中国人民解放军洛阳外国语学院、中国人民解放军南京外国语学院
（现为中国人民解放军国防科技大学）。

在专业倾向的外语院校方面，开设日语专业的高校共计 5 所，具体包括国
际关系学院、北京语言学院、北京对外贸易专科学校、上海对外贸易学院、国
际政治学院（现为中国人民公安大学）。

在综合型大学方面，开设日语专业的高校共计 19 所，具体包括北京大学、
复旦大学、南京大学、武汉大学、中山大学、南开大学、厦门大学、山东大
学、辽宁大学、黑龙江大学、吉林大学、杭州大学（现为浙江大学）、四川大
学、山西大学、内蒙古大学、贵州大学、河北大学、延边大学、广西大学。

在高等师范院校方面，开设日语专业的高校共计 7 所，具体包括北京师范
大学、华东师范大学、吉林师范大学、哈尔滨师范学院、山东师范大学、福建
师范大学、辽宁师范学院。

在理工科大学以及其他大学方面，开设日语专业的高校共计 3 所，具体包括天津理工学院、北京冶金机电学院（现为北方工业大学）、上海海关高等专科学校（现为上海海关学院）。

这一统计数据与前文内容中的统计数据基本一致。

二、日语专业教学点的具体情况①

首先来看在"文革"之前已经设立日语专业的 14 所高校的整体情况。在综合性大学方面，如北京大学、吉林大学等在这一时期内每年招收 1～2 个班级，每个班级的学生人数为 25 人左右。这些综合性大学长期以来一直是以精英化教育为主，每年所招收的学生人数较少。比如北京大学 1978 年共有学生 25 人，1979 年招生 8 人，1980 年招生 18 人，1981 年招生 14 人，1982 年无招生，1983 年招生 28 人，1984 年招生 11 人，1985 年招生 12 人。从这一组数据可以看出，北京大学日语专业在招生规模方面不同年份波动较大。吉林大学 1977 年招生人数为 61 人，1978 年招生 60 人，1979 年招生 35 人，1980 年招生 37 人，1981 年招生 36 人，1982 年招生 38 人，1983 年招生 36 人，1984 年招生 38 人。可见，与北京大学相同，吉林大学的招生规模在不同年份上下波动也较大。

无论是北京大学还是吉林大学，在招生方面一直以来都是以招零起点学生为主，并且在日语教学过程中更加重视语法和翻译方面的教学。在教师方面，大部分综合性大学日语教师人数长期保持在 10 名左右。在当时，吉林大学校址在长春，由于在抗战时期长春是日本建立的伪满洲国的首都，因此长春地区的日语教育发展较好，是当时全国范围内日语教育发展得最快最好的地区之一，长期以来为国家输送了大量日语人才。北京大学日语专业也是我国重要的日语人才培养基地之一，但是相较于吉林大学日语专业毕业生，北京大学日语专业毕业生更多地进入政府外事部门。

在教材建设方面，北京大学第二套系列教材是孙宗光主编的《基础日

---

① 此部分内容综合参考了王守仁：《高校大学外语教育发展报告（1978—2008）》，上海外语教育出版社 2008 年版，第四章"大学日语教育的发展"；修刚、李运博：《中国日语教育概览 1》，外语教学与研究出版社 2011 年版；伏泉：《新中国日语高等教育历史研究》上海外国语大学博士论文，2013 年；程志燕：《日语教育近年在中国的发展及启示》，载《理论与现代化》2016 年第 5 期，第 123～128 页。

语》，由商务印书馆出版。该教材是北京大学继《日语》之后的第二套日语系列教材，主要应用于大学一、二年级的精读课教学中。在该教材中，将日语的语音部分单独编为一册，并且详细分析了日语语言中的假名及发音问题。该教材作为"文革"结束之后较早出版的系列教材，尽管其中还含有一定的政治性色彩，但是已经与以往所使用的大部分日语教材存在较大差异，最为突出的是该教材选择了大量日语原文作为阅读文章。此时的日语教材正在从完全中国日语向日本本地标准日语过渡，很多日语教师和相关研究人员将大量时间和精力投入日语教学与科研中。这套教材各册的初版印数分别为 13000 册、13800 册、3700 册、5700 册，它是 20 世纪 80 年代具有代表性的日语精读教材之一。

在外语类院校方面，尽管该时期办学规模远超综合性大学，但是从招生数量来看，仍然相对较少。同时该时期在外语类院校中关于语言文学专业的教学规模并没有扩大，但是复合型专业已经开始出现。在这里以上海外国语学院为例，其 1977—1998 年的办学规模如下所示：

上海外国语学院日语语言文学专业 1977 年招生人数为 85 人，1978 年招生人数为 132 人，1979 年招生人数为 93 人，1980 年招生人数为 58 人，1981 年招生人数为 40 人，1982 年招生人数为 45 人，1983 年招生人数为 29 人，1984 年招生人数为 30 人。

从 1985 年开始，上海外国语学院设立了国际贸易日语专业。上海外国语学院日语语言文学专业和国际贸易日语专业 1985 年招生人数分别为 37 人和 17 人；1986 年招生人数分别为 42 人和 10 人；1987 年招生人数分别为 27 人和 15 人；1988 年招生人数分别为 41 人和 0 人；1989 年招生人数分别为 38 人和 0 人；1990 年招生人数分别为 36 人和 0 人；1991 年，国际贸易日语专业恢复招生，日语语言文学专业和国际贸易日语专业的招生人数分别为 27 人和 12 人；1992 年招生人数分别为 31 和 36 人；1993 年招生人数分别为 48 人和 16 人；1994 年招生人数分别为 43 人和 24 人；1995 年招生人数分别为 27 人和 39 人；1996 年招生人数分别为 38 人和 27 人；1997 年招生人数分别为 38 人和 26 人；1998 年招生人数分别为 48 人和 44 人。

从上述数据可以看出，1977—1998 年，上海外国语学院共计培养日语语言文学专业学生 1033 人，国际贸易日语专业学生 266 人。其招生人数在不同年份存在较大波动。北京外国语学院日语专业在 1977 年共招收 24 名学生，主要分成两个班级进行教学，每个班级人数为 12 人。从 1977 年到 2001 年，北京外国语学院共计培养日语专业学生 1000 余人，与上海外国语学院相比，整体规模较小。

在专业设置方面，北京外国语学院从 1978 年开始，主要招收的学生基本为拥有一定日语基础的学生，并且每年会在招收的学生中挑选部分学生组成高起点班级，以此来实现高等教育和中学日语教育的衔接，旨在培养出更多高素质人才。高起点班级是相较于零起点班级而言，精读课程仍然在第一学期到第四学期开设，但是高起点班级的课时和学时都比零起点班级少一半，同时在此基础上增加了绘画课程的课时和学分。除此之外，高起点班级的学生还需要学习更多的速读课程和语法课程。从不同年级方面来看，日语专业高年级学生需要学习日本文学研究课程、日本古代文选课程、国际关系课程、日本政治课程、中日关系课程等。

上海外国语学院在 1985 年设立了国际贸易日语专业，学制为四年，并且在发展过程中又将该专业加入经济学科中。从招生方面来看，上海外国语学院在前三年主要招收的是有良好日语基础的学生，但是在发展过程中逐渐开始招收零起点日语学生。这是我国高等日语教育中较少见到的高起点班级尝试，同时也是我国高等日语教育发展过程中改革培养模式、培养复合型日语人才的开始。

在此之后，天津理工学院（2004 年更名为天津理工大学）作为一所非外语类院校开设了日语专业，并且在日语专业设立之前提出将日语专业和科技相结合，这是我国高等日语教育发展过程中的创新。时至今日，天津理工大学的日语专业仍然提出要始终保持自身在日语科技方面的特色与优势，所以天津理工大学在发展过程中不仅设置了高等数学、计算机基础等公共类课程，还专门为高年级学生设置了理工日语文选、科技日语翻译等课程。20 世纪 80 年代初期，西安交通大学在借鉴天津理工学院日语专业创立经验的基础上，创立了科技日语专业，并且在招生方面要求只招收高中毕业的理科学生，在学生毕业之后授予文学学士学位。

除了上述两所高校以外，其他高校也开设了科技日语专业，并且大部分高校都是以公共日语为基础进行科技日语专业的创立。根据学者何路的介绍，我国于 1985 年正式确定开设科技日语专业。1985 年，西安交通大学招收第一届科技日语专业学生约 18 名，并且在该专业的课程中加入了如高等数学、物理等方面的理工课程，旨在提升学生科技日语方面的专业能力，以此来为我国的科研机构和其他相关单位提供更多日语专业人才。西安交通大学科技日语专业在日语人才的培养过程中，每年都会邀请一些科技专家给科技日语专业学生授课，大大提升了日语专业学生的专业能力。

1980—1981 年，《日语》成为上海外国语学院日语专业使用的第二套专业教材。该套教材在原有教材的基础上进行了内容方面的优化调整，同时也继承了原有教材的优势。从内容方面来看，该套教材与北京大学第二套系列教材一样，尽管其中依然包含少量政治性色彩，但是相较于原有教材更重视将地道的日语教授给学生，因此该套教材选用了大量的日语原文。同时，该套教材相较于原有教材最大的优势在于拥有更为完善的编写体系，在日语内容方面具有渐进性，旨在通过循序渐进的方式来帮助学生掌握日语。比如该套教材的前两册以听力和语言表达为主，以阅读、书写和翻译为辅，后两册教材增加了读写内容的比重。从侧重点来看，该套教材更加重视培养学生的语言表达能力，因此日语语音方面的内容在其中占有较大比例，比如前两册中充分按照听说领先原则对语音内容进行安排，其中每篇课文均由 2～3 篇会话构成，并且重视教授学生日语新词，同时在会话中还附有具有提示作用的叙述文。在教学中，大部分日语教师会使用情景教学法，并且尽量减少翻译日语的过程，旨在更好地培养学生直接使用日语进行思维的表达。同时，教师在组织学生进行日语练习的过程中，更加重视引导学生进行模仿性的练习，以此来提升学生的日语表达能力。该教材的后两册主要培养学生的阅读能力以及写作能力。所以，在后两册教材的内容中增加了更多的词汇分析、日语表达方式等相关内容，以此来向学生阐释日语的词组和句型，从而培养学生的用词能力。还在练习中加入了写作部分，并附加了阅读文章，以此来增加学生的阅读量。

这一套教材在 20 世纪 80 年代是全国高等日语教育精品教材中最受欢迎的教材之一。其中第一册和第二册在发行之后便在当年重印，到 1981 年为止，各册的印刷数量分别为 6 万册、33000 册、3 万册、16500 册。在 1981 年之后不断重印，并且在 1987 年达到了 9 次印刷，各册累计印数分别为 285000 册、288000 册、194000 册、176500 册，在这一时期被全国各地的日语专业广泛使用。

根据我国日语教学研究会对日语教学的调查，可以看出该套教材是所有日语教材中发行量最大的教材。以下是该套教材和《中日交流标准日本语》使用次数的比较。

1990 年，《日语》这一套教材，专业日语方面，有 36 所高校使用；公共日语方面，有 126 所高校使用；成人日语方面有 53 所高校使用。1993 年，专业日语方面，有 53 所高校使用；公共日语方面，有 146 所高校使用；成人日语方面，有 108 所高校使用。

1990 年，《中日交流标准日本语》这一套教材，公共日语方面，有 48 所高校使用；成人日语方面，有 21 所高校使用。1993 年，专业日语方面，有 56 所高校使用；公共日语方面，有 208 所高校使用；成人日语方面，有 240 所高校使用。

在《中日交流标准日本语》这一套教材还没有出版之前，在整个 20 世纪 80 年代，《日语》这一套教材无论是在专业日语、成人日语还是在公共日语方面，使用都较为广泛。即使在《中日交流标准日本语》这一套教材出版之后，《日语》这一套教材也仍然有一定的使用量。随着《中日交流标准日本语》在全国范围内的流行，再加上 1993—1995 年上海外国语学院第三套教材《新编日语》的出版，《日语》逐渐退出我国高等日语教育的舞台。①

除此之外，1986—1987 年，上海外国语学院所编写的高年级精读教材《日语》第 5 册至第 8 册由上海外国语教育出版社出版，在初版时各册的印刷数量分别为 6500 册、5000 册、5000 册、5000 册。这一系列教材在出版之后被很多高校日语专业使用，1986—2000 年期间这套教材共印刷 10 余次。在 1976 年之后，北京第二外国语学院的日语教学仍然保持重视听说教学的特点。1982 年，苏琦编写的《日语口译教程》出版，该教材第一次印刷就已经达到 36500 册。这一教材是以北京第二外国语学院 1974 年以来所使用的讲义为基础进行编写的，在其中加入了较多实例来教授学生日语口译的基本技能，帮助学生掌握基础的口译技巧。同时该教材在每篇课文之后附上了在不同场合中使用的不同语法及相关单词。1978 年，四川外语学院日语专业首批招收学生共计 22 名。从 1978 年开始，四川外语学院将日语专业学制变更为四年，实行本科教育。1983 年，四川外语学院招收了第二批日语专业共计 15 名学生。1979—1983 年期间，四川外语学院日语专业共有 9 名毕业生留校从事日语教学工作。在此期间，四川外语学院成立了日本文化研究室。

在师范类院校方面，日语专业方面的课程不仅包含日语语言课程，同时也有各种师范类课程。比如东北师范大学从 1978 年到 20 世纪 90 年代初期，一直以日语作为本校的外语课程，其中就读的学生大部分都会学习日语。东北师范大学主要招收有良好日语基础的学生，每年招生规模为一个班级。在 20 世纪 90 年代之后，随着全国范围内中学外语教学逐渐转变为英语，东北师范大

---

① 张国强：《〈标准日语〉及其编写特点》，载《中小学各科教学和教学法》1995 年第 1 期，第 34 页。

学开始招收零基础的日语专业学生，而正是这些零基础日语专业学生数量的增多，曾一度导致东北师范大学日语教学遭遇各种困难。时至今日，东北师范大学的日语专业学生基本为零起点学生。另外，在这一时期，东北师范大学日语专业一、二年级主要学习的课程为精读、会话、听力等课程。东北师范大学的日语专业课程在 1980 年之前主要使用的教材是北京大学编写的《日语》第三册，从 1980 年开始，逐渐改为使用东京外国语大学的日语教材，在教学方法方面，也从原来的语法翻译法转变为直接法。尽管东北师范大学所招收的学生全部为高起点学生，但是因为大部分学生在高中学习过程中有些许日语发音问题，所以东北师范大学日语专业的教学还是会从基础开始，只是在整体教学进度方面有一定程度的加快。除此之外，东北师范大学日语专业会为高年级学生开设日语古文课，由留学回国的日语教师负责教学。除了日语古文课以外，高年级日语专业学生还需要学习日本文学历史课程、语法课程和泛读课程等。在这些课程中，泛读课程所使用的教材在内容方面日语原文占据较大比例，如随笔、小说、报告等，整体难度较高。同时，东北师范大学高年级日语专业学生所使用的教材大部分为教师自行编写的讲义，另外一部分为一些日文原版书籍。在语法课程方面，主要使用的教材为原版语法书籍，主要由李永夏老师授课。

1979 年，东北师范大学设立了中国赴日留学生预备学校，主要负责对我国赴日留学人员进行日语强化训练。在该校设立之后，日本每年都会向该校派遣一批优秀教师，同时东北师范大学也会派遣部分教师进入该校与日本教师联合进行授课。在当时，东北师范大学规定，在该预备学校教学的教师与日本教师配课两年之后可以获得相应学位，在完成配课之后还可以进入东北师范大学日语系任教。在这种教师培养方式的支撑下，东北师范大学在当时为全国输出了一批优秀的日语教师。这些教师相较于其他高校的日语教师，不仅拥有较高的教学水平，而且在与日本教师配合的过程中学习到了日本教师所使用的教学新理念和新方法。他们将这些新理念和新方法带回东北师范大学日语系，成为东北师范大学日语专业的一大特色。

东北师范大学日语系在 1982—1986 年由系主任谷学谦及其他几位教师对预备学校所使用的教材《日本语》进行了改编，并且将改编之后的教材出版。这套教材各册初版的印刷数量分别为 14800 册、21300 册、22200 册、5700 册。相较于《日本语》这部教材而言，该套教材充分结合了我国学生的学习特点，侧重于培养学生的日语阅读能力，比如该套教材将原教材的日文汉字写法训练改为日文读法训练,并且在其中增加了音调记号,还对其中的单词表进行了重新编排,不仅在语文教材基础上增加了单词的数量,而且对每个单词都进行了汉语意思的标注。该套教材还在原教材的基础上增加了语法、文章分析、参考译文和练习题等内容。除了该套教材以外,1986—1988 年,东北师范大学还对《日本语》进行改编并出版了《基础日语》,各册初版的印刷数量分别为7200 册、7170 册、3010 册。

东北师范大学日语专业在发展过程中也曾经组织教师进行关于日语教学方法书籍的编写。比如我国第一部对日语教学法进行讨论的书籍《日语教学法》就是由东北师范大学的教师王武军编写的。该书不仅对日语语音、语法、听力、词汇和口语等环节的教学方法进行了深入分析和探索,而且在此基础上讨论了日语教学在实际使用过程中应该采用的方法和应该进行的步骤。另外,该书还对当时的各种外语教学理论进行了总结,为后来外语教学的研究打下了良好基础。该书除了对当时主流的翻译法等方面的教育学理论进行深入分析以外,还介绍了当时先进的学习理论,比如认知学习理论等,并以此为基础阐释了教学过程就是在遵循相关原则的基础上合理处理外语共性和日语特性之间的关系,不能局限于某一时期关于日语教学的论述,或是某一学派关于日语教学的论述,应集百家之长来设计出最为合理的教学方法。这一观点在今天仍然可以应用于日语教学中。另外,尽管该书没有对日语习得这一新概念进行解释,也没有对日语教学的发展进行分析,但是书中多处使用了母语转移、泛化等专业术语,充分借用日语习得反面的理论对日语教学过程进行了分析与探索,这是我国对于日语教学研究的一次创新。

总而言之,在"文革"结束之后,我国高等日语教育不仅迅速恢复到原有水平,同时在各项有利政策的支撑下实现了快速发展,并且在教材编写及关于日语教学的研究方面都得到了较大提升。除了 1978 年由辽宁人民出版社出版的工具书《新日汉词典》以外,在这一时期还有由吉林人民出版社出版的《汉日词典》,并且以往出版的部分书也被重新印刷,如《日语句子结构分析》《现代日本语实用语法》等。除了已出版的书籍得到重新印刷以外,在当时还出版了新的日语教学工具书和语音教材。随着这些新型工具书和教材的出版,我国高等日语教育在研究内容方面变得更加充实。除了上述提到的教材以外,还有以下日语教材。

《日语文言语法》是部分高校日语专业使用的教材之一,该教材主要供日语专业高年级学生使用,是由山东大学外文系日语教研室编写,在 1978 年正式开始使用；1979 年，大连外国语学院编写了《日语会话》；《高等学校教材日语会话》编写单位为上海外国语学院日语教研室，在 1980 年编写完成之后开始投入使用；《高等学校教材日本地理》由北京外国语学院日语教研室编写，在 1981 年正式使用；《日本近代文学选》由北京第二外国语学院日语教研室编写，主要为内部油印，从 1983 年开始使用；《日语听力与会话》由大连教育学院编写，高等教育出版社出版，从 1985 年开始使用；《高等学校教材中日关系史》由北京外国语大学日语系日本问题教研室编写，从 1986 年开始使用；《日本文学史》由吉林大学编写，外语教学与研究出版社出版，从 1982 年开始使用。

上述所有教材的编写及出版都经过了严格的审查，因此，相较于以往的日语教材在整体编写质量方面有所提升。同时，由于政府力量参与其中，这些教材在适用范围方面相较于以往更加广泛。除此之外，在当时除了各种教材中包含日语语言方面的学习内容外，各种工具书也包含了一部分日语语言学习内容，这对当时的日语课堂教学起到了一定的辅助作用。除了教材以及工具书外，在当时关于日语语言语法研究类的书籍也具有相当高的价值。比如在当时出现的各种关于日语语言语法的书籍中，不仅包含新中国成立之前一些日本语言研究人员所获得的成果，也包含了在新中国成立之后学者们经过研究所获得的各种研究成果，还包含很多日本学者的研究成果。这些书籍都具有极高的研究价值和学术价值。从总体上来看，关于日语语法的研究在这一时期得到了新的发展，说明在这一时期，我国的高等日语教育在研究方面更具深度和广度了。从改革开放之后到 1985 年所出现的日语著作具体如下：

《现代日语语法手册》由现代日语语法手册编写小组编写，从 1979 年开始使用；《日语惯用型》由湖南大学编写，从 1979 年开始使用；洛阳外国语学院编写的《日语惯用型》，由商务印书馆出版，从 1981 年开始使用；《日语文型语形分类解说》由北京外国语学院编写，从 1979 年开始使用；《日语的时和体》由上海外国语学院编写，从 1980 年开始使用；《日语助词新探》由上海外国语学院编写，从 1980 年开始使用；《日语表达方式初探》由上海外国语学院编写，由商务印书馆出版，从 1981 年开始使用；《日语基础语法》由大连海洋大学编写，青海人民出版社出版，从 1980 年开始使用；《综合基础日语》由日本研究中心编写，北京出版社出版，从 1982 年开始使用。

在学生的留学派遣方面，改革开放以后，学生留学派遣工作重新得到重视并迅速发展，从 1978 年开始，我国留学生数量快速增加。对此，邓小平同志在 1978 年 6 月明确表示赞成增加留学生的数量。自此我国开始大力发展留学生事业，制定了相关的工作方针。1979 年，吉林大学派遣 6 名学生赴日留学，其中有 5 名学生为 1977 级高考第一批学生，1 名学生为工农兵学员。在留学形式方面，此次吉林大学所派遣的留学生并不是短暂进入日本留学，而是需要在日本的高校内进行长期学习，并且顺利毕业获得学位。吉林大学所派遣的 6 名学生是我国在改革开放之后日语专业第一批到日本留学的学生，该批学生在留学之后于 1983 年回国参加工作。自此之后，我国日语专业留学生数量不断增加，同时在留学形式方面也更为丰富多样。

在研究生日语专业建设方面，1981 年，我国公布第一批博士学位、硕士学位授予单位和学科，能够授予日语专业硕士学位的学校只有北京大学、吉林大学和上海外国语学院三所高校。这三所高校也是我国第一批可以招收硕士层次学生的高校。日语专业硕士层次招生的开始，标志着我国高等日语教育办学层次进一步提升。在这一时期，也有其他高校开设日语专业硕士课程培养日语专业硕士研究生，但是这些学校的毕业生需要到上述三所高校进行论文答辩才能获得学位。三年之后，第二批博士与硕士学位授予单位和学科公布，此次增加了三所高校，具体为黑龙江大学、中国社会科学院和中国人民解放军外国语学院。两年之后，第三批拥有博士和硕士学位授予权的单位和学科公布，在所有拥有授予权的高校中，拥有博士学位授予权的高校只有北京大学，日语专业第一位博士生导师是刘振瀛。另外，除了上述在第一批和第二批获得硕士学位授予权的高校以外，此次还有南开大学、复旦大学等高校获得了日语专业硕士学位授予权。截至 1999 年，我国共有 30 所高校获得了日语专业硕士学位授予权，并且有三所高校获得了日语专业博士学位授予权，分别为北京大学、北京外国语大学、东北师范大学。1998 年，北京大学培养了我国第一批日语专业博士生。

北京大学在 1979 年至 1997 年入学的日语专业研究生人数分别为：1979 年 2 名，1980 年 0 名，1981 年 3 名，1982 年 2 名，1983 年 0 名，1984 年 7 名，1985 年 3 名，1986 年 3 名，1987 年 1 名，1988 年 3 名，1989 年 0 名，1990 年 0 名，1991 年 1 名，1992 年 1 名，1993 年 1 名，1994 年 2 名，1995 年 3 名，1996 年 0 名，1997 年 2 名。

吉林大学在 1979 年至 1996 年入学的日语专业研究生人数分别为：1979 年 5 名，1980 年 0 名，1981 年 2 名，1982 年 6 名，1983 年 7 名，1984 年 6 名，1985 年 7 名，1986 年 20 名，1987 年 11 名，1988 年 9 名，1989 年 8 名，1990

年 3 名，1991 年 3 名，1992 年 6 名，1993 年 7 名，1994 年 6 名，1995 年 1 名，1996 年 7 名。

从上述数据可以看出，这一时期我国各大高校日语专业硕士培养整体呈现出规模较小并且波动较大的特点。

/第三节/ 日语课程建设情况

在这一时期，除了专业日语教育得到快速发展以外，公共日语教育的发展也十分迅速。在改革开放之后，教育部审定了《日语教材编写大纲》，这是我国在改革开放之后第一个日语教材编写依据。在此之后，我国各大出版社出版了不同的日语教材，比如人民教育出版社出版了湖南大学编写的《（高等学校试用教材）日语》。这一教材共分为 4 册，每册 15 课，主要以科技日语为主。该教材初版印刷数量达到 20 万册，由此可见该教材在当时的使用范围十分广泛。1979 年，高等教育出版社出版了华南理工学院与其他四学院联合编写的教材《（高等学校教材）日语（第二外语用）》。这一教材更加适合零基础学生学习，并且是一套为以日语为第二外语的学生所编写的教材。1979 年，西南交通大学外语教研室编写的《日语》出版，该教材主要分为五个方面的内容，具体为化学化工类、机械动力类、冶金类、土建水利类和电工电子类。除此之外，1983—1986 年，我国高等教育出版社出版了大连理工学院编写的《日语教程》系列教材，共计 5 册。该套教材主要根据 1980 年的《高等学校理工科四年制日语教学大纲（草案）》进行编写，主要目标是促使理工科学生日语阅读能力得到提升。除了上述列举的教材以外，在这一时期各大出版社还出版了各种教师参考工具书。

总体上来看，在这一时期，全国各大高校充分围绕科技日语在公共日语教育方面编写了大量教材、专著及相关读物。理工科方面的日语教材具体如下：

《科技日语》由汪大捷编写，商务印书馆出版，从 1977 年开始使用；《医用日语基础》由白求恩医科大学编写，1978 年由人民卫生出版社出版并正式使用；《医用日语阅读教材》由白求恩医科大学编写，1979 年由人民卫生出版社出版并正式使用；《怎样阅读医学科技日语》由黄崇本编写，1979 年由科技文献出版社出版并正式使用；《科技日语教材》由吴运广编写，1979 年由辽宁人民出版社出版并正式使用；《科技日语惯用句型》由石明德编写，1980 年由上海科学技术出版社出版并正式使用；《科技日语汉译技巧》由张竞千编写，1981 年由贵州人民出版社出版并正式使用；《科技日语疑难句型》由张竞千编写，1981 年由科学普及出版社出版并正式使用；《日语初级教程》由上海交通大学科技外语系编写，1981 年由上海译文出版社出版并正式使用；《理工科日语分级读物》由刘长义等人编写，1982 年由人民教育出版社出版并正式使用；《科技日语翻译理论与实践》由靖力青编写，1982 年由商务印书馆出版并正式使用；《工科日语自修读本》由徐之梦编写，1983 年由机械工业出版社出版并正式使用；《科技日语百日通》由李镜吾编写，1983 年由海洋出版社出版并正式使用；《科技日语速成破译法》由于永吉编写，1985 年由吉林科学技术出版社出版并正式使用。

除了上述相关教材以外，1990 年，《中日交流标准日本语》编写完成。这是一套日语自学读本，在编写完成之后成为当时很多高校公共日语课程的使用教材。该教材在 2005 年 4 月进行了修订，截至 2008 年，该教材累计印刷数量已经超过 700 万册，是我国日语教学领域发行数量最多并且使用范围最广的教材。因为该教材是中日联合编写完成的，所以在内容、体系等方面相较于我国各大高校或其他机构所编写的教材而言，存在一定差异，甚至在一些方面落后于这些教材，但是该教材在口语训练方面拥有一定优势，并且覆盖范围更为广泛。1990—1993 年，该教材在各大高校公共日语课程上的使用范围从 14% 上升到 70%，并且在 1988—1994 年期间发行量达到 96 万册。这一教材充分反映了在我国高等日语教育发展过程中，各高校面对社会日语学习规模快速扩大的情况而表现出开发能力不足的问题，同时也反映出当时社会对交际会话日语的极大需求。[1]

根据王宏在 1990 年的调查结果显示，当时全国 344 所开设日语公共课程的高校所使用教材的具体情况为：上海外国语学院编写的《日语》，有 126 所高校使用；东京外国语大学编写的《日本语》，有 120 所高校使用；湖南大学编写的理工科使用的教材《日语》，有 70 所高校使用；北京大学编写的《基础日语》，有 28 所高校使用。

---

① 徐一平：《中国的日语研究与教育》，载《日语学习与研究》1997 年第 4 期，第 37 页。

/第四节/　其他方面的情况

一、全国性组织及其活动、文件、期刊

在这一时期，我国高等日语教育发展最突出的特征为：各大日语专业教学点开始改变自身发展观念，摒弃以往独自发展的模式，加强与其他教学点之间的交流互动。同时，在各大日语专业教学点进行交流沟通的过程中，逐渐形成了相应的交流平台，所以在这一时期我国高等日语教育开始形成共同发展的局面。

从全国性大纲类文件来看，从 20 世纪 70 年代末期开始，教育部开始针对日语专业教材举行各种会议，规划我国高等日语教育的未来发展。比如在1979 年召开的全国高等院校日语专业教材规划会议中，基本确定了日语专业教学计划，提出由北京大学、复旦大学等 5 所高校来制订详细的教学大纲。同时，此次会议还确定了 53 种日语教材和 23 种引进教材，并且要求北京外国语大学和吉林大学联合进行相关日语丛书的选编工作。除此之外，此次会议还确定了由北京第二外国语学院编写一本关于日语口译的教材。除日语教材方面的编写工作外，在此次会议中，北京大学代表提倡成立日本语学会，并且以北京大学为中心来完成该学会的成立工作。此次会议是新中国成立以来关于日语专业的第一次大型会议，在促进我国日语专业发展方面具有重要意义。同年 10月，教育部向各个相关高校下发了《高等师范院校日语专业四年制教学计划》。该计划包含了各大高校日语专业未来发展的教学计划，综合大学、师范院校和外国语院校均有不同的日语教学计划。

从教学目标方面来看，外国语院校的日语教学目标主要是培养高综合素质的日语翻译人才、日语专业教师和其他日语人才。相较于外国语院校日语教学目标，综合性大学日语系的教学目标除了有上述内容以外，还增加了培养更多日本语言文学方向的研究人才这一目标。师范院校的教学目标则主要为培养更多日语专业教师。

从具体要求方面来看，无论是外国语院校、综合性大学还是师范类院校，都在政治素质方面有一定要求，但是在掌握语言和文学基本理论的第三项中，

综合性大学与外国语院校的教学目标基本一致，而师范类院校则增加了掌握教育基本理论这一方面的内容。第四项到第六项内容基本相同，都要求学生掌握听说读写译方面的知识与技能、有较好的写作能力、能够掌握一门除日语以外的外语、拥有与本专业相关的日语基础知识和专业知识、具备一定的科研能力等。外国语院校和综合性大学在课程设置方面的教学计划基本相同，主要区别在于综合性大学的教学计划是一种基于外国语院校教学计划的细分，但是整体相同。相较于前两者，师范类院校则是在前两者的基础上增加了心理学和教育学课程。在必修课方面，外国语院校的教学计划主要包含精读课程、听力课程、语法课程、文学作品等，共计 9 项。综合性大学的教学计划是在外国语院校教学计划的基础上增加了 3 项，具体为作文课程、文言语法课程和文学历史课程。师范院校的教学计划则是将会话课程和听力课程合二为一，统称为听说课程，同时也将精读、写作等课程进行合并，组成了实践课程。除了听说课程和实践课程以外，师范类院校还有文学作品课程、翻译课程和日语教学法课程等。

在生产劳动和军事训练方面，外国语院校、综合性大学和师范类院校日语专业三者要求相同。在科学研究方面，三种类型的高校所提出的要求基本一致，都要求学生在学习过程中要进行各种业务实践，完成毕业论文方可顺利毕业。在成绩考核方面，三种类型的高校所提出的要求基本一致，都有免修、提前毕业等方面的制度，具体内容在这里不进行详细论述。

在时间安排方面，综合性大学和外国语院校整体上基本一致，比如两种类型的高校每年都有寒暑假，并且军事训练时间都为 14 天，生产劳动都为 40 天等。全部实行四年制，教学时间共计 785 天，每个学期的教学时间约为 80 天，每学期的课时数约为 90 天。师范类院校日语专业只对每年寒暑假进行了规定，即每年寒暑假为 7 周。除此之外，4 年内共有 40 天的生产劳动内容和 2 周军事训练内容。相较于外国语学院和综合性大学，师范类院校日语专业的培养计划中还规定了教育实习方面的内容，具体为：教育见习的时间是在三年级，总时长为 1 周；在四年级时进行教育实习，时长为 25 天左右，旨在培养学生的日语教学能力。

通过上述对比可以看出，不同类型的高校在教学计划方面存在不同，在学生培养方面有不同的思路，尽管三个计划的教学总周数一致，但是在其他方面存在一定区别，比如教学任务的时间、教学课时数等。这些方面的不同充分体现出在当时不同类型的高校在人才培养方面存在一定区别。比如综合性大学的教学计划要求必须将文学历史设置为必修课程，但是这一要求在外国语院校和师范类院校中没有体现。从教学计划对综合性大学提出的这一方面要求可以看出，在当时，综合性大学日语专业仍然保留了自身原有的研究性特点。再比如综合性大学日语专业的选修课程主要包含两种类型，第一种是文学类型，第二种是语言类型。外国语院校在选修课方面则有历史和国际关系等方面的课程，这些课程也反映出外国语院校更加重视培养学生的国际化视野。师范类院校日语专业相较于前两者最大的不同在于有教育见习和教育实习，体现出师范类院校的人才培养倾向。20世纪90年代尤其是在进入21世纪以来，我国各大高校的日语专业不断发展不同的专业方向，比如一些高校将日语专业和其他学科进行融合，设置了一系列复合型的日语专业。

我国第二份关于日语专业的教学计划于1990年正式颁布，即《高等院校日语专业基础阶段教学大纲》。相较于第一份教学计划，该份关于日语专业的教学大纲是一份针对所有高校日语专业的教学大纲。该大纲规定所有高等院校日语专业在第一学年的课时数不能低于一周14课时，同时强调各大高校需要严格按照规定施行。同时，该教学大纲规定各大高校第二学年日语专业方面的课堂教学时间每周不能低于12课时，第三学年和第四学年每学期课时不能少于17周。该教学大纲除规定各大高校日语专业教学方面的教学目的、教学内容和考核内容等以外，还规定了日语句型、语法和词汇等方面的内容。该教学大纲指出，各大高校必须严格按照规定在日语专业教学过程中完成相应教学内容。比如在其中规定了各大高校第一学年和第二学年词汇量不少于5500个，其中一年级为3200个，二年级为2300个。同时，该教学大纲对单词的选择方法也十分科学合理，具体为对当时高校日语专业使用范围较广的教材进行统计，然后找到其中至少在2种教材中同时出现的日语单词，再结合日本文化厅为国外日语学习者提供的单词表最终确定我国高校日语专业所需要学习的日语单词数量。在该教学大纲中，在原有教材的基础上新增了1234个单词，然后使用7700个单词进行抽样，选出了100个测试词汇，然后对国内10所院校日语专业一、二年级学生进行测试，最终以此为基础得到大纲词汇表。功能意念方面，主要参考了英语教学大纲中的功能意念表，共罗列了60项，在每个项目中给出了5~10个例句，要求学生学会在这60个场景中进行日语交际。

《高等院校日语专业基础阶段教学大纲》相较于1979年的教学计划更加细致、全面、科学、合理，也反映出在20世纪80年代我国高等日语教育所获得的巨大进步。该教学大纲所提出的功能意念表是我国高等口语教育的一人创新，同时功能意念表的出现反映出当时我国高等日语教育正在进行深入改革，已经逐渐从原来日语教学中过于重视语法逐渐转向重视培养学生的日语表达能力及通过日语知识解决问题的能力。该教学大纲还反映出随着日语教育的发展和完善，人们开始认识到无论是外国语院校、综合性大学还是师范类院校，在日语专业教学中都必须培养学生的语言技能，都必须促使日语专业学生具备其应有的语言使用能力。对这一大纲理念进行贯彻的代表性教材是由北京大学、大连外国语学院、辽宁师范大学三校合作编写的《新编基础日语》。

从全国性团体组织方面来看，1992 年外指委成立。外指委全称为高校外语专业教学指导委员会，是由高校外语专业教材编审组改名而来。外指委成立之后，设立了日语指导组，由日语指导组组织了全国首次大规模大学日语专业本科生摸底统考，为后来我国日语专业四级考试与八级考试打下了良好基础，并且积累了相关的组织经验。在之后的发展过程中，外指委在广州召开研讨会，探讨了在新的社会发展形势下，高等日语教育应该如何发展，外指委自身应该如何拓宽思路，从而为高等日语教育提供更多指导。

除了上述组织以外，还有一个重要的组织是中国日语教学研究会。在1981 年 5 月 24—30 日，中国外语教学研究会在国家教育委员会的领导下在杭州举行了成立大会，并且在此次大会中确定了中国日语教学研究会名单，其中日语分会的名誉理事为北京对外经济贸易大学的陈涛，常务理事为大连外国语学院的刘和民，除此之外，还有 12 名理事。1982 年，中国日语教学研究会在大连外国语学院举行了成立大会，并且在会议中选举刘振瀛为会长。随后在1984 年，中国外语教学研究会常务理事会召开，其中的日语分会汇报了实际工作情况。1985 年，中国日语教学研究会开展了全国日语教育发展工作研讨会，其中有 19 所高校作为代表参加。1987 年 11 月，中国日语教学研究会在上海外国语学院召开第二届理事会成立大会，并且选举王红教授为会长，将会址从北京大学转入上海外国语学院。1994 年，中国日语教学研究会举行了第二次全国日语教育发展工作研讨会，此次会议对我国高等日语教育的发展进行了总结和评价，并且决定开展一次以日语专业教师为基础的全体调查。此次调查的结果显示，日语专业教师中，每周科研时间有 10 小时以上的占教师总数量的 32%，7～9 小时的占 16%，4～6 小时的占 20%，2～4 小时的占 13%，2 小时以下的占 12%，没有从事科研工作的占 7%，这一数据反映出当时日语专业教师科研总量已经具备一定规模。①

在公共日语方面，1980 年，教育部成立了全国高等学校理工科公共外语教材编审委员会，并且设置了日语编审小组。日语编审小组在 1980 年对《日语教学大纲》进行了审定，该大纲是我国第一个全国大学公共日语教学大纲。1989 年 5 月，国家教育委员会批准了《大学日语教学大纲》，并且指出仅仅依靠科技日语无法照顾所有专业，不利于培养学生的综合素养。在该大纲的指导下，1991—1996 年，各大出版社出版了不同的日语教材，比如由顾明耀和徐祖琼主编的《大学日语》，该教材在当时被很多大学使用，是高校第一外语的日语教材。除此之外，还有顾明耀与田中魁主编的《大学日语预备级》，该教材是面向零起点学生的日语教材。1993 年，《大学日语（第二外语）教学大纲》出版，该大纲对第二外语日语的教学目的、要求、安排等方面进行了系统规定，并且附有语法表、词汇表和惯用型表，同时提出对日语能力的要求，这是第二外语日语教育的一个良好开端。该大纲提出了日语教学的两个层次，具体为基本要求和较高要求，并且对词汇量进行了规定。其中在基本要求方面规定学生需要掌握 1200 个日语词汇，较高要求方面则要求学生掌握 1500 个词汇，整体构成了较为完整的教学体系。

从 1993 年开始实施每年一次的大学日语四级考试，该考试是面向第一外语学生的。在初期每年约有 5000 人参加考试，2003 年报考人数达到 15000 人左右，在 2001 年这一人数达到 55000 人左右。从地域方面来看，吉林、辽宁考生最多。②

二、其他各类高等日语教育

1955 年，《人民日报》发表了题为《举办业余高等教育》的文章，该文提出应积极创办和发展高等院校的函授部和夜大。1956 年，高等教育部发出了综合大学开办函授教育的通知。截至"文革"爆发之前，全国范围内所成立的高等学历教育主要形式为夜大教育和函授教育。无论是函授还是夜大，都是由学校单独定向招生，其他高等学校的招生则实行联合招生或单独招生。在

---

① 王守仁：《高校大学外语教育发展报告（1978—2008）》，上海外语教育出版社 2008 年版，第四章"大学日语教育的发展"。

② 修刚：《中国高等学校日语教学的现状与展望——以专业日语教学为例》，载《日语教学与研究》2008 年第 5 期，第 3 页。

此之后，我国发布了一系列关于发展高等院校函授教育和夜大教育的文件，大大促进了函授教育和夜大教育的发展。

1991年，全国日语教育机构对开设日语专业的高校夜大学进行了相关统计，结果显示大部分高校是在改革开放之后开设日语专业夜大学的。无论是函授部还是夜大学，大部分使用的教材都是上海外国语学院的日语教材《日语》或《日本语》，有少部分函授部和夜大学使用的教材是北京大学的《基础日语》。1992—1993年，上海外国语学院夜大学编写了成人日语教育教材《基础日语》，该教材由上海外国语教育出版社出版。相关教材的编写和出版，促使我国成人日语教育不断完善。从教学模式来看，函授部和夜大学主要采用的是普通高校所使用的教学模式，但是更加侧重于培养学生的日语语言应用能力。在改革开放之后，我国的成人教育事业开始迅速发展，招生工作也从原来的学校单独招生逐渐发展成为全国统一招生。1986年，成人高等学校开始通过全国统一招生考试进行招生，招生对象主要包括往届高中毕业生、应届中专毕业生、职业高中毕业生、技工学校毕业生及在职人员。每年10月进行招生考试，12月统一录取，第2年春季入学。成人高考的举行，有效遏制了当时社会中出现的招生混乱、办学混乱、发证混乱等问题的发生，提升了学生的整体素质，大大促进了成人高等教育事业的发展。随着成人高等教育事业的快速发展，每年成人高考的人数不断增加，2021年全国成人高考报考人数约为262.4万人，这些数据充分显示了成人高等教育强大的生命力。在日语专业方面，成人学历教育从20世纪80年代开始，经过20多年的发展，不仅在办学规模上仅次于英语，而且出现了多种日语专业方向，如旅游日语、国际贸易日语、涉外秘书日语等。同时，在这一时期，上述日语专业方向逐渐拥有了普通本科层次，其中符合条件的学生可以获得学士学位。从培养方式来看，除了夜大和函授以外，还有全日制脱产的形式。该形式主要参照本科层次日语的教学模式，培养的是应用型人才与专业型人才。

在这一时期，广播电视大学也开始起步发展。1979年，中央广播电视大学成立，在此之后，全国各个省市也开始建立自己的广播电视大学。改革开放初期，随着我国逐步建立市场经济制度，知识和能力成为社会各界关注的重点，"知识就是力量"这一观念更加深入人心，上大学成为年轻人的追求，广播电视大学正是在这样的背景下产生的。广播电视大学是以现代信息技术为主要手段，通过电视、文字、广播和网络等不同媒体进行远程开放教育的高等学校，包括成人高职教育、普通中职教育和普通高职教育，至今已经有40余年的历史。自 1982 年以来，广播电视大学为我国培养了大量本科、专科人才，同时也是全世界办学规模最大的大学。在日语教育方面，根据 1991 年相关数据统计显示，大部分广播电视大学主要在 1990 年开设日语专业，并且由于在当时专职日语教师数量较少，因此大部分日语专业需要与当地高校进行合作，借助高校的师资力量来进行日语专业课程教学。

在改革开放之后，我国提出鼓励发展普通高等教育专科层次教育，高职高专日语专业正是在这一时期开始发展。相较于本科层次的日语教育，大专层次的日语教育主要存在两种实现形式，第一种是高等专科学校，第二种是高等职业技术学院。两种形式中，前者更加侧重于培养学生的能力，后者则更加侧重于培养学生的技术，两者都属于大专层次。1983—1986 年，国家陆续颁布了关于发展高等教育、成人教育和全国职业技术教育的相关报告，并且在 1991 年颁布了《关于加强普通高等专科教育的意见》和《关于大力发展职业技术教育的决定》。自 20 世纪 90 年代以来，随着各种教育政策的支持，各大高校开始紧跟英语专业的发展步伐开展日语专科学历教育和本科学历教育，其中高职院校作为职业技术教育的高等阶段，其所开设的日语专业扩大了我国高等日语教育的队伍。从目前来看，在所有设置日语专业的高校中，职业技术学院所占比例不断提升，甚至其中一些高校早在 20 世纪 80 年代初期就已经开办过高等日语专科教育，比如洛阳大学曾经在 1981 年招收过一届日语高职班学生，共招收学生 30 人，学制为三年。在本科层次的高等学校中，也有部分学校在 20 世纪 60 年代就已经设立了日语专科专业，比如北京对外贸易学院在 1964 年就开设了对外贸易日语专科专业。

除了上述高等日语教育以外，还值得一提的是高等教育自学考试。1981 年 1 月，教育部发出了《高等教育自学考试试行办法》，规定所有中国公民，除全日制在校学生以外均可以参加自学考试，没有学历和年龄限制，由各个省份根据自身实际情况组织考试。1981 年 6 月，北京、天津、上海三个城市进行了试点。其中在北京开考的 8 个专业中，要求考生在英语、俄语和日语三个语种中选择一门作为自己的公共外语科目。1988 年，国务院发布了《高等教育自学考试暂行条例》，对各大高校细则进行了明确规定。在进入 20 世纪 90 年代之后，我国各个省份陆续开放了日语专业专科自学考试和本科自学考试。其考试水平和全日制普通高校日语专业水平基本一致，阅卷和口试等方面的工作主要由高校日语教师承担。根据学者王宏的统计显示，在这一时期，全国业余日语培训学校所使用的教材情况主要为：使用出上海外国语学院编写的

《日语》的学校有 53 所，使用由日本文化厅编写的《生活日本语》的学校有31 所，使用大连外国语大学编写的《新日本语》的学校有 26 所，使用东京外国语大学编写的《日本语》的学校有 23 所，使用人民教育出版社编写的《中日交流标准日本语》的学校有 21 所。①

三、日语专业的社会服务

在这一时期内，国家对夜校、函授、高等职业技术学院等方面工作的重视，促使日语专业社会服务功能也得到一定程度的加强。比如，原来由高校日语教师所承担的社会外语广播获得了进一步发展；再如，相关的配套学习用书也在这一时期开始大量出版，很多日语教材在这一时期改版或重印，具体情况如下：

《北京市外语广播讲座（日语）》1978—1980 年由北京第二外国语学院改版，由北京出版社出版。《上海市业余外语广播讲座（日语）》1979 年由上海译文出版社重印。《陕西省业余外语广播讲座（日语）》1980—1982 年由陕西人民出版社重印。《日语入门》1982 年由江苏人民出版社重印。《学日语》1985 年由中国广播电视出版社（现为中国广播影视出版社）重印。

在这一时期，除了广播日语讲座获得发展以外，电视日语讲座也开始快速发展。根据相关数据统计，当时仅在中央电视台面向全国进行播放的日语电视讲座就已经达到 7 种，并且这些讲座在当时获得了较高的收视率。在夜大学方面，不仅成人高等学历教育快速发展，也出现了很多面向社会学员的短期培训，为整个社会培训了一大批日语翻译人才，为我国的技术改造等方面做出了贡献。以上海外国语大学夜大学日语短期单科班为例，1985—1988 年，其招生人数由原来的 220 人增加至 2900 人，到了 1991 年，人数达到 3600 人。这一时期夜大学发展迅速，与当时社会对日语人才需求及日本入境政策放宽紧密关联。根据学者王宏的统计，1993 年全国范围内共有 1455 个日语教学单位，单位数瞬时增加，主要原因为成人日语教育和业余日语教育发展迅速。比如由大连外国语学院主编的《学日语》，在初版发行时第 1～4 册的印刷数量分别为 71 万册、83 万册、55 万册、95000 册，这一教材的数量超过了上海广播日语讲座教材的数量，成为新中国成立以来发行量最大的日语书籍，在加大日语

---

① 王宏：《1993 年中国日本語教育事情調査報告》，载《世界の日本語教育》1995 年第 3期，第 196 页。

普及程度方面发挥了重要作用。根据国际交流基金统计数据显示，自改革开放以来，我国校外日语教育规模迅速发展，不仅充分反映出当时社会对日语人才需求的快速增加，而且在推动我国高等日语教育发展方面发挥了重要的促进作用。除此之外，自我国从日本引入各种大型设备，开展更为频繁的企业合作项目以来，整个社会对日语翻译人员或员工的需求量快速增长，这就要求高校培养更多的日语翻译人员，同时针对企业员工的短期培训也发展迅速。在这种形势下，高校所参与的社会服务越来越多，比如在当时，上海宝钢联合企业的现场翻译人员的培养工作主要由上海外国语学院和复旦大学的日语专业教师承担，花园饭店员工的日语培训由上海外国语学院承担，等等。

第三章　中国高等日语教育的跨越式发展阶段

/第一节/　跨越式发展阶段的社会背景及政治经济环境

一、国内社会背景及政治经济环境

从 20 世纪末期开始，随着我国改革开放的不断深入和市场经济的快速发展，我国国力不断增强，并且在 2011 年加入 WTO，同时国内和国际形势也在不断发生改变。1999 年 6 月 13 日，中共中央、国务院做出《关于深化教育改革全面推进素质教育的决定》，提出全面推进素质教育，培养适应 21 世纪现代化建设需要的社会主义新人；深化教育改革，为实施素质教育创造良好条件；优化结构，建设全面推进素质教育的高质量的教师队伍。同年，国务院批转教育部《面向 21 世纪教育振兴行动计划》，并且教育部发布了《关于扩大 1999 年高等教育招生规模的紧急通知》，自此，全国高校开始全面扩招，1999 年招生规模增幅达到 47%，2000 年增幅为 38%，2001 年增幅为 21%。在三年时间内，全国高校招生规模翻了一倍多。1998 年，全国高校教师与学生的比例为 1:11；2002 年，教师与学生比例变为 1:19。全国高校的快速扩招带来了高校教学质量下降的问题，并且促使我国高等教育从精英化向大众化方向发展。2001 年，教育部印发《关于加强高等学校本科教学工作提高教学质量的若干意见》，强调了高校教学工作的中心地位。除此之外，教育部在 2003—2008 年期间对我国所有普通高校教学工作进行了全面评估，其中首轮进入评估计划的高校有 592 所，日语专业在该次评估中得到了一次较大的整改和完善。2003 年，教育部启动了高校教学质量与教学改革精品课程建设工作，至此，全国高校开始形成学校、省、国家三级精品课程体系。同时，教育部还为精品课程体系的打造建立了专门的工作网站和专门的精品课程资源库，并且向全国高等院校免费开放。无论是工作网站还是资源库，都在推动我国新世纪高等教育质量提升方面发挥了重要作用。

在此期间，我国还大力提倡培养复合型人才，于是全国各大高校纷纷开设选修课程或第二专业，以此来完善学分制，促使学生的知识面得到有效拓展。在这种情况下，日语专业教师的教学任务也随之不断增加。另外，随着信息时代的到来，仅依靠粉笔和黑板的传统教学方式受到冲击，所以，教学方法的创新成为这一时期教学领域新的课题。同时，各种教学课件和精品课程等新时代产物为我国高等日语教育的发展注入了新的生命力。

在毕业生分配方面，从2000年开始，教育部决定取消给毕业生发放派遣证的做法，改为使用就业报到证。这一改变反映出此时我国高校毕业生就业的自主地位得到了确立，并且标志着我国高校毕业生"包分配"的就业制度就此结束。2002年，我国推行了教师聘任制。这些制度的落地实施，给全国高校带来了巨大影响，在促使教师工作积极性提升的同时，也带来了教师由于生活压力的增加而更追求物质生活等方面的问题。教师课时任务的不断增加，使得部分教师在教学过程中往往会追求眼前的经济利益，不重视提升自身的业务水平，再加上一些教师的学习意识较为淡薄，导致当时全国高校师资队伍建设方面产生了新的问题。

二、中日关系

进入21世纪以来，中日之间的关系如同以往一样依然存在好的方面与待改善的方面，并且随着我国国力的不断增强，中日关系发生了一些结构性变化。首先，中日之间的经济依存程度不断提升，贸易往来更为频繁。其次，中日之间不断围绕领土、历史认识等方面产生冲突，使得两国之间的关系长期处于政治方面遇冷，但是经济方面持续发展的状态。2000年，森喜朗作为日本首相与江泽民主席进行会谈，表达了日本会遵循联合声明的立场，重视中日之间睦邻友好的合作关系。在此期间，中日双方高层互相访问较为频繁，达成了一系列重要的政府间协定，促使双方之间的民间往来势头发展更加迅猛。但是在2001年4月，小泉纯一郎上任日本首相，其为了迎合日本右翼主张的政治倾向坚持参拜靖国神社，这一行为破坏了中日之间以往交流所建立的良好基础，使得两国关系在2001—2002年期间进入冰冻时期。

2007年4月，温家宝总理访问日本，2007年年末，福田康夫首相访华，进一步发展了中日关系。2008年5月，胡锦涛主席访日成功。中日两国领导人的相互访问对中日关系产生了积极的推动作用，在此之后，中日关系基本保持着稳定友好的发展态势。但是在2012年，日本的石原慎太郎所挑起的钓鱼岛闹剧，又一次将中日关系打入了历史最低谷，导致中日邦交 40 周年纪念活动大量被推迟或者直接被取消，并且在此期间中日之间的贸易往来也受到了极大影响。

尽管在这一时期中日关系波动较大，但是由于之前几十年以来所搭建的基础，促使中日两国在经济贸易、教育领域、文化领域等方面的往来依然保持稳定发展，并且在解决摩擦和争端方面的机制更为完善。在这样的大环境下，我国高等日语教育进入跨越式发展阶段，促使日语教育办学规模呈现爆炸式增长。

/第二节/ 日语专业建设情况

一、日语专业建设整体规模情况

从 20 世纪 90 年代末期开始，随着我国高校的扩招，全国开设日语专业的高校数量不断增加，日语专业的办学条件也得到进一步改善，相关图书资料和多媒体资源日渐丰富，选修课程大量新增，日语专业教师队伍结构也更为合理。在进入 21 世纪之后，随着市场经济需求的变化，出现了更多与专业融合的日语人才培养模式，比如旅游日语、科技日语、经贸日语等，这些日语人才培养模式都是在日语语言文学基础上拓展而来的。在这一时期，日语专业成为高校新增的热门专业。2008 年，北京奥运会的成功举办，使我国在国际上的影响力进一步提升。在这种形势下，我国有 26 所高校申请开设日语专业，促使日语专业排在全国高校新增热门专业中的第 7 位。同时在这一时期内，我国高校的日语学科建设不仅包含系统的语言教学，还包含日本文化和政治等方面的教学，为我国培养了大量的专家学者及各种日语人才，并且在此时理工科高校大量涌现了日语专业。另外，我国的高等日语教育在这一时期各层次的教学规模都在不断扩大，但是也随之带来教学质量参差不齐的问题。

2003 年，我国日语教学研究会与日本国际交流基金合作，对全国范围内的日语教学情况进行了第 5 次调查。相关调查结果显示，2003 年，全国范围内开设日语专业的高校达到 250 所，日语学习者超过 20 万人，并且将日语作为第二外语的学生人数仅次于英语。

在日语教师方面，进入 21 世纪之后，高校日语教师的待遇不断提升，吸引了更多优秀日语人才加入高校，促使高校日语教师队伍无论在学历还是在整体教学水平方面都得到了新的提升。

二、日语专业教学点的具体情况

在这一时期内，拥有较长办学历史的教学点纷纷推出自己的精读教材，在教材建设方面投入了更多时间与精力，促使日语教材无论在数量还是在质量方面都实现了较大提升。比如 1998—2001 年，北京外国语学院的朱春跃等人编写了日语教材《基础日语教程》；2001—2003 年，大连外国语大学的蔡全胜等人编写了日语教材《新大学日本语》；2002—2003 年，洛阳外国语学院的胡振平等人编写了日语教材《现代日本语》；2002—2005 年，同济大学的吴侃主编了教材《高级日语》；2004—2006 年，北京大学彭广路主编的《综合日语》第 1 册至第 4 册出版；2006—2008 年，上海外国语大学谭晶华主编的《日语综合教程》出版；2006—2011 年，吉林大学宿久高主编的《日语精读》出版；等等。这些日语教材充实了我国高等日语教育教材资源，凝聚了广大教育者的心血。除此之外，随着我国普通高等教育国家级规划教材建设的深入，更多供日语专业或公共日语使用的教材不断出现，大大提升了我国高等日语教育的教学水平。

从专业设置方面来看，很多高校在开设语言文学的基础上增加了各个方向的复合型专业。比如 2003 年上海外国语大学增加了日语（副修英语）方向，北京第二外国语学院增加了日语同声传译方向、日语商贸与跨文化交际方向，西安外国语大学新增了旅游日语、国际贸易日语等方向。除了增加各类专业方向以外，日语专业教师的科研意识和能力也得到一定增强，并且各个高校教师所出版的专著和发表的论文在数量方面不断增长，其中有部分日语教材也被列入我国的教材规划中。除此之外，还有一些教师承担了国家基金项目或省部级的合作项目等。

在 21 世纪这个全球化时代，国内高校与境外高校或教学机构的合作关系日益紧密。很多高校开启了合作办学、境外教学实践的项目。高校日语专业的学生境外教学实践一般从第七或第八学期开始，在境外完成毕业论文答辩和毕业典礼，毕业后可选择留日考研、就业，或者回国考研、就业。境外教学实践项目可以为毕业生提供更多选择，建立个人发展的平台，实现个人本位的教育目的，同时满足多元化社会对多元化人才的需求。

三、研究生日语专业建设情况[①]

20 世纪八九十年代以来，除了相关日语研究中心以外，拥有硕士点的学

---

① 该部分内容参考了朱桂荣：《一项关于中国日语硕士研究生教育的基础调查》，载《日语学习与研究》2016 年第 4 期，第 49～56 页。徐冰：《全国日语专业研究生培养工作的现状与思考》，载《日语学习与研究》2001 年第 4 期，第 34～35 页。

校每年招生均在 10 名以下。但是在进入 21 世纪之后，研究生的培养规模逐渐扩大，一直到 2007 年，我国拥有日语硕士培养资格的学校已经达到 60 余所，并且这些高校每年招生人数也在不断增加。2020 年，全国有 259 所高校设置了日语 MTI（翻译硕士专业学位）学位点。在教育部直属的 50 余所综合性大学中，获得日语专业硕士学位授予权的高校共有 40 余所，其中日语专业的方向主要包含文学方向、文化方向、翻译方向和语言方向等。从整体规模来看，这一时期我国日语研究生教育整体规模迅速扩大，并且在培养制度和相关管理方面相较于前一时期也得到了极大发展。比如在研究生培养和管理方面，通过开题报告、中期检查、学术论文制度等新的措施来保障研究生整体培养质量。

除了硕士生培养以外，日语专业方面的博士研究生培养也有一定加强。从目前来看，我国高校日语专业能够培养博士的高校共有 10 余所。其中北京大学、北京外国语学院、东北师范大学、上海外国语大学和吉林大学的博士点建设情况具体如下所示：

北京大学于 1986 年被授予日语专业博士学位授予权，拥有博士生导师 5 人；北京外国语学院于 1993 年被授予日语专业博士学位授予权，拥有博士生导师 7 人；东北师范大学于 1998 年被授予日语专业博士学位授予权，拥有博士生导师 3 人；上海外国语大学于 2000 年被授予日语专业博士学位授予权，拥有博士生导师 5 人；吉林大学于 2005 年被授予日语专业博士学位授予权，拥有博士生导师 3 人。

除了上述高校以外，还有部分高校获得了外国语言学与应用语言学下的日语语言学方向博士授予权，比如广东外语外贸大学于 2006 年获得授予权，拥有博士生导师 3 名；中国人民解放军外国语学院于 2006 年获得授予权，拥有博士生导师有 1 名；南开大学于 2011 年获得授予权，拥有博士生导师 1 名；黑龙江大学于 2011 年获得授予权，拥有博士生导师 1 名。

从目前来看，在我国高校中，开设日语硕士课程的高校共有 90 余所，根据《中国日语教育概览》的统计，不同高校开设日语硕士课程的时间具体为：1979 年，吉林大学；1981 年，北京大学与上海外国语学院；1983 年，黑龙江大学；1984 年，洛阳外国语学院；1986 年，北京第二外国语学院、南京国际关系学院、对外经济贸易大学、北京外国语学院、复旦大学、南开大学、天津外国语学院、大连外国语学院、国际关系学院；1987 年，日本学研究中心；1988 年，武汉大学；1989 年，西安交通大学；1990 年，东北师范大学；1993 年，湖南大学；1994 年，南京大学；1995 年，北京师范大学；1996 年，广东外语外贸大学、华东师范大学、中国人民大学；1997 年，西安外国语学院、天津师范大学；1998 年，山东师范大学、中山大学、首都师范大学、西南交通大学；1999 年，浙江大学；2000 年，哈尔滨理工大学、厦门大学、南京农业大学、中国海洋大学、山东大学；2001 年，四川外语学院、福建师范大学；2002 年，辽宁师范大学、东南大学、清华大学、大连理工大学、大连海事大学；2003 年，山西大学、北京语言大学、内蒙古大学、天津理工大学、同济大学、南京师范大学、中南大学；2004 年，河北大学、青岛大学、上海师范大学、北京理工大学；2005 年，哈尔滨师范大学、燕山大学、大连大学、华中科技大学、渤海大学、河南科技大学、东北林业大学、东华大学；2006 年，湘潭大学、宁波大学、沈阳师范大学、重庆大学、杭州师范大学、广西大学、延边大学；2007 年，西北大学、扬州大学、东北财经大学、云南师范大学、浙江工商大学；2008 年，外交学院；2009 年，陕西师范大学、内蒙古师范大学、天津工业大学；2010 年，贵州大学、华南师范大学、电子科技大学、广西师范大学、吉林师范大学、南京工业大学、北京科技大学、北华大学；2011 年，上海对外贸易学院、北方工业大学、南昌大学、上海大学、上海财经大学、哈尔滨工业大学、西南民族大学、山东科技大学、长春理工大学。

在全国范围内有日本学研究机构 100 余个，其中又有 25% 左右为日语教育研究机构，有 40 余个日本研究学会，在这 40 余个日本研究学会中，有 16 个为全国性日本研究学会，20 余个为地方性日本研究学会，会员人数在 1 万人以上。

/第三节/ 日语课程建设情况①

1999 年我国高校开始扩招之后，在日语课程教学方面遭遇了更为严峻的考验。1998 年，我国高校公共外语课程师生比为 1：50，2001 年快速增长至 1：130。在日语课程方面，根据相关统计，截至 2021 年年底，全国已经有上千所院校开设了日语课程，并且学习日语的学生总数达到 60 余万人。在这 60 余万名日语学生中，大部分是公共日语和第二外语日语学习者。2018 年，全国设置日语专业的高校共计 300 余所，其他高校均设置了公共日语或第二外语日语。除此之外，很多设立日语专业的高校也安排了非专业日语教学。同时，很多高校为了提升就业竞争力，会要求学生在自身专业课程以外选择一门小语种，促使公共日语教育成为我国高等日语教育的重要组成部分，不仅数量庞大，而且覆盖面十分广泛，大量高校开设公共日语课程，同时也有大量学生选择公共日语课程，但是教师人数远远不足，难以满足学生的学习需求。

在教材建设方面，2001 年，外语教学与研究出版社出版了由清华大学外语系编写的《新世纪日本语教程》，该教材以零起点的学生为对象，为第二外语为日语的学生编写。2002 年，高等教育出版社出版的教材《日本语初级综合教程》也是为第二外语为日语的学生编写的。2002—2003 年，外语教学与研究出版社出版了教材《新大学日语》《新世纪大学日语》，这两套教材各有 4 册，都是为第一外语日语学生所编写的教材，十分重视日语语言的运用，在选材和插图方面具有较强的时代感，目前已经被大部分开设公共日语课程的院校所采用。2005 年，新的课程教学要求出台之后，又出现了一系列面对零起点和第二外语为日语的学生所编写的日语教材。比如 2006—2008 年，高等教育出版社出版了《新大学日语标准教程》，该教材由陈俊森和郑玉主编，共有上下 2 册；2008 年，高等教育出版社出版了由林章和王诗荣编写的日语教材《新大学日语简明教程》；2006—2008 年，北京大学出版社陆续出版了由赵华

---

① 这一节内容综合参考了薛育宁、黄燕青、吴志虹、任江辉：《日语专业课程设置及改革的思考》，载《集美大学学报》第 2011 年第 4 期，第 121～124 页；谢为集：《关于高校日语专业本科课程设置的探讨》，载《日语学习与研究》2002 年第 4 期，第 53～56 页；陈俊霖、赵刚：《大学日语（二外）教学改革展望》，载《中国外语》2006 年第 2 期，第 55～62 页。

敏编写的《初级日语》《中级日语》两种教材；2006—2008 年，高等教育出版社出版了由张魏主编的《现代实用日语》。在这些教材中，《新大学日语标准教程》成为我国普通高等教育"十一五"国家级规划教材，在公共日语课程和第二外语日语课程中发挥了重要作用。第二外语快速发展，在课程设置方面也呈现多样化发展趋势，甚至一些学校的第二外语日语课程已经达到了一定规模，并且在教学方面达到了一定深度。2008 年实行的第一外语和第二外语分开的教学模式制约了我国高等日语教育的发展，比如大学日语四级考试已经实施了十几年，但是没有设立其他级别的考试，完全不能满足当前学生多样化的实际需求。于是在当年，我国颁布了《大学日语课程教学要求》，对第一外语和第二外语教学进行整合，不再分开制定相关课程要求，统一安排教学，并且将培养学生综合能力、交际能力及提倡学生自主学习提升至重要位置。该要求改变了当时大学日语四级考试仅仅面向以日语为第一外语的学生的情况。2009年，教育部对四级考试进行了改革，将考试分成了四级考试和六级考试，并且规定日语学习超过 240 个学时的学生具备日语四级水平，超过 360 个学时的学生具备五级水平，超过 480 课时的学生具有六级水平。同时，在此次改革中还充分强调要侧重考察学生的日语综合运用能力。

/第四节/　其他方面的情况

一、其他高等日语教育情况

进入 21 世纪以来，我国的高职高专日语教育和成人高等日语教育发展十分迅速，很多高校的继续教育学院陆续开设了夜大、专科日语、自学考试日语等学历教育。同时更多基于普通高校的网络教育和独立学院不断出现，大大拓展了高等日语教育的整体规模。1999 年，我国出台了《面向 21 世纪教育振兴行动计划》，自此拉开了我国现代远程教育的序幕。网络教育充分利用互联网等传播媒体的优势，打破了时空限制，学生不需要与教师面对面也可以随时随地获取知识。1998 年，教育部批准清华大学、浙江大学、湖南大学和北京邮电大学成为我国第一批现代远程教育试点院校。发展至今，教育部批准开展现代远程教育的高校已经达到上百所，并且几乎为全国重点高校。

各大高校所开设的网络教育学院主要是根据自身的实际培养要求及实际条件进行自主命题并招生，学习年限为 2.5～5 年、5～7 年等，属于"宽进严出"一类学院。学生需要通过全部的考试并达到毕业要求之后，才可以获得高校的毕业证书，国家予以承认。1998 年，我国的网络教育起步时全国学生仅有近 3000 人，但是在 2003 年学生人数就已经达到 230 万人，发展至今，学生人数已经达到 500 万人，发展十分迅速。

除了网络教育以外，在这一时期普通高校的独立院校发展也十分迅速。在 1999 年我国高校开始扩招之后，经费等方面的不足导致高校持续扩招能力开始减弱。在这种形势下，创立二级学院成为大部分普通高校扩大招生规模的重要途径之一。独立学院的出现，在一定程度上促进了我国高等教育的发展。1999—2002 年是我国高校大规模扩招的时期，全国高校短时间内开设二级院校共 300 余所，这些二级院校承担了我国普通高校扩招的很大份额。独立院校主要通过降低分数的方式进行招生，往往是在全国第 2 批次或第 3 批次录取学生。2003 年，教育部对独立学院的性质及办学定位进行了明确规定。从目前来看，在全国 500 余所开设日语专业的高校中，有近 100 所是独立学院，这些院校借助普通高校的日语教学资源大大扩大了高等日语教育的整体规模。

随着时代的发展，这一时期专科层次的高等教育及成人高等教育在数量上快速增加，相较于普通高等教育，无论是专科层次的高等教育还是成人高等教育都是以社会实际需求为指导，旨在提升学生的实践能力及职业发展能力，重视理论和实践并重，追求提升学生的工作能力。从专业方向来看，除了商务日语这一专业以外，很多高校还开设了科技日语、旅游日语等专业。截至 2019 年年底，全国范围内开设商务日语专业的高校共有 150 余所，学生共计 2 万余人。开设其他应用日语专业的院校有 97 所，学生有 1 万余人。但是在非日语本科普通高等教育快速发展的同时，随着普通高校本科招生规模不断扩大，会有更多学生进入普通高等教育日语专业中，使得其他各类高等日语教育在未来发展过程中必然会面临新的转变。①

二、全国性组织及其活动、文件、期刊

2000 年，教育部批准高等学校外语专业教学指导委员会日语组组织全国日语专业四八级考试，并且将两种考试安排在第二学期末和第四学期，以此来检测全国范围内高校执行相关大纲的最终效果。2002 年 2 月，上海外语教育出版社出版了《高校日语专业四级考试大纲》和《高校日语专业八级考试大纲》，随后 6 月第一次日语四级考试开启，12 月第一次日语八级考试开启。在此期间，为了避免各大高校出现为了应对考试而偏向于应试的教学倾向，在两次考试中都没有公布学校合格率和成绩排名，同时考试成绩也与学生学位无关，只将其作为一种具有参照性作用的考试。这两次考试的主要目标是强化全国范围内所有高校日语专业的实际教学，以此来提高全国日语专业教育的整体水平。2005 年 10 月，为了表彰中国日语教学研究会所获得的学术研究成果，日本国际交流基金设置了中国日语教学研究会"国际交流奖励奖——日本语教育奖"，该奖项是日本最高的国际奖项。这一奖项的获得为我国所有日语教师争得了荣誉。随着中国日语教学研究会影响力的不断增加，大量设立了日语专业的高校加入该学会，目前已经有 400 余所高校作为成员加入了该学会。

进入 21 世纪以来，在全国范围内，各种日语教师研修班也不断出现。比如 2005 年 8 月，宁波大学成立了全国日语青年骨干教师研修班；2007 年，外语教学与研究出版社举办了第 1 届日语教学研讨会；2009 年，日语教师研究

---

① 修刚、李运博：《中国日语教育概览 1》，外语教学与研究出版社 2011 年版，第二部"中国日语教育研究相关机构、团体介绍"。

班第 1 期至第 5 期在大连举办；2012 年，贵州大学举办了全国高校日语教师暑期研修班等。

这些研修班除了对普通教师进行培训以外，还包含各种交流活动。比如2010 年教育部高等学校外语专业教学指导委员会日语分会与上海外语教育出版社在上海联合举办了全国日语专业院长/系主任高级论坛，在此次会议中，有来自全国 200 余所高校的日语专业院长及系主任参加，共同探讨了日语专业建设和日语专业人才培养等方面的问题，同时也探究了未来日语专业和日语人才培养等方面的发展方向。2012 年，第 2 届全国日语专业院长/系主任高级论坛在吉林长春举办，此次论坛由来自全国 100 余所高校的日语专业带头人参加。此次论坛探讨了当时高校日语专业教学中所面临的问题及教学改革所存在的问题，旨在促进日语专业的良好发展。2011 年天津外国语大学举行了世界日语教育研究大会，此次大会有 30 多个国家共计 2000 余名学者参加，其中包含 1000 余名境外学者，这次会议是当时我国举办的最大规模的日语教育会议。此次会议的主题是跨文化交流的日语教育。[①]

除此之外，在建设精品课程方面，2003 年教育部印发了相关通知，精品课程建设工作正式开始。在之后 20 余年里，各大高校日语专业建设了诸多日语专业国家级精品课程和省级精品课程。在公共日语课程方面，2005 年，高等教育出版社出版了《大学日语第二外语课程教学要求》（以下简称《要求》），其中不仅增加了日语语言方面相关的文化，还增加了跨文化交际、日语综合运用等内容。在教学原则方面则是增加了日语学习策略，对自主学习进行了强调。同时，按照《要求》，日语第二外语课程教学被分为 4 个级别，每个级别共有 60 学时，以此来满足不同层次院校的实际需求，教学对象覆盖了研究生、本科生和专科生。在此之前，我国不同地区学生的日语第二外语水平存在较大差距，这是因为我国在此之前没有制定过针对日语第二外语的统一大纲，所以在教学要求方面各不相同，但是在《要求》中对第二外语进行了统一规定。2005 年，大学外语教学研究会组成了新一届理事会，并且于 2001 年在华东师范大学举办了关于日语教育的国际学术研讨会。在此之后于 2003 年在河南师范大学举办了信息时代日语教育的国际学术研讨会，2005 年又举办了以多样化日语教育为主题的学术研讨会，并且在这几年都出版了论文集。[②]

---

① 徐一平：《中国的日语研究与教育》，载《日语学习与研究》1997 年第 4 期，第 36 页。

② 陈俊霖、赵刚：《大学日语（二外）教学改革展望》，载《日语学习与研究》2006 年第 2期，第 55 页。

除此之外，2006 年全国大学日语骨干教师研修班的建立，为广大公共日语教师提供了学习机会，促进了日语教师的发展。此外，2001 年华东师范大学举办的全国大学日语教学研究国际研讨会，大大促进了我国公共日语教师的科研水平，同时还加强了不同高校之间的交流互动。在这里还需要指出的是，从 1993 年开始，我国就已经实施了中国大学日语教师研究项目，旨在为我国高等日语教育培养更多优秀日语教师，并且促进我国与日本之间关于日语教育的交流。截至目前，全国共有 1000 余名教师在该项目中接受过培训。上海第二工业大学在 2006 年举行了全国高职高专日语教学研修班，旨在充分探讨高职高专日语专业的教学方向，研究符合高职高专日语专业实际情况的日语教学方法。

下编

中国高等日语教学的创新与人才培养

第四章　中国高等日语教学现状及发展对策

/第一节/　日语教学现状调查分析

本书主要通过问卷调查（附录一）、访谈调查和课堂观察统计调查等调查方式对当前我国日语教学现状进行调查分析。

一、问卷调查与分析

笔者在问卷调查中收回 126 份有效问卷，并且以 Excel 与 SPSS 为统计分析工具对问卷调查结果进行统计分析。本节内容以问卷调查所获得的数据为基础详细地描述统计分析，目的在于全面了解目前我国高校日语教学的现状。本次问卷调查从学生学习日语的途径、学习动机、学习主动性、学习目标、学习兴趣、主要时间和精力分配、学习过程中遇到的困难、日语教材的难度、学习收获及未来的学习期望等方面进行分析。

（一）学生在学习日语之前了解日本的途径

问卷调查结果显示：有 79 名学生表示自己主要通过电影、游戏或漫画来了解日本，所占比例为 62.7%；有 8 名学生表示自己主要通过日本的亲戚朋友来了解日本，所占比例为 6.3%；有 15 名学生表示自己主要通过学校的老师和同学来了解日本，所占比例为 11.9%；有 24 名学生表示自己在学习日语之前并不了解日本，所占比例为 19.1%。

根据认知学理论，个体大脑的认知结构会对其本身客体信息认知产生影响。在学习日语这一语言之前，学生了解日语的途径会对学生的学习动机和兴趣等产生影响。根据上述调查结果，在 126 名学生中，大部分学生表示自己主要通过电影、漫画或游戏来了解日本及日语，这是因为日本是世界动漫大国，并且动漫是日本的支柱产业之一，日本所制作的动漫作品对我国的青少年影响较大，所以大部分学生了解日本及日语基本是从日本动漫和日本游戏开始的。

近年来，日本游戏产业发展迅速，并且在世界范围内影响较大，所以有很多学生喜欢玩日本开发的游戏。还有少部分学生主要通过自己在日本的亲戚或朋友来了解日本或日语，这也是这些学生选择日语专业的重要原因之一。但是，还有接近 1/5 的学生在学习日语之前并不了解日本及日语，这反映出有一部分学生对日语并不感兴趣，在日语方面知识面较窄。

（二）学生学习日语的动机、兴趣及主动性

从上述内容可以看出，大部分学生在学习日语之前已经对日语及日本有一定了解，但是也存在一小部分学生对日本及日语并不了解，这些学生之所以会选择日语，有各自的原因。在学习动机方面，有 31 名学生表示自己喜欢日本及日语，想要学习日语，所占比例为 24.6%；有 46 名学生表示自己是因为日语较为轻松并且容易拿到学分而学习日语，所占比例为 36.5%；有 21 名学生表示自己选择日语是被逼无奈，所占比例为 16.7%；有 21 名学生表示自己是因为同学选择了日语所以自己也选择日语，所占比例为 16.7%；有 7 名学生表示自己是因为其他原因而选择日语，所占比例为 5.5%。在学习主动性方面，有 33 名学生表示自己在日语学习过程中会积极主动地学习，所占比例为 26.2%；有 93 名学生表示自己在日语学习过程中主要是为了完成学习任务而被动学习，所占比例为 73.8%。

从上述统计结果可以看出，有 24.6% 的学生学习日语是因为自己喜欢日本及日语，比如喜欢日本游戏、日本动漫作品、日本汽车等，所以对学习日语有较强的学习动机，上述这些事物能够激发这些学生的学习兴趣，因此，这些学生在日语学习过程中，整体氛围轻松愉快。在学习主动性方面，少部分学生认为自己学习日语是主动学习，大部分学生认为自己的日语学习是被动学习。这些数据充分反映出学习动机能够推动学生的学习活动，并且学习动机越强的学生在学习主动性方面越强。另外，有 36.5% 的学生表示自己学习日语是因为学习日语较为轻松并且容易拿到学分，有 16.7% 的学生表示自己学习日语主要是为了完成学业，被逼无奈。这两种学生所占比例已经超过一半，由此能够看出大部分学生进行日语学习主要是为了完成自己的学业。有 16.7% 的学生表示自己是因为同学或好朋友选择日语专业，所以自己也选择日语专业。5.5% 的学生是因为其他原因而选择学习日语，这些原因主要包括家人的期望、老师的建议等。这一部分学生整体较为缺乏主见，会听从其他人的建议，所以学习动机较弱，但是在学习过程中可以提升这部分学生的学习动机，日语教师需要在教学过程中给予这部分学生更多关怀，从而促使学生在得到老师更多重视的基础上提升自己的学习兴趣。整体上来看，大部分学生的学习主动性较弱，要想提升学生的学习兴趣，需要从提升学生的学习动机方面入手。

在学生学习兴趣方面，有 59 名学生表示自己对日语学习感兴趣，所占比例为 46.8%；有 49 名学生表示自己在日语学习过程中主要是应付式学习，所占比例为 38.9%；有 18 名学生表示自己对日语学习没有兴趣，所占比例为 14.3%。从这一组数据可以看出，接近一半的学生表示对日语学习感兴趣，接近 40% 的学生对日语学习的感兴趣程度较低，在学习的过程中基本是应付式学习，还有 14% 左右的学生对日语学习没有兴趣。这充分反映出有将近一半的学生有较高的学习兴趣，也有少部分学生没有任何学习兴趣。针对这部分没有学习兴趣的学生，教师可以通过各种方式，比如改变教学方法、引导学生改变学习方法等来激发学生的学习兴趣。

（三）学生学习日语的目的

调查问卷统计结果显示：有 28 名学生表示为有利于考研而学习日语，所占比例为 22.2%；有 23 名学生表示为赴日留学或赴日旅行而学习日语，所占比例为 18.2%；有 21 名学生表示为有利于自己将来就业而学习日语，所占比例为 16.7%；有 54 名学生表示为有利于自己从事与日本相关的娱乐活动而学习日语，所占比例为 42.9%。从这一组数据可以看出，无论有什么学习动机，学生在学习一段时间日语之后都找到了学习日语对自己的帮助。其中，认为学习日语有利于自己从事日本相关娱乐活动的学生所占比例最高，这一结果也对应了前述有 62.7% 的学生了解日本或日语途径是通过日本的动漫或游戏。可见，在这些学生中，有大部分学生之所以会学习日语，主要是为了能让自己更加轻松地看懂日本动漫作品或游戏作品。

（四）学生学习日语的困难

调查问卷结果显示：有 105 名学生表示自己日语学习的主要内容为背单词和学习语法，所占比例为 83.3%；有 15 名学生表示自己日语学习的主要内容为听说技能训练，所占比例为 11.9%；有 6 名学生表示自己日语学习的主要内容为阅读，所占比例为 4.8%。在学生日语学习中遇到的困难方面，有 23% 的学生表示主要为词汇方面的困难，所占比例为 18.3%；有 82 名学生表示主要为语法方面的困难，所占比例为 65.1%；有 8 名学生表示主要为听力方面的困难，所占比例为 6.3%；有 13 名学生表示主要为口语方面的困难，所占比例为 10.3%。

从上述统计结果可以看出，大部分学生在日语学习过程中将更多的时间与精力花费在背单词和学习语法方面，只有少部分学生在日语学习过程中将时间与精力花费在听说训练和阅读方面。这反映出单词和语法是学生日语学习过程中的难点。这是因为学生往往是零基础的，需要从入门开始学习，所以对日语学习较为陌生，因此，需要花费大量时间和精力用于词汇和语法的学习。教师在日常教学过程中需要重点对学生进行词汇和语法方面的教学。同时，在日语的初级学习中往往会遇到大量的形容词、动词及各种剧情，并且涉及大量词的变形，这是很多学生日语学习的难点，因此他们需要花费更多时间在单词和语法方面。少部分学生表示自己的学习时间主要花费在阅读和听说技能训练方面，这部分学生往往有一定的日语基础，比如有一些学生会参与日语网络课程学习或有过一定培训班的经历，因此他们可以在日语学习过程中将重点放在听说技能训练和阅读等方面。

在学生学习过程中遇到的困难方面，大部分学生表示自己在日语学习过程中遇到的最大困难为语法，少部分学生表示遇到的困难为词汇、听力和口语。这一结果与大部分学生把更多时间与精力放在词汇和语法上相吻合。所以，教师在教学过程中需要更为重视词汇及语法等方面的教学，对学生给予更多指导，并且需要制定出一些行之有效的措施来帮助学生进行日语学习。

（五）日语教材

本次调查中的高校所使用的日语教材为清华大学外语系所编写的《新世纪日本语教程》。该教材是教育部大学外语类的推荐教材，适合大学生日语学习使用。相较于其他高校普遍使用的教材——《新版中日交流标准日本语》，该教材分为上下两册，在内容方面多了近一倍，并且词汇、阅读和练习量较大，因此对于学习基础较为薄弱、学习能力较差的学生而言难度较大，但是整体更加注重基础，内容循序渐进，这对学生的系统学习很有帮助。

问卷调查结果显示：有 21 名学生表示教材难度较大，所占比例为 16.7%；有 72 名学生表示教材的难度适中，所占比例为 57.1%；有 5 名学生表示教材整体较为简单，所占比例为 4.0%；有 28 名学生表示自己对教材难度不清楚，所占比例为 22.2%。

从上述统计结果可以看出，超过　半的学生认为该教材的难度适中，反映出大部分学生对该教材的难度可以适应，能够在日语学习过程中较为轻松地应对。但是有少部分学生认为教材难度较大，在自己学习过程中存在看不懂的情况。有极少一部分学生认为教材十分简单，这反映出这部分学生在这一学习过程中仍有余力。还有约 1/5 的学生不清楚教材难度，这反映出这部分学生在日语方面学识较浅，无法对教材难度进行判断，或是一部分学生对日语学习持无所谓的态度，所以没有认真研读教材，从而难以判断教材难度。

（六）学生学习日语的收获

问卷调查结果显示：有 54 名学生表示自己在学习日语之后很有收获，所占比例为 42.9%；有 64 名学生表示自己在学习日语之后有一点收获，所占比例为 50.8%；有 8 名学生表示自己在学习日语之后没有任何收获，所占比例为 6.3%。从这组数据能够看出，大部分学生都认为自己在这一学期学习之后有一定收获，并且其中将近一半的学生认为自己在学习日语之后很有收获。但是也有少部分学生认为自己没有任何收获，可能的原因是这些学生对日语学习并不感兴趣或是在日语学习过程中没有认真学习。

在学生日语学习的具体收获方面，有 18 名学生表示自己在学习日语之后改变了自己对日本原有的印象，所占比例为 14.3%；有 23 名学生表示自己在学习日语之后最大的收获为能使用日语进行简单对话，所占比例为 18.3%；有 21 名学生表示自己在学习日语之后最大的收获为了解了日本的文化及相关民俗，所占比例为 16.7%；有 57 名学生表示自己在学习日语之后最大的收获是在看日剧或玩日本游戏时更为方便，所占比例为 45.2%；有 7 名学生表示自己学习日语之后最大的收获为其他，所占比例为 5.5%。

从上述统计结果可以看出，有 45.2% 的学生认为自己学习日语之后最大的收获是在看日剧或玩日本游戏时更为方便，这说明有将近一半的学生喜欢日本的动漫或游戏，希望自己能够通过日语学习更方便地发展自己的兴趣爱好。少部分学生认为自己学习日语之后改变了自己对日本的原有印象。还有部分学生认为自己学习日语的最大收获为能使用日语进行简单的对话或了解了日本的文化及民俗。任何语言的学习目标都在于学以致用，所以这些学生通过日语学习了解了日本的文化及风俗习惯，拓宽了知识面。这部分学生通过日语学习之后容易产生成就感，而这种成就感可以转化为学生学习日语的动力。还有一部分学生认为自己学习日语的收获为其他方面，主要包含为今后的考研打下基础、为自己之后的就业打下基础等。

（七）日语课程建设的意见和建议

问卷调查结果显示：有 85 名学生表示当前的日语课程应保持现状，所占比例为 67.5%；有 23 名学生表示当前的日语课程建设应加大力度，所占比例为 18.2%；有 18 名学生表示当前的日语课程建设应减小比重，所占比例为 14.3%。

从上述统计结果可以看出，大部分学生认为当前日语课程建设应保持现状，少部分学生认为应加大力度或减小比重。之所以有部分学生希望能够加大日语课程的建设力度，可能是因为这些学生想得到老师更多的监督和关心。而希望减小比重的学生可能是因为对日语学习兴趣较低或在其他方面所面临的压力较大，所以希望减小日语课程的比重。

在学生日语学习的最佳方式方法方面，有 95 名学生表示日语学习最佳的方式为认真听课，严格按照老师的要求进行学习，所占比例为 75.4%；有 8 名学生表示最佳的学习方式应是到校外参加相关的培训班或考级班，所占比例为 6.3%；有 23 名学生表示最佳的学习方式应是看动漫或听日语歌曲，所占比例为 18.3%。从上述数据可以看出，有部分学生认为应通过看日本动漫或听日语歌曲来学习日语。尽管通过娱乐手段可以促使学生形成良好的日语学习动机，但是教师应在教学过程中对这部分学生进行正确引导，让这部分学生明白无论是动漫作品还是日语歌曲，都只是日语学习的辅助手段，要想真正掌握日语这一语言还需要系统地进行日语学习。有少部分学生认为要想学好日语，需要通过校外的培训班或考级班来提升。尽管这部分学生通过校外的培训班或考级班学习到了一定的日语知识，但是教师在教学过程中常常发现这部分学生发音不标准且难以纠正，同时在日语知识掌握方面存在较多错误的理解。日语教师应引导这些学生回到学校课堂中，通过准确和全面的日语教学来帮助这些学生打好日语基础，为提升这部分学生的日语语言能力做好铺垫。

在学生对日语教学模式的建议方面，有 10 名学生表示应由学生通过自学来获得日语新知识，所占比例为 7.9%；有 98 名学生表示应在教师的指导下进行主动学习和实践，从而获得新的日语知识，所占比例为 77.8%；有 18 名学生表示应完全由教师进行讲授，学生通过听讲的方式来获得日语新知识，所占比例为 14.3%。从这一结果可以看出，在当前，大部分学生不赞同教师使用传统教学模式进行教学，而是希望教师在教学过程中起到指导作用，学生则通过自主学习和自主实践来获得新的日语知识。这 建议与当前建构主义理论提倡的以教师为指导、以学生为中心的教学方法相符。所以，在之后的日语教学过程中，教师应充分考虑转变自身的教学方法，通过更为先进的教学方法来激发学生的学习兴趣，帮助学生形成良好的学习动机。

在学生对日语教学方法的建议方面，有108名学生表示在日语教学中，教师应采用网络教学方法，所占比例为85.7%；有95名学生表示教师在教学过程中应采用合作学习的教学方法，所占比例为75.4%；有59名学生表示教师在教学过程中应采用情景化教学方法，所占比例为46.8%；有123名学生表示教师在教学过程中应使用多媒体教学方法，所占比例为97.6%。由这一组数据可以看出，当前大部分学生认为教师在日语教学过程中使用的传统教学方法十分枯燥乏味，导致学生的学习积极性较低，并且课堂氛围整体较为死板，气氛不够活跃。几乎所有的学生都支持教师在教学过程中融入新的教学方法，比如有97.6%的学生支持教师在教学过程中使用多媒体进行教学。这是因为多媒体教学在当前其他学科教学中已经普遍使用，学生对这种教学方法已经十分熟悉。有85.7%的学生希望教师能够使用网络教学方法，这是因为互联网在当今社会已经深入人心，并且已经渗透至人们生活的各个角落。互联网时代，人人都可以使用智能手机及其他设备来了解信息，所以网络教学方法容易被学生接受。因此，教师需要通过网络教学方法来提升学生的学习兴趣和学习效率。有75.4%的学生支持教师使用合作学习的教学方法，具体为教师组织学生组成不同小组，通过互助合作的方式来帮助学生进行日语学习活动，从而完成小组的学习目标。这种教学方法能够更好地活跃课堂氛围，促使学生积极参与到课堂教学中，从而提升学生的学习效率。有46.8%的学生认为教师应采用情景化教学方法，这是因为情景化教学方法更加适用于会话教学和阅读教学，能够为学生创设情境，调动学生的多种感官，从而加深学生对日语内容的理解。同时该教学方法还能充分激发学生的学习兴趣，促使学生积极参与到教学过程中，从而提升学生的学习效率。

（八）学生对今后日语学习的信心

问卷调查结果显示：有113名学生表示自己对未来的日语学习更有信心，所占比例为89.7%；有13名学生表示自己对未来的日语学习没有信心，所占比例为10.3%。通过这一组数据可以看出，在经过一段时间日语学习之后，大部分学生对下一阶段的日语学习更有信心，希望自己可以通过以后的日语学习来提升自己的成绩和整体能力。但是也有少部分学生对接下来的日语学习没有信心，所以教师应在以后的日语教学过程中帮助这些学生解决他们在学习过程中遇到的困难，促使这些学生形成良好的学习动机，帮助他们增强学习的自信心。

二、访谈调查与分析

通过深入访谈，笔者发现当前的日语教学存在诸多问题。

（一）学生访谈分析

根据对学生的访谈可以发现，当前日语教学存在的问题主要体现在以下几个方面：

第一，学生对日语的学习兴趣和学习动机整体较欠缺，并且功利性动机占据主导。在访谈过程中，有 21 名学生表示自己之所以选择日语这一学科，主要是因为日语不容易挂科；有 5 名学生表示自己选择日语是因为在考研中日语的知识点较多；有 9 名学生表示自己学习日语是因为自己喜欢观看日本动漫或喜欢玩日本游戏，自己对学习日语本身不太感兴趣。此外，还有一些学生表示，自己之所以学习日语，是因为自己对日语十分感兴趣，但是在学习一段时间之后，感觉日语较为复杂，自己对日语的兴趣程度不断降低。

第二，学生在日语学习方面所投入的时间与精力十分有限。通过对学生的访谈，可以发现，几乎没有学生会在每次日语学习之后进行及时复习，甚至只是依靠课堂进行学习，只有少部分学生会在日语学习之后每周进行一次复习。之所以会出现这一问题，主要原因是大部分学生认为日语并不重要。这也反映出大部分学生对于日语学习的态度不够端正。

第三，大部分学生表示自己在日语学习过程中遇到的最大困难为词汇和语法。这是因为有部分学生是零基础，自身不具备一定的学习基础或掌握相关学习方法。还有部分学生是由于其本身学习态度不端正或没有较多学习时间。在问题解决方面，很多学生表示自己很少积极主动地解决问题，最终导致问题积累过多，从而使学生在后期日语学习中的态度越来越消极。

第四，在访谈中发现，大部分学生对教师的专业水平及授课有较高的满意度，这反映出日语教师专业水平较高，对日语知识掌握较为熟练。但是，一些学生也表示教师在教学过程中所使用的教学方式较为单一，趣味性较低，并且整个教学过程完全是以教师的讲授为主，容易导致学生倦怠，失去学习日语的兴趣。另外，部分学生认为教师对学生的督促力度不足。比如一些学生在接受采访的过程中表示课堂教学形式较为呆板无趣，所以自己在学习过程中容易犯困，而教师在面对这一现象时显得漫不经心，整体督促力度不足。

第五，在对学生的采访中我们发现，很多学生认为日语教材编排得较为刻板，趣味性不足。比如一部分学生表示教材中的插图较少，但是内容较为复杂，难以引起学生的学习兴趣。

第六，大部分学生表示希望改善当前单一的传统教学模式，在其中增加新的教学手段，比如可以利用多媒体教学手段或网络教学手段来进行教学。一些学生在采访中提到自己希望教师在教学过程中可以使用新的教学手段来进行教学，比如视频、音频等。

（二）教师访谈分析

通过对教师的访谈，得出了以下结论：

第一，在日语教师的教学水平方面，大部分教师的教龄均在五年以上，并且职称均为讲师，都拥有一定的日语教学经验。同时大部分教师所学专业都是日语专业，在学历方面主要为本科和硕士，有部分教师有留学经历。

第二，在教师的教学方法方面，大部分教师还是以传统讲授教学方法为主，其中有部分教师尝试过其他教学方法，比如建构主义教学方法等，但是由于学生日语基础较差，最终导致这些教学方法难以有效展开。还有部分教师表示他们在课堂教学过程中会使用讨论和互动的教学方法进行教学，但是由于学生的基础较弱，并且教学时间有限，因此这些教学方法很难在课堂教学中运用。

第三，在教师的工作任务和课程设置方面，部分教师表示自己的周课时为16节，整体工作量较大，所以不能照顾到每一位学生，也不能对学生所反馈的问题进行及时解答，同时学生也没有多少口语交流的机会，另外，对学生的督促也存在不足。在课程设置方面，部分教师表示在实际教学过程中教学设计会随意变动，从而影响到整体教学质量。

第四，在教师对学生答疑或反馈方面，在访谈中，很多教师表示自己会积极处理学生提出的问题或反馈，但是实际上学生很少发现问题，并且不愿意提出问题。针对这一现象，一些教师认为可能是因为学生在日常学习过程中没有养成良好的学习习惯，对所学的内容在课后置之不理；还有一些学生是因为积攒的问题过多，导致他们并不清楚自己哪些内容不懂或存在哪些问题。

第五，在教材选择方面，在上述内容的问卷调查中，大部分学生表示教材内容难度适中，但是整体趣味性较弱。学生希望日语教材能够与一些具有趣味性和时代性的内容相结合，以此来提升整体趣味性。有一些教师表示，当前所选用的教材尽管在词汇及语法等方面难度适中，但是在内容及其他方面较为刻板，趣味性不足，不容易调动学生的学习积极性。如果能够在其中配合一些动漫作品、游戏或热点时事等，会起到更好的效果。

第六，在工作满意度以及教学改善方面，很多日语教师表示希望学校能够为自己提供培训和晋升的机会，以此来帮助自己开阔眼界和提升自己的教学水平。同时一些教师表示，希望学校能够减少自己每周的课时，减小自己的工作压力，促使自己能够有更多时间与精力投入自身的提升中，以此来保障日语教学的最终效果。所以对于高校而言，要想提升日语教学的水平和效果，需要加强课程建设，同时要提供更好的师资保障。

三、课堂观察调查与分析

笔者对日语教师在教学过程中的课堂问答行为、课堂讨论行为及教学行为进行了观察，并且以此为基础，了解了日语课堂的实际教学情况。通过课堂观察和实际调查发现，无论是在教师方面还是在学生方面都存在一些问题。

（一）教师的教学行为

第一，在讲述行为方面，传统教学中，讲述是教师的主要教学行为之一，即教师通过讲述行为来主导课堂，学生在此过程中则是被动接受，通过接受教师讲述的方式来获取相关知识和信息。有效地听讲述是学生获得知识最为直接和简单的方式，同时讲述也有利于学生直观理解相关知识。首先，在此次课堂观察调查中，笔者统计了日语教师在日语教学过程中讲述使用时间的长短。通过观察发现，日语课程主要分为词汇文法课程、课文会话课程、日本文化课程和练习课程。其中，词汇文法课程的教师在教学过程中进行讲述的时间约占80%，课文会话课程的教师进行讲述的时间约占60%，日本文化课程和练习课程的教师进行讲述的时间约占50%。根据这一结果能够看出，教师在实际教学过程中主要采用的是传统教学方法，即以教师为中心的教学方式，尤其是在词汇文法课程中，这种教学方式往往较为枯燥，并且学生主动参与其中的时间较少，所以学生在听课过程中容易犯困，导致课堂教学气氛较为沉闷。同时，长时间的讲述十分容易导致学生在学习过程中走神，从而使学生的学习效率下降。根据建构主义教学理论的观点，学生是知识的主动建构者，不是知识的被动接受者。所以，教师在教学过程中应积极引导学生参与到课堂教学中，从而帮助学生发现问题和解决问题，这样才能促使课堂效果得到有效改善。其次，在此次课堂观察调查中，笔者对教师在教学过程中产生的讲述行为进行了统计，并且通过观察表，将教师的讲述行为进行了等级划分，具体为优秀、良好、一般、较差4个等级，每个等级的分数分别为4分、3分、2分、1分，将所有观察表的分数进行相加取平均值，四舍五入之后得到的结果如下所示。

在是否善于把握讲述时机方面，教师的平均分值为3分，对应评价等级为良好；在讲解时是否提供了与所讲解内容相关的材料或例子方面，教师的平均分值为4分，对应等级为优秀；在内容难度与学生认知结构是否相适应方面，教师的平均分值为2分，对应评价等级为一般；在讲解是否条理清晰有逻辑方面，教师的平均分值为4分，对应评价等级为优秀；在讲解是否简洁明白方面，教师的平均分值为3分，对应评价等级为良好；在讲解是否鲜明生动方面，教师的平均分值为2分，对应评价等级为一般；在是否运用提问或谈话等方式和学生进行交流互动方面，教师的平均分值为3分，对应评价等级为良好；在教师是否讲究体态语言的运用方面，教师的平均分值为2分，对应评价等级为一般；在教师讲解速度是否适中方面，教师的平均分值为3分，对应评价等级为良好；在能否清晰阐明重点内容方面，教师的平均分值为4分，对应评价等级为优秀；在是否使用停顿强化重点内容或允许学生进行提问方面，教师的平均分值为3分，对应评价等级为良好；在教师是否在板书中写出了重点方面，教师的平均分值为3分，对应评价等级为良好；在教师是否在课堂上做了总结和复习方面，教师的平均分值为3分，对应评价等级为良好。

从上述结果可以看出，在讲解过程中是否为学生提供了与所讲内容相关的材料或例子、讲解是否条理清楚具有逻辑和是否能够清晰阐明重点内容三个方面，教师的评价等级为优秀。由此说明：①教师在日语教学之前进行了充分备课，查阅了大量与教学内容相关的资料，并且搜集了和课堂内容相匹配的视频或音频材料。比如一些教师在教学过程中讲解词汇文法的时候都会举一些较为适当的例子来帮助学生理解，也会利用与日本文化相关的视频来激发学生的学习兴趣，如日本的茶道、日本料理和日本的传统节日等。这些材料对于学生理解课文有很大帮助，同时也更加容易吸引学生的注意力，激发学生的学习兴趣。②讲解时是否条理清楚有逻辑、是否能够清晰阐明重点两个方面获得优秀的评价等级，反映出教师会对课程进行教学设计，并且对自己在教学过程中所讲述的内容也十分熟悉，能够突出重点与难点，并且在讲解时具有较强的条理性和逻辑性。

在是否善于把握讲述的时机、讲解是否简洁明白、是否运用了提问或谈话等方式和学生进行交流互动、讲解速度是否适中、是否使用停顿强化重点内容或允许学生提问、是否在板书中写出了重点、是否在课内做了总结和复习这些方面，教师的评价等级为良好，反映出日语教师在讲解过程中语言简洁明了，发音清晰可辨，语速适当，并且讲解的时机恰当。除此之外，教师在教学过程中重视与学生之间的交流互动，通过提问的方式来了解学生的实际学习情况。同时教师还会强调重点内容，并且在讲解过程中会提醒学生注意重点内容和难点内容。在每一部分内容结束时，教师都会简单进行小结，并且在课程结束时会进行整体的课程总结。在内容难度与学生认知结构是否相适应、讲解是否鲜明生动、教师是否讲究体态语言的运用这些方面，教师的评价等级为一般，反映出：①教师在教学过程中所讲解的内容，整体难度和学生的认知结构适应度较低，其中存在部分知识和学生的认知结构不符。这一点主要体现在教师关于文法的讲解方面，比如语法的用法、由来等方面。同时，教师在教学过程中由于担心学生无法理解往往会重复讲述，而学生可能仍不理解或是完全没有兴趣，这就导致教师花费了大量时间和精力来讲解，但收获的教学效果不佳。②教师在讲解鲜明生动并且讲究体态语言运用方面还需要进一步提升。在通常情况下，良好的教学往往会具有一定的艺术性，部分教师在教学过程中语言幽默感不足、语调节奏性不强或语言内容吸引力不足，往往导致课堂气氛不够活跃。同时教师本身的表情、手势和整体姿态等方面都会影响到学生的学习积极性。

第二，在教师板书和多媒体使用行为方面的统计结果为：在教师的板书形式是否符合教学内容方面，教师的平均分值为4分，对应评价等级为优秀；在教师板书是否及时有效方面，平均分值为3分，对应评价等级为良好；在教师板书是否具有概括性并且简明扼要方面，平均分值为4分，对应评价等级为优秀；在教师板书是否条理清晰并且层次分明方面，平均分值为3分，对应评价等级为良好；在教师板书是否漂亮并且具有示范性方面，平均分值为3分，对应评价等级为良好；在教师使用多媒体过程中是否呈现形式多样方面，平均分值为3分，对应评价等级为良好；在教师使用多媒体过程中所呈现的内容量是否适中方面，平均得分为2分，对应评价等级为一般；在教师使用多媒体过程中，所呈现的内容是否清晰明了、重点突出和是否能够促进学生学习方面，平均分值为 3 分，对应评价等级为良好。

板书以及多媒体是教师在教学过程中重要的教学辅助手段，不仅能够吸引学生的注意力，还可以有效帮助学生掌握重点与难点。日语课程教师在教学过程中，对多媒体的使用主要为通过 PPT 进行课程内容展示，以板书作为补充。比如一些教师在授课过程中，会将词汇、语法、会话练习等陈列在 PPT 上，一些需要进行延伸的词汇或语法才会使用板书在黑板上展示。通过 PPT 进行展示可以节约大量的课堂时间，这是因为 PPT 可以在教学之前进行准备，同时 PPT 展示也受到学生的喜爱。从上述统计结果可以看出，教师使用多媒体过程中呈现形式是否多样，以及呈现的内容是否清晰明了、重点突出和是否能够促进学生学习这两个方面的等级评价为良好。在教师使用多媒体过程中所呈现的内容量是否适中这一方面的评价等级为一般。从这三个方面可以看出，日语教师在使用多媒体教学的过程中整体表现良好，并且也反映出学生更喜欢视觉和听觉上的冲击。除此之外，在课堂观察中笔者发现，在日语教学过程中，只要提到看视频或试听音频资料，学生马上会积极参与到教学中。如果在教学过程中，教师不使用多媒体教学而只使用板书来进行，学生往往会注意力不集中或在学习过程中做与学习无关的事情。大部分学生表示对教师在教学过程中使用 PPT 或视频来进行教学较为满意，并且表示使用多媒体能够更好地吸引自己的注意力，即使是较为简短的视频资料或音频资料，也能有效激发自己的学习兴趣。所以，学生希望教师在教学过程中能够加强对多媒体的使用，以此来提升学习兴趣。教师在日语课程教学过程中除了使用 PPT 展示相关知识以外，还可以使用其他的视频资料，比如可以在教学过程中结合一些动漫作品对日语知识进行讲解，这样不仅能使日语知识更加直观，而且可以使教学过程更具有趣味性。

尽管多媒体教学更受学生欢迎，但是传统的板书也是一种重要的教学服务手段。比如在上述调查结果中，在教师的板书形式是否符合教学内容、教师的板书是否具有概括性并且简明扼要两个方面评价等级为优秀，教师的板书是否及时有效、教师的板书是否条理清晰并且层次分明、教师的板书是否漂亮并且具有示范性三个方面评价等级为良好，这些反映出日语教师的板书不仅简洁明了，而且重点突出，书写工整漂亮。同时在课堂观察中笔者发现，日语教师在教学过程中，除了会使用 PPT 进行展示以外，还会对教学过程中出现的每个假名的书写及框架结构等方面进行详细讲解，并且会通过板书进行多次展示，这一方面板书比起 PPT 更容易让学生接受和掌握。在其他课程中，教师会更多地使用 PPT，板书使用较少。但是有一些学生表示，如果所有内容都在 PPT 中展示，自己往往找不到重点。所以，一些学生建议日语教师在教学过程中应在 PPT 展示的基础上将其中的重点内容和难点内容通过板书进行展示。在课堂观察中笔者发现，学生通过板书能够及时记录课堂重点和难点内容。所以在教学过程中，板书和多媒体应合理结合使用，这样才能促使课堂教学产生更好的效果。

（二）课堂问答行为

关于课堂问答行为的课堂观察主要针对教师在教学过程中提问的类型、问答方式、问答时间等方面。根据实际观察记录显示，在课堂观察期间，教师共计提问 286 次，平均每一小节课提问 9 次。同时，教师所提问题的类型主要为分析类、理解类、回忆类和评价类。具体结果如下所示。

分析类问题，教师总提问次数为 18 次，所占比例为 6.3%；理解类问题，教师总提问次数为 124 次，所占比例为 43.4%；回忆类问题，教师总提问次数为 93 次，所占比例为 32.5%；评价类问题，教师总提问次数为 51 次，所占比例为 17.8%。

从上述统计结果可以看出，理解类问题所占比例最高，其次为回忆类问题，评价类问题次之，最少的是分析类问题。这充分反映出日语教师在教学过程中主要是根据自身所讲解的内容进行提问，同时也会根据学生对相关知识的掌握程度进行提问，有时也会提问学生已经完成学习的内容，以此来帮助学生对日语知识进行巩固。分析类问题和评价类问题较少，反映出教师在教学过程中提问更加侧重于简单记忆问题和理解问题，整个课堂授课还是以教师为中心，学生很少去发现问题和分析问题，也很少通过自己的实践探究去解决问题。这说明大部分学生的日语学习仍然为被动接受，这样不仅不利于学生建构自己的日语知识体系，同时也容易导致学生在学习过程中丧失学习兴趣。

在问答方式方面，教师进行个别叫答的次数为 152 次，所占比例为 53.2%；教师要求集体齐答的次数为 122 次，所占比例为 42.6%；教师要求自由回答的次数为 4 次，所占比例为 1.4%；教师要求讨论回答的次数为 8 次，所占比例为 2.8%。在问答时间方面，教师提问及学生回答时间在 30 秒以内的次数为 52 次，所占比例为 18.2%；教师提问及学生回答时间在 30 秒以上的次数为 234 次，所占比例为 81.8%。

　　从上述结果可以看出，教师在课堂教学过程中的提问方式主要是以个别叫答和集体齐答为主，两者所占比例在95%以上。自由回答和讨论回答出现次数极少，在286次的教师提问中，仅仅只有12次。同时在课堂观察中发现，教师在教学过程中如果提问，往往只有个别学生会配合教师回答，大部分学生会保持沉默。尽管部分教师在教学过程中会积极引导学生回答问题，但是在大部分情况下，学生并不愿意站起来回答问题。所以很多教师在教学过程中往往会使用点名回答的方式或集体回答的方式来进行提问。其中，在个别回答时有一半以上的学生能够准确回答，但是也存在部分学生不会回答或回答错误，需要在教师的引导和启发下才能回答正确。在集体回答方面，也存在部分学生不愿意张口作答。这反映出在日语教学过程中，学生的课堂参与度并不理想，其中部分学生是因为自己没有掌握所学的知识而不回答问题，但是也有一些学生已经理解掌握了相关日语知识却也不愿意回答问题。之所以会出现这一现象，主要原因为学生在回答老师的提问时往往会因为担心回答不正确而产生紧张和焦虑的情绪，从而不敢回答。另外，还有一部分学生无论是在日语课上还是在其他课上，都不愿意回答问题，大部分学生都在各干其事，没有积极参与到课堂教学中来。所以教师在提问时只好要求点名回答或集体回答。尽管通过这些方式缓解了课堂的沉闷气氛，并且在一定程度上节约了课堂时间，但是教师并不能充分了解每位学生的实际学习情况，同时学生也不会感觉到自己被老师关注和重视，甚至一些学生在被教师点名回答之后还会产生一种被教师针对的错觉，这些都不利于教学效果的提升。

　　从问答时间方面来看，在30秒以上的比例为81.8%，反映出教师在提问的过程中会留有足够的时间让学生进行思考，这样能够促使学生日语学习的自信心得到一定增强，从而提高学习效果。但是在课堂观察中笔者也发现，部分学生并不会主动进行回答，而是需要教师点名。同时，有一部分学生即使教师点名也不愿意张口，回答的时间几乎在30秒以上甚至达到一分钟。一些学生则是在教师不断的启发和鼓励下才能够缓慢地进行回答。这些都会导致大量课堂教学时间的浪费，甚至在一些情况下，还会导致本节课的教学内容无法顺利完成。而在教师方面，在教学一段时间之后，教师的耐心就会逐渐下降，所以教师往往会直接放弃个别叫答的方式改为集体回答。

　　学生在回答完问题之后，教师所给予的反馈会对学生的学习积极性和问题回答效果产生重要影响。实际调查结果显示，教师在学生回答完问题之后有积极反应的次数为207次，所占比例为72.4%；教师在学生回答问题之后有消极反应的次数为 2 次，所占比例为 0.7%；教师在学生回答完问题之后进行转问或代答的次数为 42 次，所占比例为 14.7%；教师在学生回答完问题之后进行引导回答的次数为 22 次，所占比例为 7.7%；教师在学生回答完问题之后进行归纳总结的次数为 13 次，所占比例为 4.5%。

从这一统计结果可以看出，教师在大部分情况下都会在学生回答完问题之后进行积极回应，并且在大部分时间会给予学生鼓励和表扬，对于回答时间较长的学生会进行引导和启发，如果学生完全不能回答或是答不上来，教师则会进行转问或是自己代答。对那些教师不断启发之后仍然不愿意张口回答或是欠缺礼貌的学生，教师往往会不予理睬或对其进行批评指正。

（三）课堂讨论行为

有效的课堂讨论，可以充分调动学生的学习积极性和主动性，并且能够促进学生合作学习及解决问题。在课堂观察中笔者发现，在所观察的 32 节日语课上，共进行了课堂讨论 8 次，每次时长为 3～5 分钟。讨论方式主要为小组讨论，并且主要出现在课文讲解方面。具体如下所示。

在教师行为方面，课堂讨论过程中，教师进行观察的次数为 6 次，所占比例为 75.0%；教师独自行动的次数为 1 次，所占比例为 12.5%；教师参与其中的次数为 1 次，所占比例为 12.5%。

在课堂讨论中教师反馈情况方面，学生课堂讨论完成之后，教师进行简单评价的次数为 4 次，所占比例为 50.0%；进行延伸评价的次数为 3 次，所占比例为 37.5%；重复学生回答的观点的次数为 1 次，所占比例为 12.5%。

从上述统计结果可以看出，教师在学生讨论的过程中主要是以观察为主，数量比例达到 75.0%。教师独自行动准备后续的教学活动或看向窗外的次数只有 1 次，所占比例为 12.5%。教师参与小组讨论的次数只有 1 次，所占比例为 12.5%。这反映出在大部分课堂讨论的过程中，教师会进行观察，但是极少会参与其中，所以教师无法对学生的课堂讨论进行较好的引导。同时，尽管教师独自行动出现的次数只有 1 次，但是也反映出一些问题，即在教师独自行动的过程中很多学生并没有认真进行讨论，从而导致课堂讨论流于表面，很多讨论小组只对教师提出的问题进行简单讨论后便开始闲聊或讨论其他一些无关的事情，在老师抬头观察时又会装作讨论的样子，这说明部分学生学习自主性较差。所以教师在课堂讨论过程中应进行实时观察或参与其中，这样才能够积极引导学生进行讨论，最终获得良好的教学效果。对学生讨论后的回答，教师只进行简单评价的占 50%，只有 1 次为重复学生回答，说明教师往往只会对学生公布答案，或是对学生进行表扬或批评。进行延伸评价的比例为 37.5%，说明有部分教师在学生讨论完成之后，会根据学生讨论的结果进行一些延伸和拓展，这样能够更好地帮助学生发展思维及更好地理解相关日语知识。

在学生行为方面，在实际观察过程中笔者发现，8 次讨论中，学生几乎每次在讨论过程中能够以学习任务为中心进行表达，能够说出自己的看法，对问题进行解释或与其他学生进行辩论的学生极少，往往只有极个别学生会表达自己的观点，大部分学生在讨论过程中或在独自思考或与其他学生讨论无关的事情。即使有学生与其他学生谈论自己的看法，大部分情况下其他学生也不会认真倾听，更不会进行记录。同时还有一些学生不愿意和其他学生进行讨论。从这里能够看出，学生在日常日语学习过程中参与这种合作学习的机会较少，对这种通过互助合作的方式来实现学习目标的活动接触较少，所以较为陌生，不能够很好地参与其中。尽管问卷调查显示大部分学生都支持通过合作学习这种方式来进行日语学习，但是从实际情况来看，这种学习方式并没有获得预期的效果。所以日语教师需要在今后的课堂教学中多开展一些以小组讨论为基础的活动，同时要参与其中对学生进行积极引导，促使学生积极参与到课堂教学中来，从而强化学生的自主学习能力，改善课堂气氛。

综上所述，可以总结出高校日语课堂教学中存在的问题，具体如下所示。

首先，在教师的教学行为方面，尽管大部分教师在讲课过程中发音清晰、标准，并且教学内容层次分明、简洁明了，但是由于教师的讲述时间过长，往往导致学生在学习过程中失去兴趣。教师重视通过 PPT 对日语知识进行展示，但是忽视了板书的作用，这样不利于学生对其中的重点知识和难点知识进行记录和掌握。在多媒体使用方面，教师往往是通过音频资料或视频资料来向学生展示相关知识，而其他方面的资料较少，使得多媒体教学方法对学生的吸引力存在一定不足。

其次，在课堂问答行为方面，大部分学生对教师的提问反应较为消极，往往不会积极回答问题。教师对于这一问题往往会采用集体回答的方式来节约教学时间，导致大部分学生不能参与到问答中来。

最后，在课堂讨论行为方面，教师对学生的课堂讨论缺乏引导，并且极少会参与其中。而学生在课堂讨论过程中，大部分情况下不会积极参与，或会在讨论过程中独自思考和讨论其他事情。如果教师不进行监督，学生的讨论过程往往会流于形式，反映出当前学生学习主动性不足。

/第二节/ 调查分析结论与对策

一、调查结论

综合上述的问卷调查、访谈调查和课堂观察调查的统计结果，笔者较为全面和深入地了解了日语教学现状，从中发现了日语教学中存在的问题。以下将从学生、教师、师生关系、教学现状和日语教学中存在的问题等方面来进行总结。

（一）学生方面

通过上述调查结果可以发现，学习日语的学生往往都具有鲜明的个性，并且大部分学生日语起点较低。教师应更多地关心学生，了解学生的实际情况，做到因材施教。

第一，当前学生的学习基础较为薄弱。在当前高校的日语教学中，大部分学生因为是日语零起点，所以学习基础十分薄弱。比如一些教师在教学过程中介绍日本的文化时，向学生提问日本首都是哪座城市，其中有部分学生回答为京都或首尔。这反映出学生应具备的知识结构和教师的预期不相符。再比如在教授日译汉的过程中，尽管教师不断启发学生，甚至告诉学生所有单词的意义和所有语法的使用方法，但是学生仍然不能进行翻译，或是翻译出来的句子词不达意、逻辑不通。这些例子说明很多学生在日语学习过程中之所以会出现问题，往往是因为这些学生在基础语文知识、历史知识及社会常识等方面较为欠缺。所以在大部分情况下，日语教师在教学过程中只能暂缓教授新的课程，先向学生讲授一些基本常识或一些基础知识。

第二，学生的学习动机不足，学习积极性与兴趣较低。从调查问卷的结果可以看出，学习日语的学生只有极小一部分是因为喜欢日本或日语而进行学习，其他大部分学生是为了拿到学分或其他原因来进行学习。从对学生的访谈中也了解到，大部分学生对学习日语并不感兴趣，甚至一些学生表示自己不是不喜欢学习日语，而是不喜欢学习，对学习本身没有任何兴趣。总体上来看，大部分学生没有良好的学习动机，并且大部分学生学习日语有较强的功利性，所以这部分学生难以长期保持学习兴趣。

第三，学生的主观能动性不足，缺乏自觉性。从问卷调查结果可以看出，大部分学生在日语学习过程中都是应付式学习，并且在采访中有一些学生表示自己学习日语所花费的时间很少。在课堂观察中笔者发现，学生在课堂讨论过程中，如果发现教师监督不及时或没有进行监督就会闲聊或讨论其他无关的事情，这说明学生的主观能动性不足。另外，在对教师的访谈中笔者发现，很多学生对教师布置的作业不积极完成，需要做的练习题往往直接抄参考答案，并且极少会有学生主动预习要学习的内容。但是如果教师加强监督，大部分学生又能获得较好的学习效果。比如，如果教师在教学过程中经常听写日语单词，学生就会为了应付去记忆日语单词，从而学习到一些日语知识。但是如果教师长期不听写单词，学生就会放松，从而导致学习效果不断下降。

第四，大部分学生没有形成良好的学习习惯，学习容易受到其他因素的干扰。在日常教学过程中，经常有学生会以各种理由逃课，并且大部分学生在课后不会主动寻找老师咨询相关问题。教师所布置的课前预习及课后复习很少有学生主动完成，在课堂教学中也极少有学生会记笔记，无论教师强调多少遍，学生都没有形成记笔记的习惯。在课堂观察中笔者也发现，当教师要求学生在练习本上跟随教师练习日语假名的写法时，第 1 堂课大部分学生没有携带练习本，在教师强调之后第 2 次还是会有学生不带练习本，甚至在第 9 次或第 10 次的教学过程中还会存在个别学生不带练习本，甚至有学生在上课时连笔都不带。在采访中有一些学生表示，大部分学生在课后很少进行学习，一些学生可能会打游戏，一些学生选择睡觉，一些学生则是参加各种社团活动。

（二）教师方面

根据问卷调查结果显示，该高校日语专业的日语教师数量较少，并且所有日语教师职称均为讲师，每位教师每周课时为 16 节。所以，日语教师需要教授的班级数量较多，有时会采用合班教学的方式上课。由于课堂人数较多，不利于教师在教学过程中针对每个学生的具体情况纠正学生在发音方面的错误，也不能进行良好的课堂互动，因此日语教师难以实现因材施教。同时日语教师的培训和进修机会较少，一些教师在接受访谈时表示自己从参加工作以来很少参加日语培训，并且参加的相关外语培训也并非日语方面的培训。

（三）师生关系方面

根据行为主义语言习得理论，师生关系会直接影响到最终教学效果。在日语教学中，如果教师与学生之间可以在遵从平等及民主原则的基础上保持良好的师生关系，往往能够促进教学任务顺利完成。但是在实际调查结果中我们发现，学生整体学习积极性不高，影响了最终教学效果。所以教师应在教学过程中给予学生更多的帮助，鼓励学生参与到教学互动中。同时，学生的学习主动性较差，教师需要花费更多时间与精力对学生进行指导，促使学生养成良好的主动学习习惯。另外，在调查中还发现很多学生喜欢更为严格的管理和督促，只有在严格的管理和督促下才能够完成相应的学习任务。例如在上述内容中提到的一些学生在教师听写相关单词时就会去记忆和掌握，但如果教师不进行单词听写，那么学生就不会去记忆单词。所以教师应根据学生的这一特点加强监督和引导，并且以此为基础对学生进行启发，找到学生自主学习和教师监督的平衡点，保障学生及时完成相关学习任务。

（四）教学现状

通过实际调查分析可以看出，该高校的日语教学现状主要表现在以下几个方面。

第一，在日语教学目标和日语课程设置方面，该高校设立了明确的教学目标，即在教学中完成日语的相关教学。该高校尽管有较为明确的教学计划和目标，但是在课程设置方面，无论是在时间、时长还是在课时方面，往往都会因为一些其他因素影响而发生改变，比如该高校教学计划中规定日语课程需要在大三到大四第一学期开设，并且每周有 3 课时，但是在实际教学过程中，原本三学期的课程被压缩为两学期，并且每周课时数只有 2 课时，这种随意变化教学时间的做法不仅影响了教师的整体教学安排，而且由于时间减少，教师为了完成教学任务会在实际教学过程中减少很多课堂讨论或课堂问答的环节，同时也无法关注每一位学生，最终导致教学效果不断下降。

第二，在教学模式和教学方法方面，教学过程中主要采用的教学模式为以教师和教材为主，教学方法方面是以讲授法为主，小组讨论及其他方法作为辅助。该高校的日语教学对象基本为零基础的学生，尽管使用讲授法通过教师的讲解和演示能够促使学生更加快速学习和掌握日语知识，但是这一教学方法整体趣味性不足，长期使用必然会导致学生学习兴趣降低，甚至会导致学生产生厌恶情绪。

第三，在教学大纲方面，该高校制定了自己的教学大纲，其中主要包括教学目的、教学任务、日语知识范围、教学课时数分配等方面。教学大纲是评定学生学业成绩和衡量教师教学质量的重要标准之一，但是该高校的教学大纲主要由几位任课教师编写，由于日语教师均为讲师，教材编写经验不足，导致所编写的教学大纲无论是在指引性还是在科学性方面都存在一定不足，并且在执行过程中日语教师并没有按照教学大纲来进行，比如课时分配方面往往会因为其他因素影响而发生改变。

第四，在教材选择方面，该高校日语课程选择的教材是由外语教学与研究出版社出版、清华大学外语系编写的《新世纪日本语教程》。从问卷调查结果可以看出，有一半以上的学生认为该教材的难易程度较为适中，并且在内容方面也简洁明了。但是也有部分学生认为该教材的内容较为简单，实用性不强。该高校自从开设日语专业以来，日语教材一直未发生改变，一开始是因为母体院校采用该教材而选择。由于该高校是一所独立院校，因此在一开始往往会照搬母体院校的教学模式，无论是在课程设置、教材选用还是在教学目标方面都与母体院校具有一定相似性。同时，由于独立院校在建校初期师资较为匮乏，往往会从母体院校聘请教师，所制订的教学计划和选用的教材会考虑到方便这些教师使用。但是，由于普通高校和独立院校的学生无论是在学习主动性还是在知识水平等方面都存在一定差异，完全照搬母体院校的教学模式必然会出现问题。在日语教材方面，原本适合普通院校的日语教材，对于独立学院的学生而言往往难度较高，尽管通过这样的教材可以促使独立学院学生打下坚实的日语基础，但是此时该高校所使用的日语教材由于长时间未更换，内容较为陈旧，其中一些话题和词汇，学生难以理解，比如在其中出现的 VCD、DVD 等，让当前这一代学生无法理解。同时，该高校的日语教材会话内容和读解练习内容较少，在听力练习方面，除了一些课文以外，音频内容几乎没有。同时该教材所涉及的日常用语也较少，更多倾向于词汇和语法的学习，而这些内容难以调动学生的学习兴趣。

第五，在教学评价方面，教学评价是了解日语教学实际情况的重要途径，同时教学评价也能够起到对教师教学和学生学习的监督和强化作用。教学评价中主要包括学生学业成绩的评价、教师教学质量的评价。学生的学业成绩主要由学生的考试成绩及平时成绩组成，平时成绩主要由学生平时的课堂表现、作业完成度和出勤率等方面组成。从该高校学生的日语测试成绩及平时成绩来看，其日语整体学习效果较好。从问卷调查结果可以看出，有90%以上的学生表示自己对今后的日语学习更有信心，所以理想的学习成绩能够更好地激发学生的学习动机，也能够促使日语课堂教学在未来得到更好的发展。教师的教学质量评价主要由学生评价和学校专家听课组成。在此次调查中，该高校的日语教师教学质量结果基本为优秀和良好，但是其中也存在一些问题。所以教师需要根据反馈信息，从学生的实际出发，对教学目标、教学内容和教学方法进行优化调整，找到适合学生学习日语的教学模式，从而提升教学质量。

（五）日语教学中存在的问题

从上述关于日语教学现状的调查结果可以看出，该高校日语教学存在诸多问题，具体总结如下。

第一，日语师资力量不足，教师学习机会较少。从我国大部分高校实际情况来看，尤其是独立院校，在经费方面往往是自给自足，大部分高校为了节约成本，所聘请的日语教师数量有限，从而导致日语教师所担任的课时数量较多，日语教师没有足够的时间与精力进一步发展自己的专业能力或进行科学研究，同时也没有更多的时间与精力去关心每位学生的学习情况。从该高校的实际调查结果还可以看出，除了一些将日语专业作为重点专业的学校以外，很多学校往往会将日语专业作为边缘学科，重视程度不足，所以给予教师的进修机会极少，不利于教师的专业发展和教学能力的提升。

第二，学校的督导体制过于形式化，日语教师的教学模式过于单一。为了促使日语教学质量得到提升，该高校专门设立了督导部门，加强了对日语教师教学的监督力度。尽管通过这些方式保障了教学质量，但是由于评价体系较为刻板，灵活性不足，因此在一定程度上限制了教师的进一步发展。比如一些教师为了在评价中获得较高的分数，会完全按照评价体系的相关指标进行教学，这样就会导致教师在实际教学过程中所使用的教学方法、教学工具和所制定的教学目标都过于单一，从而导致所有教师的课堂教学方式千篇一律，这样不利于教师使用新的教学方式进行教学或在教学过程中不断改革创新。同时，高校对日语教师的教学也有一些规定，比如一些高校规定教师在教学过程中只能放简短的视频资料。但是，大部分教师都希望能够通过一些更为直观有趣味性的视频资料来吸引学生的注意力，激发学生的学习兴趣。在这样的情况下，很多教师在长期教学过程中就会很少使用视频等资料来进行教学。

第三，学生基础较为薄弱，没有形成良好的学习习惯。对于全国大部分高校而言，在日语方面，大部分学生基础较为薄弱，在学习日语的过程中往往较为吃力。同时，对于大专院校和独立院校而言，由于学生的知识水平相较于普通高校学生较低，并且在基础教育中应掌握的知识相较于普通高校更少，这进一步影响了这些高校学生的日语学习。另外，在该高校中只有少部分学生养成了良好的学习习惯，大部分学生的主动学习意识较为薄弱，这就导致学生的学习效果不佳。比如在采访中，很多学生表示自己在课后不会去教室进行复习或去图书馆看书。

第四，学生的日语学习动机不足，学习兴趣不高。上述调查结果显示，学生在日语学习过程中内部动机欠缺，只有较少的学生是因为喜欢日语而进行学习，大部分学生学习日语的原因具有功利性，有一些学生是为了拿到学分顺利毕业而进行学习。同时，调查结果显示，大部分学生对日语并不感兴趣或在学习过程中主要为应付式学习。所以，需要教师在教学过程中培养学生的学习动机，激发学生的学习兴趣。

第五，学生的学习目标不明确，对日语学习的重视程度不足。很多学生并不重视日语学习，尤其是对于将日语作为第二外语的学生来说，往往在专业课中需要投入大量精力与时间，没有更多的时间与精力投入到日语学习中。同时，很多学生对于日语学习缺乏较为长远的目标，只是为了完成学习任务或应付考试拿到学分，并不清楚自己通过日语学习需要达到什么样的目标，在今后的发展中需要日语发挥出怎样的作用。从目前来看，学生学习日语的功利性较强，很多学生是为了获得相应的证书，这样也导致学生的学习目标不够明确。

第六，学生对日语学习有误解。很多学生甚至有一部分教师认为，日语学习相较于英语学习更为简单。事实上这种想法是片面的。相较于英语，尽管日语学习在某些方面有较大优势，比如日语和汉语之间联系紧密，有较为深厚的历史与文化渊源，甚至在一些单词或是句子上存在与汉语完全相同的现象，但是这并不代表日语学习比英语学习更为简单。日语与汉语拥有不同语气，并且由于我国和日本两国之间的风俗文化不同导致在语言用法与风格方面也存在较大区别。所以，日语和英语在学习难度方面不具备可比性。部分教师和学生之所以会产生这种错误认识，是因为学生本身对语言学习存在一定错误认识。在大部分人看来，存在于世界中的各种语言基本相通。事实上，不同语言之间只是在某种程度上存在一定一致性，并且这种一致性只是一种在语意基础上所产生的共鸣，但是这并不代表语法和语境等其他方面相通。所以，尽管在高校学习日语的学生都已经在中学阶段具备了学习英语的经验，但是这种经验在日语学习过程中并不会为学生带来学习优势。很多人都认为日语是一门较好掌握的语言，但是事实并非如此，尽管有很多学生能够在短时间内记住 5 个元音字母，甚至一些学生还可以在短时间内记住五十音图，但是大部分学生的日语口语能力和听力能力仍然较弱。之所以会出现这种情况，主要有以下三个方面的原因：①进行过日语学习的人都知道，日语在读法方面较为复杂，不仅存在训读和音读的区分，并且还存在大量音变现象。日语中的很多单词在不同词语中有不同的读法，这就导致学生记忆单词的难度增加。②除了读法和发音等方面的问题以外，很多学生在日语学习过程中都认为日语语法结构及其中所蕴含的日本文化特征等有一定难度。但无论是语法结构还是其中蕴含的日本文化特征，对于学生学习日语而言都十分重要。如果学生在学习过程中对日语语法及其中的文化没有深刻了解，即使学生可以理解每个单词的意思，也无法掌握这些单词组合起来的句子和文章的意思。③日语和汉语之间有着一定的历史和文化渊源，同时在近代日本十分推崇学习西方，所以在日语中引入了大量的汉字和英语，这一点对于学习日语的学生而言原本是一种优势，但是在实际学习过程中很多学生过于依赖这种优势，并且认为在这种优势的基础上学习日语十分简单，所以大部分学生并不会去总结日语中外来语的发音规律，在看到其中的汉字时，也不去考虑是进行训读还是音读，认为这些词汇的意思自己能够理解。正是由于这种不端正的学习态度导致大部分学生在日语学习过程中无法进行正确的学习，从而为这些学生之后的日语学习埋下隐患。

第七，学生对环境有错误认识。学习环境对于任何学生而言都十分重要，会影响到学生的最终学习效果。比如我国古代的孟母三迁故事充分说明环境对于人成长的重要性。尽管学习环境如此重要，但学习环境只是影响学生学习的因素之一，并不是主导因素。所以在日语学习过程中，一些学生将自身的日语学习效果不佳归咎于学习环境差，这是一种错误的观点，尤其是其中一部分学生认为要想学好日语必须到日本留学，这种想法更是颠倒因果。学习是一种主观行为，学生只有具备了学习的主观能动性，才能够促使自己获得更好的学习效果，即学生只有充分发挥自身的主观能动性，才能促使自身的学习在本质上得到提升，如果在学习过程中只是被动接受，即使拥有再好的学习环境，也无法有效提升学习质量。比如即使一些学生到日本留学，在留学过程中不积极进行日语学习，那么也必然无法学好日语。但是不可否认的是，学习环境会对学生的日语学习产生影响，能够为日语教学改革带来一定启示，比如情境教学法的使用。

第八，课程设置不完善，随意性较强。从上述内容可知，该高校日语课程教学计划和教学大纲等科学性不足，并且可以因为外部因素影响而随意更改教学时间和教学时长，这些都不利于日语教师进行合理的日语课程安排。

第九，教材内容较为陈旧，缺乏时代性。很多高校所选择的日语教材更加重视培养学生的日语基础和促使学生对日语有全方位的了解，但是这些教材在内容方面较为陈旧，会话内容较少，不利于培养学生的听说能力。

二、日语教学的对策

（一）学校角度

首先，学校需要加大师资投入，注重教师的专业发展，为日语教师提供更多培训和实践的机会。在一些高校中，日语教师人数较少，教学任务繁重，导致教师的教学效果不太理想。学校需要引入足够的日语人才，合理分配日语教师的课时数，这样才能够充分保障日语教学的整体质量。同时，应重视对教师的培养，提升教师的专业水平，从而促使日语教学获得更好的教学效果。比如学校可以提供相应资金，鼓励教师走出去进行学习，多与其他高校教师进行交流，从而促使教师的专业能力、教学能力等方面得到提升。

其次，学校应完善评价体系，促使评价体系更加灵活有效，从而给予日语教师更多的支持和保障。学校的督导评价体系中的指标应根据课程性质进行灵活调整，避免教师在教学过程中所进行的教学程序完全一样，促使教师尝试采用新的教学方法，从而提升教学质量。同时，学校对教师所采用的新型教学手段应予以大力支持，比如教师在教学过程中使用多媒体播放日本动漫、日本游戏等进行教学，学校应予以支持，这样能够获得更好的教学效果。

再次，学校应建立学分鼓励政策，提升学生的学习动机，帮助学生明确学习目标。学校应充分考虑学生就业问题，予以学生更多激励，促使学生在学习过程中知道自己应该学习哪些方面，并且激发学生的学习积极性。

最后，学校应完善课程设置，促使日语教学计划、教学大纲等更加科学有效。在实际进展过程中，学校应充分征求日语教师和学生的意见，还需要充分结合学校实际情况来对教学计划进行修订，剔除教学计划、教学大纲中存在的不合理之处。学校还可以邀请一些有经验的专家教授对课程设置进行审核，使日语课程的设置更加合理。另外，需要严格按照纲领性文件进行日语教学活动，避免在日语教学过程中出现随意变动的问题，以此来保障日语教学能够有序进行。

（二）教师角度

第一，教师应不断提升自己的教学能力和专业能力。教师应在教学之余不断进行学习，提升自己的整体能力。在语言学科方面，知识往往更新更快，不同的时代人们拥有不同的语言习惯，并且会产生不同的流行语，所以日语教师应不断学习，扩充自己的知识储备，提升自己的外语水平，这样自己所教授的日语课程才能够更加新颖，才会更加吸引学生。另外，教师还应积极学习教育方面的知识，掌握先进的教学理念与教学方法，从而提升自己的教学能力。

第二，教师应在教学过程中通过多种教学方式相结合来促使教学更为灵活。在当前的日语教学中，教师主要采用以讲述为中心的教学方式，这种教学方式尽管能够在短时间内帮助学生掌握更多的日语知识，但是由于该教学方式较为单一，如果长期使用可能会导致学生失去学习兴趣。因此，在日语教学过程中，如果学生已经具备一定的日语基础，教师就需要改变教学方式，鼓励学生积极参与到教学互动中来，比如教师可以使用情境教学法、合作学习教学法、任务教学法等教学方式来引导学生学习。除此之外，在互联网时代，教师也可以将微课、翻转课堂等新的教学方式引入日语教学中，这样不仅能够节约更多的课堂教学时间，还能够提升学生的学习兴趣。通过多种教学方法的灵活使用，可以促使课堂教学氛围更加活跃，从而促使学生参与度得到提高。

第三，教师要做到因材施教，根据学生实际情况帮助学生制定明确的学习目标，并且在此基础上加强监督和鼓励。根据实际调查显示，大部分学生的自主学习能力较为欠缺。教师需要在日语教学过程中加强对学生的监督，比如教师需要检查学生作业的完成情况、检查学生的复习情况等，并且在此基础上设置平时成绩分数，以此来督促学生积极进行日语学习。教师还需要帮助学生根据自身的实际学习情况及学习能力来制定合理的学习目标，并且监督学生的整体学习情况，在此过程中给予学生更多的鼓励和信心。

第四，教师需要及时向学校建议更新日语教材，保障日语教材具有时代性。教师是日语教学活动的直接执行者，教学内容是否合理，日语教材是否与学生实际情况相符，教师最为了解。所以教师应及时向学校建议更新日语教材或向学校推荐更为合适的日语教材，这样不仅能使日语教材更加符合学生实际情况，还可以促使教学内容更加丰富新颖。

（三）学生角度

第一，学生要提高自主学习意识和养成良好的学习习惯。因为有些学生在基础教育阶段没有形成良好的自主学习意识，在平时学习过程中也没有养成良好的学习习惯，所以他们在日语学习过程中不会学习或没有掌握一套行之有效的学习方法。教师在日常教学过程中应更有耐心地讲授日语知识，并且在课后对学生的学习进行指导，监督学生进行早读和复习，以此来培养学生的自主学习意识与良好的学习习惯。

第二，提升学习动机，激发学习兴趣。尽管大部分学生没有良好的日语基础，但是往往个性鲜明、活力十足，并且这些学生兴趣广泛，对各种新鲜事物更容易接受。所以教师如果能够从不同切入点进行教学，往往可以实现事半功倍的效果。比如，教师在教学过程中可以跳出教材内容，结合日本文化相关内容，拓展学生的知识面，并且营造出更活跃的教学气氛。再比如，老师在教学过程中可以充分使用多媒体设备向学生展示学生感兴趣的日本动漫作品、日本文化或日本游戏，以此为教学切入点实现寓教于乐。此外，教师还可以向学生推荐一些实用有效的日语学习网站或手机软件，帮助学生完成学习任务。上述所有新的学习方式都可以提升学生的学习兴趣，也能够培养学生的学习动机。

第五章　不同教学方法在日语教学中的应用

/第一节/　情境教学法在日语教学中的应用

一、情境教学法

情境教学法指的是在教学过程中，教师在明确目标的基础上引入或创设具有一定情绪色彩并且生动具体的场景，并且引导学生参与其中，激发学生一定的态度体验，从而帮助学生理解教学内容，同时促使学生的心理机能得到发展的教学方法。情境教学法的核心在于激发学生的情感，是一种在社会与生活基础上进行提炼和加工后对学生情感产生影响的教学方法。在实际运用过程中，可以通过生动形象的语言描绘、趣味性游戏、角色扮演、音乐欣赏和旅游观光等方式，将教学内容融合到具体形象的教学情境中，从而对学生产生潜移默化的暗示作用。①

由情境教学法的定义可以看出，情境教学法的关键在于能够为学生创设一个可以引起学生兴趣并且强化教师与学生交流互动的学习环境。这种学习环境不仅能够有效推动教学进程，还能够帮助学生在其中最大限度地消化教师所教授的知识和内容。教育家赞可夫曾经指出，如果教学法能够接触学生的意志或情绪领域，满足学生的精神需要，那么教学法就会发挥出更有效的作用。所以，一个良好的学习情境创设无论是在提升学生的知识素养方面还是在塑造学生个人品德修养方面，都发挥着重要作用。事实上，在我国古代就已经产生了诸多情境教学法的成功案例。比如孟母三迁的故事、铁杵磨成针的故事等，这些都是情境教育中的典型案例。相较于情境教学法，传统教学中所使用的说教式、灌输式、填鸭式教学方法之所以会引起学生的厌烦甚至是抵触，最主要的原因在于这些教学方法并不能引起学生的思维共鸣，只是在教学过程中，促使学生被动接受各种知识，没有帮助学生在学习过程中消化和掌握这些知识。比

---

① 李吉林：《情境教学的理论与实践》，载《人民教育》1998 年第 5 期，第 28～29 页。

如在英语学习的过程中，学生对英语单词的记忆习惯使用不断重复的方式，尽管这种方法在短时间内能够获得一定效果，但是从长期来看，这并不是好的学习方法。这是因为这种记忆方法只是能够帮助学生记住单词，但是不能帮助学生了解单词的意思和使用方法，从而导致学生尽管已经完成单词记忆，但是并不能使用单词去解决实际问题，这就失去了学习英语的本来意义。而通过情境教学法帮助学生记忆单词则会获得另外一种效果。情境教学法能够将单词记忆和相关情境结合在一起，从而将单词的意义和使用方法融于情境中，促使学生在教学强调中自然顺畅地去使用单词，这样能够有效加深学生对单词的理解。由此可以看出，情境教学法可以引起学生思想和心理等层面的共鸣，从而帮助学生更好地发挥出其本身的主观能动性。①

语言从诞生以来，就具备交流和交际的作用，而这种交流和交际需要在平台或媒介的基础上才能够实现，所以我们无法脱离平台或媒介将语言从语言环境中脱离出来。换言之，语言的存在离不开语境的支撑，语境和语言之间联系紧密。抛开语境单独谈论语言学习没有任何意义。所以在当前的日语教学中，需要应用情境教学法进行教学，只有让语言学习融入语言情境中，才能充分发挥学生的想象力和主观能动性，从而激发学生的学习兴趣，获得更好的教学效果。

二、实行情境教学法对日语教学的意义

情境教学法是一种较为特殊和新颖的教学方法，其最大的特征在于能够通过为学生创设教学情境来激发学生在思维上的共鸣，并且借助这种思维共鸣，帮助学生加深对知识的理解和掌握。日语是人与人之间交流沟通的重要工具之一，日语语言的学习首要在于掌握日语并且形成对日语的实际运用能力，如果能够将日语自如地运用在实际生活中，那么就意味着实现了日语学习的根本目标。根据上述对情境教学法的分析可以发现，情境教学法和日语教学要求相一致，所以情境教学法是日语教学重要的教学方法之一。

传统的填鸭式或灌输式教学模式已经让很多学生甚至教师感到反感和厌恶，因为这种传统教学模式不仅导致课堂教学较为枯燥和无味，同时还导致教师和学生之间交流沟通不畅，甚至导致教师与学生对教育产生失望和悲观情

---

① 李迎春：《情景教学法在大学日语精读教学中的应用》，载《高教研究》2013 年第 2 期，第 3 页。

绪。同时，这种失望和悲观情绪还可能从课堂教学内渗透至课堂之外，成为很多学生与教师之间产生矛盾的导火索。在这种形势下，教学双方都需要改变当前的教学模式，从而解决当前遇到的各种问题，情境教学法正是在这种情形下产生的教学法之一，目前已经被应用到各种教学之中。随着信息社会的快速发展，情境教学法被时代赋予了更为丰富且深刻的内涵。对于日语教学而言，情境教学法在其中的应用，不仅能够促使学生在课堂学习过程中接受和理解日语知识，还能够使学生的主体地位得到充分体现，从而提升学生的日语学习兴趣，激发学生在课后进行自觉学习的热情。在教师方面，情境教学法在日语教学中的应用，不仅可以促使教师在教学过程中将课内知识和课外知识进行结合，增加教学过程的信息量，还可以帮助教师在教学过程中更好地激发学生的日语学习兴趣。比如一些有经验的教师在教学过程中，往往会将日本的生活文化、民族风情等方面的知识和信息提供给学生，以此来加深学生对日本文化的了解，从而强化学生的日语应用能力。由此可以看出，情境教学法在日语教学中的运用具有重要意义。

根据教育心理学理论，人类通过听觉获得的知识往往可以记住其中的15%，通过视觉器官所获得的知识则能够记忆25%，如果同时使用听觉器官和视觉器官则能够记忆所获得知识的65%。情境教学法的特点在于能够充分调动学生的各个器官，这是情境教学法相较于其他教学法的优势所在。[①] 教师可以在教学过程中通过创设情境来为学生提供各种视觉画面，刺激学生的视觉器官，帮助学生更好地集中注意力，然后教师可以通过各种视频资料或音频资料来调动学生的各个感觉器官，实现眼到、耳到和口到。因此可以说，这样的情境创设可以将日语教材中原本抽象的知识形象化，从而帮助学生更好地理解相关日语知识中所包含的深刻含义。在日语教学中应用情境教学法不仅可以促使课堂效率得到提升，还能在潜移默化中对学生产生积极影响，帮助学生在不知不觉中增强对日语知识的记忆和掌握。

情境教学法和传统灌输式教学法最大的区别在于对学生实际问题解决能力的培养方面。无论是情境教学法，还是传统灌输式教学法，最终目的都是向学生传授相关知识和技能。但是，灌输式教学法更加侧重于向学生灌输单纯的理论知识，对学生实践能力的培养不够重视。而情境教学法能够实现理论和实践的结合，通过培养学生的实践能力，来促使学生在实践过程中掌握相关理论知

---

① 李吉林：《情境教学的理论与实践》，载《人民教育》1998 年第 5 期，第 30 页。

识，也能够通过学生对理论知识的掌握来帮助学生强化实践能力。由此可以看出，情境教学法是提升学生综合能力及培养学生创新意识和创新能力的重要途径。

三、情境教学法在日语教学中的应用建议

上述对情境教学法的阐述一直强调共鸣这一概念，这是因为这一概念不仅代表了情境教学法的本质特点，而且充分反映了情境教学法的应用前景。情境教学法在教学改革中不仅指出了当前日语教学中所缺少的教学活力和生命，同时也向日语教学提供了以共鸣为基础促使教师和学生之间形成人际交往环境，引发两者之间的情感交流的途径。

（一）重视激发学生的学习兴趣

在不同高校中，学生的实际情况不同，比如高职院校部分学生对待日语学习的态度较为冷漠。但无论面对哪种学生，教师如果能够激发学生的学习兴趣和欲望，都能够促使日语教学获得成功。所以在日语教学中应用情境教学法，首先需要重视激发学生的学习兴趣。

通常情况下，学习兴趣能够促使学生产生更强的学习积极性。布鲁纳曾经指出，学习的最好刺激是针对学习材料的兴趣，如果一个儿童感到其自身有能力进行学习，那么该儿童就会对学习产生兴趣，其学习态度就会改善，如果感到自己没有能力进行学习，那么他就不会对学习感兴趣。歌德曾经指出，哪里没有兴趣，哪里就没有记忆。所以日语教师在教学过程中，最为重要的是要有意识地培养学生的学习兴趣，这是因为只有学生拥有了学习兴趣，才能在日语学习过程中始终保持最好的学习状态，才能拥有学习日语的动力和热情。在实际教学过程中，教师可以通过多媒体手段或其他手段来为学生创设不同的情境，从而通过教学情境吸引学生注意力，帮助学生更好地体验和感受日语。同时，使用情境教学法能够促使学生充分理解日语语音的含义和日语的运用特点，从而帮助学生在教学情境中真正熟练掌握日语和运用日语，并且以此为基础来激发学生学习日语的欲望。另外，教师在为学生创设教学情境的过程中，需要重视培养和保持学生的兴趣，因此需要在情境创设过程中保障教学情境的趣味性和实践性，这样才能够引导学生主动和轻松地接受日语知识。

（二）重视良好日语学习习惯的培养

在日语教学中对情境教学法的运用是否恰当合理，还在于学生是否能够养成良好的学习习惯。日语学习不能仅仅停留在课堂学习中，还需要在课后学习中注意运用情境教学法。如果学生没有形成良好的学习习惯，那么情境教学法在课后就无法发挥出其应有的作用。

1. 养成日语预习习惯

运用情境教学法不仅能够促使学生的学习兴趣得到提升，还能够促使学生形成良好的学习习惯。在日语教学方面，针对学生的日语预习，教师需要对学生提出相应要求，既要在课前通过查字典等方式对日语进行预习，又要学会创设相关学习情境来了解日语单词的含义和使用方法。除了新单词的预习以外，教师在教学过程中还需要十分重视培养学生的口语表达能力。这就要求教师在实际教学过程中以课程内容为基础组织学生进行课前演讲预习。其中演讲学生需要根据教师的具体要求进行资料收集，并且完成讲稿。这样的方式能够有效强化学生日语预习的效果，还可以增强学生的口语表达能力和写作能力。

2. 帮助学生养成认真思考的学习习惯

思考与学习历来都紧密关联、不可分离。思考可以帮助学生判断正确与错误，从而引导学生在学习过程中少走弯路。而当前大部分高校学生在这一方面较为欠缺，这些学生往往懒于思考，对各种知识的学习在通常情况下不进行区分而全部接收，同时也不会去思考不同知识之间的联系和区别。在课堂上，学生在回答问题时会人云亦云，这是因为这些学生没有对相关问题或教学内容进行思考，所以无法提出自己的观点和见解。因此，教师在使用情境教学法时需要重视训练学生养成认真思考的习惯。具体来看，在教学过程中，教师需要更加深入地对教材进行钻研，找到其中不同知识之间的联系和区别，并且引导学生对这些知识的联系和区别进行思考，从而帮助学生准确地判断这些知识的联系和区别，最终帮助学生在判断和分析中形成良好的思考习惯。比如在日语中主语部分的事物代词（これ、それ）和场所代词（ここ、そこ）存在联系和区别。这些代词中，これ、ここ表示离说话人近的事物或建筑物，それ、そこ表示离说话人远的事物或建筑物。两者容易混淆，所以在日语学习过程中学生不能仅仅依靠单纯的机械记忆，而需要经过思考，通过相互之间的比较来获得正确答案，然后再进行记忆。

3. 训练学生日常用语表达的习惯

第一，教师在教学过程中需要训练学生使用简单日语表达日常事物的习惯。具体来看，教师在教学过程中可以给学生日常学习生活中常见的事物，比如桌子、教室、寝室等都贴上相应的日语标签，这样能够方便学生在日语学习过程中进行日语单词的训练。同时，教师还需要引导学生在学习过程中相互使用日语进行交流，从而训练日语的日常短语。比如，教师可以在教室的门外贴上相应标签，并且要求学生在进入教室之前都读一遍，如果学生没有读，教师要让学生重新进行；再比如教师可以在学生的课桌上贴上标签，要求学生在每堂课开始之前读一遍，这些都能够提升学生的口语能力。

第二，教师需要充分调动课堂气氛，从而为学生营造更好的日语环境，强化学生的学习积极性。比如教师在教学过程中可以使用日语表达上课、下课、打开书本、看黑板等，这样能够促使学生在逐渐习惯这种授课方式的同时充分了解一些日语中的日常用语。再比如，教师在为学生创设日语学习环境时，可以要求自己和学生在进入教室之后就不准再使用汉语进行交谈，并且在课堂教学过程中教师要使用日语教学，教师和学生之间可以相互监督，这样能够促使学生养成用日语对话交流的习惯。这种做法还能够促使学生将日语的发音与含义紧密联系起来，真正实现不经过汉语中介而脱口而出。如果在日语教学过程中能够培养学生良好的日语学习习惯，就能够为学生今后的日语自学打下良好基础。

（三）重视对日语语境的强化

相关实验表明，在激发学生学习兴趣和学习动机方面，最好的方式之一是为学生设置熟悉的情境，让学生置身其中，帮助学生理解和领会语言环境，从而实现语言和思维的统一，以及语感和语篇的统一。很多日语教师认为，在日语学习过程中必须将理解放在首位，而在情境中学习日语能够加速学生对日语的理解，并且可以促进学生的交际能力。在交际中学习日语词汇能够帮助学生获得相应语感，并且可以促使学生对日语的记忆得到增强。人在通常情况下通过自身感官获得信息的记忆效果为：通过阅读获得的信息记忆效果为10%，通过听觉获得信息的记忆效果为20%，通过视觉获得信息的记忆效果为30%，通过三者相结合获得信息的记忆效果为50%，在理解之后获得信息的记忆效果为70%，通过实践动手或实际描述获得信息的记忆效果为90%。从这里能够看出，在日语学习的过程中，进行表达或动手去做或进行实际描述是十分重要的。所以在日语教学中需要强化环境的感染，制造更为活跃的气氛，回归到语言的本质，按照语言习得的自然顺序来进行日语教学，并且在此过程中还需要强调日语的社会性和语言性，弱化日语的学科性。具体来看，在教学过程中，教师需要在学生学习每一篇课文之前要求学生准备好相应道具，布置好学习场景，然后在这样的学习场景中进行情境会话表演，从而引导学生融入这种情境中。教师还可以组织运动会、主题班会等活动，引导学生使用日语参与到这些活动中，或是演唱日文歌曲，或是跳日本舞蹈，或是讲日语小故事等，以此来帮助学生在这些活动中更好地理解和掌握日语知识。由此可以看出，日语学习需要实现用日语做事这一目标，即必须在一定语言情境中引导学生动眼、动耳、动手，还需要通过不同感官的协调行动，这样才能够获得更好的学习效果。

（四）教师要注重自身素质的提升

在日语教学中应用情境教学法，教师的角色应进行转变，即教师的角色应是教学情境的创设者，并且教师需要意识到是否能够为学生创设出具有趣味性和时代性的教学情境，因为这会直接影响到最终的教学效果。通常情况下，学生在学习过程中对自己不喜欢的事物往往会采取排斥的态度，如果学生不喜欢学习日语，那么在学习过程中就不能做到认真听讲，长此以往必然会失去学习兴趣，最终影响到学习成绩。所以教师在教学过程中必须投入更多的时间与精力对日语教学的课型、话题等方面进行充分考虑，不仅要考虑日语教材的内容，还需要充分把握教材中的重点和难点，同时也要积极寻求教材和学生之间存在的信息差，从而使所设置的教学情境能够激发学生的学习兴趣。除此之外，教师还需要考虑学生的整体能力和不同学生之间的日语水平差异，从而促使所创设的教学情境能够吸引所有学生。在此过程中，教师还需要把握好不同教学情境之间的衔接和层次，以此来保障学生的思维具有连贯性和延续性。要想实现上述所有目标，需要教师本身具有较高素质。首先，教师需要具有较高水平的口语能力；其次，教师需要有较强的听力；最后，教师需要具备强烈的创新意识和灵活应变的能力。

除此之外，要想促使教师自身素质得到提升，还需要转变教师的观念。在日语教学中，年龄较大的教师往往会以自身的教学经验进行教学，所采用的教学方法为传统教学方法。一些教师会因为担心学生听不懂而在教学过程中使用汉语进行教学，导致学生在学习过程中只能够接收到教师向自己传递的日语语言知识，但是无法形成语言技能，每次学习只能够对日语知识进行记忆，既没有良好互动，也没有语言技能训练，长此以往就会导致学生对日语学习失去兴趣。尽管这些学生在考试中也能够获得较好的成绩，但是这些学生只能成为应付考试的机器。另外，教师传统的师道尊严对情境课堂教学也会产生不利影响。这是因为情境教学需要有一个相对轻松愉悦的教学环境，这样才能够促使教师和学生的状态达到最佳，进而促使教师与学生以及学生和学生之间可以碰撞出思想的火花。同时，在情境教学中，需要充分关注学生的情感态度变化，这就要求教师在教学过程中能够放下身段，以平等关系与学生进行交流互动。

四、情境教学法在日语教学中的实效分析

为了能够清晰了解情境教学法在日语教学中应用所获得的效果，本书通过问卷调查方法对实验班和对照班进行了两次测试。两次测试的目标在于弄清楚日语教学中应用情境教学法对学生学习日语的效果产生了怎样的作用，是否提升了学生学习日语的兴趣，是否强化了学生学习日语的积极性，是否帮助学生树立了学习日语的自信心等。在本次问卷调查中，共发放问卷 200 份，回收问卷 200 份，所有问卷均为有效问卷。通过问卷调查结果发现，对照班前后数据没有产生较大变化，而实验班前后数据变化较大。此次问卷调查是从态度、兴趣和自信心三个方面进行调查，共设计了 7 道大题来调查情境教学法对学生情感态度的影响。其中第 1 题是对学生学习态度的调查，即如果学生喜欢日语学习，说明学生有良好的态度对待日语学习，愿意参与到课堂教学中，并且对学习中所遇到的困难会以积极的态度进行解决。如果学生不喜欢日语学习，则有一小题让学生补充不喜欢日语学习的原因，如果在该题的选项中没有学生所要选择的理由，学生可以自己补上相关理由。第 2 题是关于学生学习兴趣的调查，即使用情境教学法是否能够提升学生的学习兴趣，主要选项有快速提高、部分提高、没有提高，这一道题的回答显示情境教学法可以提升学生学习日语的兴趣。之后的 5 道题主要用来检验情境教学法是否能够帮助学生树立学习日语的自信心，如果学生选择了情境教学法能够使其本身的听说读写能力及考试成绩有所提升，就可以得出情境教学法对帮助学生树立日语学习自信心有一定的作用。自信心在学生学习过程中发挥了重要作用，能够促进学生学习。如果情境教学法不能促使学生的听说读写能力及考试成绩得到提升，那么就意味着情境教学法在提升学生日语兴趣等方面不会起到相应的促进作用。同时，如果情境教学法无法提升学生的学习兴趣，那么情境教学法也不会促使学生的听说读写能力及考试成绩得到提升。从对照班和实验班最终问卷调查结果中可以看

出，对照班学生认为传统教学方法对于其本身的学习态度、学习兴趣等方面并没有产生明显作用，对其本身的听说读写能力的提升也没有产生明显作用。而实验班学生认为在应用情境教学法之后，自身的学习态度和学习兴趣都得到了明显的改变，比如自己的学习态度变得更加积极，也有了更大的学习兴趣，同时还促进了听说读写能力的提升。

除了问卷调查以外，笔者还对学生进行了访谈调查，主要内容为学生对教师教学方法的看法。调查结果显示，考试成绩在 60 分以上的学生表示自己喜欢情境教学法，并且给出相应原因，即教师在教学过程中通过讲故事的方式将原本枯燥的知识变得更有意思，从而提升了自己的学习兴趣，所以希望教师能够设计一些具有趣味性和时代性的教学情境，比如以动漫作品中的人物或体育明星为主的故事情境。但是成绩在 60 分以下的学生则表示自己不喜欢这种教学方法，因为这部分学生本身基础较差，无法理解教师所设置情境的意思，尽管能够感受到这种教学情境的趣味性，但是无法提升自身的学习兴趣。从这里能够看出，日语成绩较好的学生认为在情境教学法中，自己可以认真听讲，并且积极参与到课堂活动中，自身的学习兴趣也得到提升。而成绩较差的学生则认为这种情境教学方法对自身学习兴趣没有明显作用，由于自己基础较差，不能够有效融入课堂活动中。在问到情境教学法对听说读写能力有何帮助时，不同层次的学生也给出了不同答案。成绩在 60 分以下的学生认为这种教学方法并不能促进他们自身听说读写能力的发展，他们更希望教师能够在教学过程中进行一些游戏、课文翻译、单词跟读等活动。成绩在 60 分以上的学生则表示情境教学法能够有效提升其本身的听说读写能力，尤其是会对自身听说技能产生明显作用。在情境教学法对学习成绩有何帮助方面，不同层次的学生回答也不尽相同，其中 60 分以下的学生认为情境教学法对其学习成绩的提升并无明显作用，而 60 分以上的学生则认为这种教学方法能够在一定程度上提升他们的学习成绩。

/第二节/ Seminar 教学法在日语教学中的应用

一、Seminar 教学法

（一）Seminar 教学法的定义

Seminar 是一个名词，主要有两种含义，第一种是课程模式，第二种是教学方法，有较为广泛的应用。

第一，有部分学者认为 Seminar 是一种课程模式。在美国、日本、德国等国家的很多研究型大学课程中，都开设有 Seminar 课程。这种课程与其他专业课程一样作为专门的学科被列入课程表中。学者查尔斯·麦克莱兰所编著的《德国政府、社会和大学》，十分详细地介绍了德国大学的 Seminar，并且描述了 Seminar 不同阶段的课程数量、组织人员及德国政府的态度，较为全面地介绍了 Seminar 的整个发展过程。我国学者贺国庆所编著的《德国和美国大学发达史》对 Seminar 在德国大学的发展情况进行了详细介绍，并且阐述了 Seminar 被美国大学引进和发展的基本历程。[①]

日本是将 Seminar 作为课程应用最为广泛的国家之一。在日本，无论是私立学校还是公立学校，Seminar 在其中都占有十分重要的地位。日本学者潮木守一是日本最早研究 Seminar 的学者，同时也是在这一方面贡献最大的学者。其编写的著作充分研究了自 19 世纪以来德国及其他国家开展 Seminar 课程的发展情况，阐明了日本东京大学和京都大学开设 Seminar 课程的实际情况，并且对日本高校和外国高校进行了对比。日本学者西野伊朗在其博士论文中研究了日本 Seminar 教育的诞生、发展及整体构造，特别是研究了"二战"之前到"二战"之后 Seminar 教育的变化和现状。我国学者刘劲聪对日本大学本科 Seminar 课程的开设情况进行了专题研究，指出 Seminar 课程在日本大学中是作为大学必修课程被广泛使用的。[②]

---

① 马启明：《"seminar"教学范式的结构、功能、特征及其对中国大学文科教学的启示》，载《比较教育研究》2003 年第 2 期，第 20～23 页。

② 刘劲聪：《日本大学本科 seminar 课程教学在我国的应用探析》，载《广东外语外贸大学学报》2008 年第 9 期，第 105～108 页。

　　第二，有部分学者认为 Seminar 是一种教学方法，并且是一种相较于传统教学模式、反思式教学及问答式教学更新型的教学方法。从我国实际情况来看，Seminar 相较于课程模式，更经常被作为一种教学方法进行应用。我国学者陈潭认为 Seminar 教学模式是一种以围绕一个专门主题，并且由主讲人专门进行专题发言，其他参与者对主讲人进行询问、质疑、补充、批评或商量的教学模式。主讲人可以针对其他参与者所提出的意见来进行辩论或解释，甚至可以进行反批评，最后由教师进行总结与点评，所以 Seminar 教学方法从某种程度来看是一种交互式教学路径。还有部分学生指出，Seminar 教学法的核心在于能够充分挖掘课堂中教师与学生的潜能，并且能够促使课堂教学展开多层次多方向的认知活动。学生在这一过程中能够深化对某一事物的认识，并且可以对共同关心的问题在民主的气氛下进行讨论，最终通过交流互动来达到最佳教学效果。[①] 教育部在 2005 年所出台的权威文件中表明，Seminar 教学和研究性教学及讨论式教学一样，在大学人才培养中，其功能与价值核心就是教学和科研的结合。由此能够看出，Seminar 在我国被作为一种教学方法进行应用。

　　本书主要采用的是 Seminar 是一种教学方法这一观点，并且认为该教学方法在日语教学中的应用旨在培养学生发现问题、探究问题、分析问题及解决问题等的能力。

（二）Seminar 教学法的特征

　　学者万雪梅认为，Seminar 教学法的主要特征体现在 9 个方面：第一，Seminar 教学法具有互动协作性；第二，Seminar 教学法具有民主平等性；第三，Seminar 教学法具有激励创新性；第四，Seminar 教学法拥有较强的学术性；第五，Seminar 教学法具有规范性；第六，Seminar 教学法具有制度化特征；第七，Seminar 教学法具有较强的适应性；第八，Seminar 教学法具有灵活性；第九，Seminar 教学法具有一定延伸性。同时，万雪梅还指出，在 Seminar 教学法中，教师与学生可以处于平等和尊重的教学氛围中，能够进行双向的教学交流，从而促使学生独立思考能力得到发展。同时在教学过程中，该教学方法可以通过对解决问题途径的探索来激发学生的学习欲望，促进学生创新思维的产生和发展。另外，该教学方法还能够帮助学生深入挖掘学理，并且兼具科研和教学职能。在 Seminar 教学法中，教师主要采用了多项互动的方式，学生

---

　　① 陈潭、陈瑛：《Seminar 教学法、案例教学法及课堂教学模型构建》，载《湖南师范大学教育科学学报》2004 年 4 期，第 57～59 页。

可以民主地提出自己的观点，并且可以与其他学生与教师进行多方讨论，这样能够有效激发学生的求知欲望，促使学生发展创造性思维。同时，学生也能够在和其他学生与教师交流的过程中实现自身所掌握知识从再现到创造的发展。在该教学法中，学生的学习过程会更加生动活泼，并且具有更强的启发性，能够充分挖掘教师与学生的潜能，教师与学生可以在教学过程中进行更为深入的探究，所以 Seminar 教学法也是一个具有学术性和研究性的实践平台。①

本书将 Seminar 教学法应用于日语教学中，主要倾向于上述内容所述的 4 个特征：互动性，该特征有利于解决日语教学过程中教师使用灌输式教学方式存在的问题；民主性，该课程有利于在教学过程中实现教师与学生的平等交流，有利于促进课堂教学主体的转化，促使教师将课堂还给学生；激励性，该特征有利于在教学过程中培养学生的自主学习能力，有利于提升学生的创新意识与创新能力；延伸性，该特征有利于培养学生独立解决实际问题的综合能力。

二、Seminar 教学法在日语教学中的应用探索

为了探索 Seminar 教学法在日语教学中应用的有效性，本书选择了部分高职院校商务日语专业进行调查分析。在调查的高职院校商务日语专业中，共有学生 313 人，每个年级有 2 个平行班。商务日语专业开设的日语课程主要包括"日语语音""基础日语一""日语听说""日语阅读一""日语语法""基础日语二""日语阅读二""日本国概况""经贸日语"等。在每次开展 Seminar 课程时，都会分出实验班和对照班。此次探索目的为：第一，找到适合 Seminar 教学法的日语课程内容；第二，探究适合高职日语教学的 Seminar 教学课堂教学结构；第三，获得在高职日语教学中应用 Seminar 教学法的效果；第四，找到在高职日语教学中应用 Seminar 教学法的问题和对策。（附录二）

（一）Seminar 教学法应用案例

1. Seminar 教学法在"日语语法"课程中的应用

在传统教学中，日语教师会罗列出教材内所有出现的语法点，然后以此为基础进行归纳，再一一举例，最后组织学生进行大量练习和测试。比如在教授

---

① 万雪梅、伊美霞、蔡艳：《Seminar 教学法在高职教学中的应用》，载《卫生职业教育》2015 年第 14 期，第 38 页。

日语助词方面的知识时，日语教师往往会先罗列出助词的作用和用法，然后进行举例。这种教学方法是一种填鸭式输入，学生在学习过程中被动吸收，所以往往只知其一不知其二，不能够完全理解相关日语知识。学生处于这种似懂非懂的状态下容易对日语知识产生混淆，因此语法点一直以来都是这些高校日语专业学生的学习难点。事实上，对于这种需要学生理解的语法点，最好的方式是反过来进行教授，即先让学生阅读大量的参考资料，然后列举出关于助词的各种例句，再引导学生在这些例句中寻找规律，最后促使学生提出自己的观点，教师对学生的观点进行指导。在这种情况下，就可以引入 Seminar 教学法。这些高校引入 Seminar 教学法之后发现，同一课题实验班相较于平行班的课堂效果更好。第一，由于学生在课前有充分准备，因此在课堂教学过程中会积极参与其中，并且学习效率有明显提高。第二，学生在学习过程中容易上手，能够对相关知识留下深刻印象。在教学过程中学生需要不断进行表达、反驳和讨论，最终达成共识，这一过程中学生的大脑处于不断运转的状态，因此能够促使学生快速掌握相关知识。

2. Seminar 教学法在"日本国概况"课程中的应用

"日本国概论"是高职院校商务日语专业中的必修课程之一，通常情况下是在三年级开设，是一门理论与实际联系较为紧密的课程。该课程的教学要求为：一是学生要掌握各个章节中的主要内容，能够使用日语进行总结和归纳；二是学生需要使用日语回答各个章节中的问题；三是学生需要使用日语就某一主题发表自己的观点或看法。由此能够看出，该课程对学生提出了由学生自己进行知识点归纳，并且可以针对某一主题发表自己的观点和看法的要求。但是在实际教学过程中，很多日语教师还是使用传统教学方法进行教学，这样容易导致该课程变为对日本概况进行解读的课程，不仅不利于学生了解日本的文化背景以及和我国的文化差异，而且会影响学生自主学习能力的发展。比如该课程的第 9 章教学目标是促使学生了解日本人热爱自然的性格，但是该内容具有较强的主观性，并且没有充分结合具体例子，因此学生很难体会。在教学过程中，日语教师使用传统教学方法往往是按照课文内容所提供的例子进行总结，即向学生阐述日本人的自然观和日本人形成这种价值观念的原因。这些内容学生只需要较短的时间就可以完全背诵出来，但是学生并没有完全体会和了解日本的自然观。事实上，像这样的课程内容没有标准答案，而是开放性的，学生需要运用发散性思维。像这种课题内容就非常适合应用 Seminar 教学法。在该课程中应用 Seminar 教学法之后，这些高校的日语教师表示学生能够突破文化壁垒，充分发挥自身的发散思维，寻找更多答案。并且不同的学生所发表的观点各不相同，能够给学生带来更大的启发，有利于学生相互影响、共同进步。

（二）适合日语教学的 Seminar 教学结构

1. 提出课题，引导学生自主探索

第一，教师以教材为基础，向学生提出相应课题。比如在介绍一些日本文学家的作品时，教师除了引导学生完成文章的理解以外，还需要引导学生读完整个文学作品。笔者会引导学生去阅读一些关于该文学作品的课外相关延伸资料，比如作者的写作生涯、作者的流派及作者的其他文学作品等。具体来看，教师可以通过 Seminar 教学法布置课题，引导学生选择自己喜欢的章节，并且向同学进行介绍。然后教师引导学生通过教师所提供的文章进行梳理，表达自己的感受，并且准备演讲稿。在此过程中，教师可以鼓励学生插入各种音乐、动画等，在必要时还可以充分结合 PPT 进行展示。

第二，学生在此过程中可以进行自主学习、自主探究。在学生阅读原著之后，可以查阅相关资料和收集关于该文学作品的其他感兴趣的内容，从而在教师规定的期限内完成读后感。为了保障教学能够顺利进行，在这一阶段，教师需要扮演好指导者和监督者的角色。在此过程中，教师除了要指导学生准备相关的课题内容以外，还需要设计课堂程序和制定检查制度，以此来监督和掌握学生的准备进度和准备质量，这一方面的工作是十分重要的。除此之外，教师还必须扮演好课题研究者这一角色，即教师在此过程中，应从宏观和更高层次的角度来预测学生的观点，这就要求教师本身要不断提升自己的专业水平。学生在此过程中也必须充分克服自己的惰性，强化自己的自律能力，积极进行准备。

2. 个人发表，集体倾听

在教师或学生主持人针对本次内容进行简单介绍之后，可以根据一定顺序或随机抽取 3 名学生到讲台演讲，将自己事先准备完成的演讲稿及其他资料进行陈述。学生最好能够脱稿发表演讲，并且尽量使用日语进行表达，这样能够更加全面地体现出学生对相关内容的理解，同时也能够锻炼学生的胆量，提升学生的自信心。学生个人的内容发表是学生前期自主探究过程中所获得成果的展示，能够充分看出学生在准备阶段的质量。学生发表演讲之后，就要准备接受其他学生或教师的提问。

其他学生在这一过程中需要先仔细聆听演讲学生的表达，并且做好记录，

找到学生主持人演讲中的不合理之处、自己不理解的地方或与自己想法不一致的内容，然后在学生主持人演讲完成之后进行提问，提出自己的看法，进入相互讨论环节。在这一过程中，不同学生所发表的内容完全不同。即使是针对同一个段落或同一个句子，也会因为不同学生的不同经历和在收集资料过程中的不同体验而产生差异，从而使学生所表达的内容存在不同。此时，学生之间的不同观点和思维相互碰撞、相互启发，可以促使学生反思自己与其他同学存在的不同之处，从而帮助学生实现对新知识的构建，最终获得更好的教学效果。

3. 课堂讨论，热烈有序

在学生个人展示和发表演讲之后，其他学生开始提问，提出与演讲学生不同的观点，然后在此基础上进行讨论和补充，演讲学生则是需要针对提出的问题或其他不同观点进行解答及解释。在此过程中，学生会大胆发言，一起参与到讨论的过程中，这就是学生独立思考的过程，能够有效培养学生的独立思考意识和能力。

教师在此过程中需要鼓励学生进行提问，并且要引导学生在提问过程中充分结合"三味"，具体为趣味、异味和品味。其中，趣味指的是学生提出问题要有趣味性，这样就能更好地调动其他学生的积极性，督促其他学生积极参与到提问和讨论中。异味指的是如果学生所提出的问题能够打破以往的惯性思维，问题较为新颖，能够观察到其他学生没有注意到的地方，这样也能够引起其他学生的兴趣，从而使课堂气氛更加活跃。品味指的是学生所提出的问题需要能够使其他学生进行深入思考，这样可以更好地强化学生的思考能力。同时，在提问过程中，教师还需要充分调动气氛，引导学生从紧张乏味的状态中逐渐脱离出来，转变为主动和积极提出自己观点的状态，这样能够促使每个学生在探索新知识的过程中进行交流和讨论。这是 Seminar 教学法的精髓所在。更为理想的情况是，学生在此过程中能够进行激烈的辩论，因为辩论不仅能够充分展现学生的不同思维，促使学生的思辨能力和发现能力得到提升，也能够促使学生学会通过批判精神来与其他学生进行语言碰撞，从而提升学生的语言思辨能力。学生在此过程中遇到的挑战越大就越能得到锻炼，学生综合素质的提升也会越快。除此之外，教师在此过程中需要扮演好参与者的角色，对学生提出的问题进行必要解答。教师还需要扮演好挑战者的角色，在学生提问和讨论的过程中，适时参与其中，打破学生的惯性思维，帮助学生拓展讨论范围，从而形成更为民主和活跃的课堂气氛。需要注意的是，教师在此过程中必须根据问题的难易程度鼓励学生使用日语进行提问和讨论。

4. 师生点评，教学评价

在课堂集体讨论结束之后，主持人需要根据演讲者的实际表现和其他学生讨论的总结情况，对演讲的学生进行点评，总结演讲学生在个人发表过程中的优点和缺点，其中包括演讲者的内容准备、演讲过程中的语言表达及演讲过程中辅助资料的内容等。主持人点评结束之后，教师要进行总结，提醒学生以后需要注意的问题，并且需要着重指出学生忽视的内容。同时，教师还需要对重点内容进行深入阐述，以促使学生形成完整的知识结构，并且在必要时还要补充相关的延伸知识。

除了进行知识点的总结以外，教师还需要向学生介绍或传授一些查阅资料的技巧、问题分析的方法及问题解决的途径等，以此来改变学生的思维定式，使学生学会通过发散性思维进行思考，从而逐渐培养学生独立解决问题的能力。同时，教师在对学生进行点评的过程中需要注意多使用鼓励性语言。

在教学评价中，可以先由学生之间进行相互评价，然后再由教师对学生进行评价。在教学评价过程中，无论是教师还是学生都需要重视对学习过程的评价。在教师方面，需要根据学生在课堂中的演讲表现、讨论表现、课堂笔记情况及作业情况等进行评价，并且将该评价作为学生学习评价的重要参考依据之一。同时，教师还需要从观察者的角度出发，及时发现在课堂教学过程中学生获得的成功和出现的失误，从而对学生演讲过程中的表现、讲解内容的质量、学习努力程度、问题解答能力、总结归纳能力等给出合理的评价，推动学生进步。教师还要扮演好反思者的角色，对整个教学过程应用 Seminar 教学法的成功和不足进行反思，并且总结经验教训，在之后的教学实践中进行改进。

另外，课堂笔记是考查学生是否在教学过程中仔细倾听、认真思考并且积极参与讨论的重要依据之一。在 Seminar 教学法下的课堂笔记应是个性化的笔记，其中可以记载发表者所发表的内容、自己对他人的评价、自己对某个问题的思考或记载某些新问题的发现等。教师还需要对学生所准备的书面材料及电子材料进行评价。

除了评价以外，教师还需要定期对教学效果展开检测，通过检测可以掌握学生对日语专业知识的掌握情况，从而在此基础上制订之后的教学计划或对之后的教学计划进行调整。如果在课堂教学过程中仅仅是教师有较好的发挥，但是学生连基本的知识点都没有掌握，这必然会影响到学生日语知识体系的构建。所以必须有相应的教学检测，这种检测不仅是对教师教学成果的检测，同时也是对学生学习成果的检测。

5. 课后作业，反思总结

反思总结对于学习十分重要，通过反思，学生可以找到自己存在的不足，分析问题形成的原因，从而总结经验教训，促进自身的全面发展。同时反思还能够帮助学生学习别人身上的优点，解决自身存在的问题。因此，在日语教学之后，教师应该要求学生根据教学过程中的实际情况、学生讨论结果和教师的点评意见来反思自己，并且形成学习笔记。教师需要对这种学习笔记进行评阅，并且给予学生意见和建议。

在课堂学习的反思总结结束之后，教师需要给学生布置具有针对性的作业，使学习内容得到延伸。除此之外，在课堂学习反思总结结束之后，教师也可以通过各种网络平台，比如微信、QQ 等与学生进行交流沟通，还可以通过各种不同形式的活动，如日语竞赛等鼓励学生积极参与，以此来拓展教学和学习的广度与深度。这些不仅能够提升学生的综合能力和素养，同时还能促进教师本身专业能力的发展。

（三）影响 Seminar 教学法实施效果的因素

通过问卷调查，笔者对 Seminar 教学法在日语教学中的应用过程及效果进行了测评。在此次问卷调查中，主要分为教师和学生两个方面。其中教师方面的主要对象为这些高校中商务日语专业的日语教师。学生方面的对象为这些高校的 313 位商务日语专业学生，这部分学生已经接受了一个学期的 Seminar 教学法实验，所以调查结果具有一定参考价值。教师方面共发放调查问卷 38 份，回收问卷 36 份。学生方面共发放调查问卷 313 份，回收问卷 276 份。

1. 开设课程

从调查结果数据来看，无论是二年级还是三年级，学生参与到 Seminar 教学法实验中的比例都达到90%以上，但是在一年级使用 Seminar 教学法的课程较少。除了"日语语音"课程以外，教师在其他课程中均使用过 Seminar 教学法，其中三年级占总课时的 20%～49%，二年级占总课时的 20% 以下，此数据反映出年级越低运用 Seminar 教学法的难度越高。

不同课程在应用 Seminar 教学法方面，"日本国概况""日语阅读""日语语法""经贸日语"等这些主观性较强的课程综合得分较高。具体数据如下所示。

在"基础日语"课程中，有 20 名学生认为 Seminar 教学法适合该课程，所占比例为 7%；有 8 名教师认为 Seminar 教学法适合该课程，所占比例为 22%。

在"日语语法"课程中，有 136 名学生认为 Seminar 教学法适合该课程，所占比例为 49%；有 16 名教师认为 Seminar 教学法适合该课程，所占比例为 44%。

在"日语阅读"课程中，有 160 名学生认为 Seminar 教学法适合该课程，所占比例为 58%；有 8 名教师认为 Seminar 教学法适合该课程，所占比例为 22%。

在"日语听说"课程中，有 80 名学生认为 Seminar 教学法适合该课程，所占比例为 29%；有 20 名教师认为 Seminar 教学法适合该课程，所占比例为 56%。

在"经贸日语"课程中，有 96 名学生认为 Seminar 教学法适合该课程，所占比例为 35%；有 16 名教师认为 Seminar 教学法适合该课程，所占比例为 44%。

在"日本国概况"课程中，有 120 名学生认为 Seminar 教学法适合该课程，所占比例为 43%；有 32 名教师认为 Seminar 教学法适合该课程，所占比例为 89%。

2. 教学组织

Seminar 教学法在日语教学中应用的调查统计数据如下所示。

在"Seminar 课程的选题是否合理"这一问题中，有 62% 的学生选择优秀，有 30% 的学生选择良好，有 8% 的学生选择中等，没有学生选择较差。

在"Seminar 课程的选题是否有难度"这一问题中，有 56% 的教师选择优秀，有 44% 的教师选择良好，没有教师选择中等和较差。

在"Seminar 课程课外学习时间是否足够"这一问题中，有 100% 的学生选择课外学习时间足够。

在"Seminar 课程的备课时间"这一问题中，有 22% 的教师选择时间多，有 67% 的教师选择时间较多，没有教师选择时间不够。

在"Seminar 课程讨论积极程度"这一问题中，有 87% 的学生选择优秀，有 13% 的学生选择良好，没有学生选择中等和较差。

在"Seminar 课程的学生讨论程度"这一问题中，有 22% 的教师选择优秀，有 78% 的教师选择良好，没有教师选择中等和较差。

在"Seminar 课程的教师组织讨论情况"这一问题中，有 12% 的学生选择优秀，有 17% 的学生选择良好，有 70% 的学生选择中等，有 1% 的学生选择较差。

在"Seminar 课程组织讨论难度"这一问题中，有 22% 的教师选择困难，有 66.7% 的教师选择较难，有 11.1% 的教师选择中等，没有教师选择简单。

从上述统计结果可以看出，几乎所有教师都认为选题很难或是较难，但是大部分学生认为教师的选题合理，由此可以看出，教师在选题这一方面投入了较多的时间与精力。另外，在 Seminar 课程中，学生讨论情况明显比普通课更加积极，但是这对于教师组织讨论的能力而言，是一个巨大挑战，有 55.6% 的学生认为教师素质水平一般，并且大部分教师也觉得组织讨论较为困难。

由此得出结论，在日语教学中应用 Seminar 教学法需要注重选题和课前准备。这些不仅对教师的专业能力提出了更高要求，同时也很好地培养了学生的独立学习能力，帮助学生养成了使用词典、网络资源及其他课外书籍的习惯。同时在课堂中的讨论活动为所有学生提供了思考和讨论的机会，这样能够培养学生的批判性思维能力和独立思考能力。在这一过程中，讨论环节是其中最为精彩的部分，同时也是最难以把握的部分，关键在于教师需要对学生进行合理引导，所以这对于教师的课堂组织能力是一个巨大挑战，需要教师在课前做好充分准备。

3. 教师因素

在关于教师对 Seminar 教学法认可程度方面的调查结果如下所示。

有 33% 的教师表示自己经常应用 Seminar 教学法，有 56% 的教师表示自己有时应用 Seminar 教学法，有 11% 的教师表示自己很少应用 Seminar 教学法，没有教师表示自己不应用 Seminar 教学法。

从教师对 Seminar 教学法的认可程度来看，大部分教师对 Seminar 教学法比较认可，这反映出 Seminar 教学法应用于日语教学是教师的选择之一。

对于教师来说，提升教学效果、强化学生的学习能力是需要实现的教学目标，所以教师愿意尝试不同的教学方法。尽管在日语教学中应用 Seminar 教学法会对教师本身的知识结构和专业能力提出更高要求，并且在主题选择、资料收集、为学生提供个性化指导等方面，也需要教师投入大量时间和精力，也正是这种在教学中不断学习的过程促使教师形成自己的教学特色，更加有效地挖掘学生的学习潜能，促使学生的日语能力得到有效提升。

4. 授课对象

在关于学生对 Seminar 教学法认可程度方面的调查结果如下所示。

有 49% 的学生表示自己很愿意上 Seminar 课程，有 36% 的学生表示自己比较愿意上 Seminar 课程，有 49% 的学生表示自己不愿意上 Seminar 课程。

对于学生来说，运用 Seminar 教学法的课程需要学生实际参与其中，无论是课前自主学习还是课堂提出问题、参与课堂讨论、课后整理学习成果都需要学生本身的自觉性和主动性。但是因为不同学生的日语水平和整体能力存在不同，所以对待 Seminar 教学法的态度也存在不同。

有 85% 的学生表示自己愿意接受 Seminar 课程，这反映出学生对这种课程形式认可度较高，学生愿意在教学过程中积极讨论自己所感兴趣的主题。有 15% 的学生表示自己不愿意上 Seminar 课程，反映出当前还存在少部分学生学习主动性较弱，存在一定的学习惰性。在教学过程中，如果学生遇到自己不感兴趣的主题，往往不会积极展开课堂讨论，同时课堂气氛也会更为死板，难以达到预期效果。除此之外，还存在部分学生不愿意接受教师所分配的任务，采取不配合、不合作的学习态度，从而导致积极参与其中的学生无法获得较好的收获，而不参与其中的学生则是虚度光阴。这是 Seminar 教学法在日语教学中应用的最大难点之一，教师必须在选题过程中进行合理把控，同时在课堂教学过程中进行积极引导，这样才能够启发学生进行思考。

（四）Seminar 教学法的实施成效

Seminar 教学法在日语教学中应用的具体效果调查结果如下。

学生方面：在 Seminar 教学法增长学生知识效果方面，有 17% 的学生选择了优秀，有 36% 的学生选择了良好，有 47% 的学生选择了中等，有 0% 的学生选择了较差。在 Seminar 教学法提升学生能力效果方面，有 29% 的学生选择了优秀，有 30% 的学生选择了良好，有 41% 的学生选择了中等，有 0% 的学生选择了较差。在 Seminar 教学法培养学生自主学习能力效果方面，有 36% 的学生选择了优秀，有 44% 的学生选择了良好，有 20% 的学生选择了中等，有 0% 的学生选择了较差。在 Seminar 教学法促进学生掌握知识点效果方面，有 41% 的学生选择了优秀，有 36% 的学生选择了良好，有 12% 的学生选择了中等，有 11% 的学生选择了较差。在 Seminar 教学法提升课堂讨论效果方面，有 22% 的学生选择了优秀，有 46% 的学生选择了良好，有 29% 的学生选择了中等，有 3% 的学生选择了较差。在 Seminar 教学法增进师生关系效果方面，有 24% 的学生选择了优秀，有 41% 的学生选择了良好，有 35% 的学生选择了中等，有 0% 的学生选择了较差。

教师方面：在 Seminar 教学法增长学生知识效果方面，有 33% 的教师选择了优秀，有 45% 的教师选择了良好，有 22% 的教师选择了中等，有 0% 的教师选择了较差。在 Seminar 教学法提升学生能力效果方面，有 78% 的教师选择了优秀，有 22% 的教师选择了良好，有 0% 的教师选择了中等，有 0% 的教师选择了较差。在 Seminar 教学法培养学生自主学习能力效果方面，有 22% 的教师选择了优秀，有 34% 的教师选择了良好，有 33% 的教师选择了中等，有 11% 的教师选择了较差。在 Seminar 教学法促进学生掌握知识点效果方面，有 33% 的教师选择了优秀，有 22% 的教师选择了良好，有 45% 的教师选择了中等，有 11% 的教师选择了较差。在 Seminar 教学法提升课堂讨论效果方面，有 78% 的教师选择了优秀，有 22% 的教师选择了良好，有 0% 的教师选择了中等，有 0% 的教师选择了较差。在 Seminar 教学法增进师生关系效果方面，有 67% 的教师选择了优秀，有 22% 的教师选择了良好，有 11% 的教师选择了中等，有 0% 的教师选择了较差。

从 Seminar 教学法在日语教学中应用的具体效果来看，有 53% 的学生表示在日语教学中应用 Seminar 教学法相较于传统日语教学能够有效增长自己的知识，同时有 78% 的教师也认为在日语教学中应用 Seminar 教学法可以增长学生的知识。有 77% 的学生表示 Seminar 教学法在促进自身掌握日语知识点方面远远超过传统教学模式，有 59% 的学生表示 Seminar 教学法能够更加有效地锻炼自己的日语能力，并且所有教师都认可这一点。有 80% 的学生以及超过一半的教师认为 Seminar 教学法能够有效培养学生的自主学习能力。有 68% 的学生和所有教师表示在日语教学中应用 Seminar 教学法可以提升课堂讨论的整体效果。有 65% 的学生和超过 9 成的教师认为在日语教学中应用 Seminar 教学法能够增进教师与学生之间的关系，有利于培养教师与学生之间的感情。

由此能够看出，Seminar 教学法在日语教学中应用的教学效果，无论是在增长学生知识、帮助学生掌握知识点方面，还是在培养学生各方面能力等方面，大部分教师与学生都认为比普通日语教学方法效果更好。同时在课堂讨论效果方面，大部分教师与学生都认为 Seminar 教学法可以促使学生在实际学习过程中通过课堂报告、阅读等活动提升自身的学习效果和主动性，从而强化课堂讨论效果。另外，大部分教师和学生都认为 Seminar 教学法相较于传统教学能够更好地发挥学生的主体性，并且可以从学生的兴趣爱好入手充分满足学生的学习需求。除此之外，在日语教学中应用 Seminar 教学法，还可以帮助学生养成自主查阅资料等良好学习习惯，从而改善日语课堂教学中存在的问题。整体上来看，Seminar 教学法在日语教学中的应用，最大的意义在于能够解决当前我国高校日语教学中存在的部分问题。

1. Seminar 教学法可以培养学生独立学习的习惯

Seminar 教学法强调学生的课前预习及学习准备，如果学生没有做好课前预习和准备工作，在课堂内将无法更好地参与到讨论中，并且不能够积极发表自己的观点和看法。所以学生需要在课前充分围绕主题查阅大量相关资料，这样就能够促使学生在一定程度上养成使用日汉词典、课外书籍和互联网的习惯，从而帮助学生形成更好的学习习惯，强化学生的独立学习能力。与传统教学中学生被动接受学习不同，这种方式是将学习主动权交给学生，能够解决学生学习主动性不足的问题。同时，学生在课堂讨论中需要自主学习，进而对相关日语知识留下深刻印象，最终提升学习效率。

在互联网时代，日语教师完全可以充分利用互联网资源，将原本分散的日语知识进行梳理，形成系统来引导学生进行课前自学，这样不仅可以促使学生在更短时间内学习到更多知识，还可以有效培养学生的自主学习能力、创新能力和独立解决问题的能力等。

2. Seminar 教学法有利于提升学生日语学习的主动性

很多学生之所以选择日语专业，是因为较多地接触到日本动漫作品或日本歌曲。这部分学生在学习日语之后，往往会遇到各种困难，尤其是在学习过程中遇到枯燥的单词和语法时，往往会逐渐失去学习兴趣，使学习更加被动。Seminar 教学法可以促使学生选择自己所感兴趣的主题，通过查阅相关资料，在课堂中提出自己的观点和看法，成为学习的主人。这样就能够提升学生的学习兴趣，强化学生的学习主动性，促使学生在学习过程中积极主动地参与到教学之中。

3. Seminar 教学法有利于解决日语课堂讨论难以顺利开展的问题

在当前大部分日语课堂教学中，经常会出现学生由于紧张或其他原因不敢回答教师提出的问题或不敢发表自己的意见，在课堂讨论中没有进行深入思考，导致讨论浮于表面等问题。这些问题往往会导致课堂讨论难以顺利展开或讨论难以深入。而 Seminar 教学法在日语教学中的应用可以促使课堂讨论环节成为最精彩的部分，其核心就是让所有学生更好地参与到课堂讨论中，并且在讨论之后提出自己的观点和看法。这是因为 Seminar 教学法促使学生在课堂教学之前查阅大量相关资料，所以在课堂讨论中能更加具有自信地发表有价值的观点。同时，学生之间讨论之后能够让学生对相关主题有更为深刻的理解，从而促使学生的表达能力以及逻辑思维能力等得到提高。

4. Seminar 教学法有利于培养学生的交际能力

在日语教学中应用 Seminar 教学法，能够更好地促使学生积极熟悉和掌握相关日语语言文化，并且帮助学生通过整合归类等方式形成自己的观点，并表达出来；同时 Seminar 教学法还能够帮助学生通过自我发表、提问、课堂讨论及课堂辩论等形式，形成对问题全面把握的能力。Seminar 教学法可以促使学生在日语表达过程中提升语言交际能力；Seminar 教学法可以充分结合学生的兴趣爱好，激发学生的学习动机，从而培养学生的交际能力；Seminar 教学法还能促使不同学生之间相互了解、相互帮助，从而让学生养成团结协作的习惯，培养团队合作能力，为之后的发展打下良好基础。

5. Seminar 教学法有利于帮助学生打破文化背景屏障

语言是文化的载体，任何一种语言都需要文化作为支撑。著名学者森田良行曾经指出：语言是社会文化的产物，如果离开文化对语言进行考察，则无法了解真正的语言。所以在日语教学过程中，如果不重视日本文化因素对日语的影响，只向学生传递日语的相关知识或仅培养学生的读写能力，不仅不能促使学生真正了解日本人所特有的表达方式和思想情感，还会影响教学效果。如果学生不了解中日文化之间的差异，就不能充分体会日本人的思维方式和生活习惯，这样就会导致在应用日语的过程中容易出现误会或摩擦。因此，在日语教学过程中，教师必须重视将日本文化和日语进行结合，提升学生的文化敏锐度及强化学生的鉴别能力。但是在传统教学过程中，由于课堂时间有限，教师无法花费大量时间与精力对日本文化进行详细解释。而 Seminar 教学法在日语教学中的应用可以为学生提供大量的阅读时间，同时教师也可以向学生推荐关于日本文化的读物，以此来为学生提供了解日本文化的途径，促使学生了解相关文化背景，从而突破文化屏障。

除以上课程外，毕业论文写作指导课程也可采取 Seminar 教学法。① 综上所述，教师与学生都十分认同 Seminar 教学法在日语教学中的应用，并且对最终所获得的教学效果给予了充分肯定。所以，Seminar 教学法在日语教学中应用能够获得良好效果，可以成为日语教学中重要的教学方法。

---

① 笔者曾在《试论日本文科毕业论文写作课程的意义》一文中分析了 Seminar 教学法对毕业论文写作课程的意义，详见汤伊心：《试论日本文科毕业论文写作课程的意义》，载《大学教育》2016 年第 10 期，第 43～45 页。

三、Seminar 教学法在日语教学中的应用反思

Seminar 教学法是以细致的课前准备为基础，以积极且有序的课堂讨论为指导，以严谨的考核评价为保障，促使日语教学效果得到提升的教学方法。Seminar 教学法能够在一定程度上培养学生的独立学习能力，并且可以促使学生养成使用日韩词典和网络资源等的习惯，还可以促使学生熟悉和掌握相关日语应用，并且用日语熟练地表达自己的观点和看法。另外，Seminar 教学法可以通过学生自我发表观点、课堂提问、课堂讨论及课堂辩论等形式来拓展学生思维的广度和深度，使学生掌握立体式思维方法，从而培养学生全面思考的习惯和独立解决问题的能力。同时，Seminar 教学法也可以促使学生在日语表达过程中提升其本身的语言交际能力。所以 Seminar 教学法完全可以应用到日语教学之中。

但是需要注意的是，在实际应用过程中，由于 Seminar 教学法相较于传统教学模式更为复杂，因此对教师本身的组织能力和协调能力有较高要求。如果在应用过程中教师组织力不够强，那么就无法对有限的课堂教学时间进行充分利用，从而影响课堂教学的整体效率。同时，在应用 Seminar 教学法的课堂中，教师与学生的位置和角色会发生改变，教师在其中所起的为辅助和指导作用。另外，在应用该教学法的过程中可能会出现部分学生没有在课前认真准备，这样也会影响到整个教学的顺利进行，因此教师需要对学生所查阅的内容及相关预习作业进行检查，以此来督促学生在课前进行认真准备。

为了能够促使 Seminar 教学法在日语教学中得到有效应用，还需要解决以下五个方面的问题。

（一）充分发挥教师的主导作用

在 Seminar 教学法应用于日语教学的实践中，教师本身的主导作用在一些情况下会超过学生的主体作用，此时学生会被动强迫自己完成教师的相关要求，但是如果教师对学生进行监督，学生的学习效率就会下降。所以在日语教学中应用 Seminar 教学法需要教师在可以掌控的范围之内，尽量给学生提供更多的选择自由，帮助学生进行自主学习。在此过程中，教师还需要发挥自己的主导作用，主要体现在以下两个方面。

第一，教师在展开日语教学之前需要精心选择课题，降低教学内容的理论

难度。教师在教学之前需要对教学内容进行整体把握，以此为基础梳理出相对独立的各个板块，然后结合学生的实际情况对日语知识点进行提取，掌握好课堂教学过程中需要讨论的重点和难点，然后搜索相关的资源，使课堂主题难度适中，最后根据学生的实际情况进行任务安排。从学生的日语水平来看，Seminar 教学法不宜在一年级日语教学中应用，最好在二年级之后进行应用。同时，教师在日语教学过程中未必需要全部使用日语表达自己的观点，也可以使用日汉结合的方式。另外，教师需要尽可能选择学生感兴趣的课题，同时在此基础上向学生提供关于该课题的参考资料，以此来激发学生进行全面思考，提升学生的综合能力。

第二，教师需要通过各种方式提升自身的专业能力和课堂教学把控能力。由于 Seminar 教学法在日语教学中的应用会对教师的综合能力提出更高要求，因此教师必须提升自己的专业能力和对课堂教学的把控能力。首先，学生在学习日语知识时不仅会从教材中获取知识，也会从互联网和学校图书馆获取相关知识，教师在教学过程中不仅需要随时接受学生所提出的课内问题，而且要面对学生提出超出教材范围的问题，所以教师需要提升自己的综合能力，这样才不至于在学生提出问题时措手不及。其次，教师在完成教学之后需要对学生的发言和讨论进行点评和总结，这就要求教师具备较广的知识面，因此教师必须提升自己的各方面能力。最后，在整个教学过程中，教师需要起到指导和帮助作用，并且还需要对课堂气氛进行调解，因此教师需要具备较高水平的组织能力和协调能力。如果教师在课堂教学过程中组织不当，不仅会导致课堂教学时间得不到充分利用，还会导致学生的学习积极性无法得到调动。

(二) 保持学生的学习主体地位

部分学生的独立学习能力较弱，在学习过程中往往习惯依赖教师。面对需要自主完成的任务，很多学生无处着手，不清楚自己应该使用哪些方法来展开自主学习，还是希望教师能够指导自己进行学习，处于被动的学习状态。在教学过程中，教师必须保证学生的主体地位，即教师在教学过程中需要对自己进行良好管理，帮助学生逐渐摆脱对自己的依赖感。这是因为教师在其中的作用并不是对学生的学习进行干预，而是向学生提供相应的学习资源，对学生进行引导，在潜移默化中激发学生的学习兴趣。学生只有亲身体验才能够获得更好的发展，同时也只有亲身体验才能够直接获得所学知识，并且对这些知识有更为深入的掌握。

第一，在应用 Seminar 教学法的过程中，教师可以在初期先选择一些较为简单并且学生感兴趣的主题，以此来培养学生的自主学习能力。教师需要教会学生如何对主题的相关内容进行检索，如何寻找相关书籍，如何在互联网上搜索关于主题的相关网络资源，并且还要教会学生如何从中提取有价值的信息。

第二，在学生掌握相应方法之后，教师需要在教学过程中通过不同方式激发学生的学习动机。比如教师可以在教学过程中创设一些可以帮助学生进行自主发现和探究的学习主题，从而让整个学习过程成为一个由学生主动探索的过程，这样能够充分调动学生的学习积极性。但是需要注意的是，在此过程中，教师需要制订相应的机制来激励学生进行自主探索。

(三) 保障课前自主探究可以全面展开

一些学生在学习过程中自觉性较差，具有较大的惰性，常常不愿进行课前自主探究。Seminar 教学法在日语教学中应用是否能够获得良好教学效果，在很大程度上取决于学生的参与程度。如果学生没有进行充分的课前准备，那么学生在课堂教学过程中就无法参与到讨论之中，也无法发表自己的观点和看法，这样就会导致 Seminar 教学法无法起到应有作用。要想防止这种问题出现，可以从以下三个方面着手。

第一，教师要为学生提供充足的学习资源。在应用 Seminar 教学法的过程中，教师可以充分利用互联网和图书馆搜集相关学习资源，从而向学生提供自主探究相关课题的方法或方向，以此来帮助学生通过互联网、参考书籍、字典等来收集相关文件或视频等资料，为课堂做好充分准备。

第二，制定检查制度，督促学生做好课前准备并且掌握学生的准备情况。教师在教学实际进行过程中，可以通过设计表格的方式让学生记录自己课前所准备的书籍、网络资料等，还可以要求学生将自己感兴趣的内容进行记录，也可以记录自己与同学或教师之间所讨论的问题。同时教师还需要做好定期抽查工作，并且将学生课前准备的情况在评价表中进行记录。

第三，教师可以组织学生进行合作准备。教师可以根据不同学生的实际情况，比如学生的日语成绩、兴趣爱好和性格特点等，将不同学生分为不同层次，并且形成不同小组，以此来促进学生共同学习、相互监督，保障学生可以顺利完成课前准备。

总而言之，Seminar 教学法应用于日语教学中，教师需要面对的问题是如何调动学生的学习兴趣，如何激发学生的学习积极性，如何促使学生按照要求积极主动地去收集相关资料，如何促使学生积极发现问题和解决问题等。因此教师必须对学生进行积极示范，并且要为学生创造学习氛围，还要根据学生的实际情况来激发学生的学习兴趣，帮助学生克服惰性，从而保障学生可以顺利完成课前准备。

（四）激发学生讨论热情，控制主线

不同学生的课前准备情况不同，往往存在个别学生在课前准备中较为仓促，从而导致这些学生在课堂中出现讲解内容有误、表达能力不佳、害怕课堂发言、难以参与讨论等方面的问题。还有些学生担心自己出现低级失误在同学面前出丑而不敢进行表达。上述问题都会影响到教学过程的顺利进行。

为了让学生在课堂中能够积极参与到讨论之中，首先，教师需要改变教室环境。教师需要对教室中的座椅排列方式进行调整，将座位排列成小组形或环形，使所有参与讨论的学生都能够清楚看到对方，这样能够方便学生之间的交流和讨论。其次，教师需要在教学过程中随时把握学生的学习情况，并且要制定相关评价规则，监督学生完成课前作业。如果学生在课前有充分准备，那么在教学过程中学生就有充足的信心表达自己的观点和看法。最后，老师在教学过程中需要多鼓励学生进行表达和讨论，并且制定相应的激励制度，保障课堂讨论顺利进行。

除此之外，学生的思维一旦开始发散，在讨论过程中就容易出现跑题的情况，所以教师必须对讨论进行良好把控，引导学生不要脱离原有主题。如果学生在讨论过程中出现对主题梳理不清的情况，教师则需要提醒学生，让学生暂停讨论，为自己的观点找到更为有力的根据后再进行讨论。

（五）完善评价机制

Seminar 教学法在当前高校日语教学中的应用还处于初期探索阶段，所以在评价机制方面还需要不断完善。如果教师能够对学生的学习效果有客观准确的评价，则可以有效促进学生积极参与到教学活动中。从目前实际情况来看，在评价机制方面，推荐教师进行鼓励性评价。具体来看，教师可以充分结合学生对主题内容是否理解、是否在课前有充分准备、是否在课中进行了归纳总结、总结内容是否准确详尽、课堂教学过程中个人参与是否积极、日语发音语调是否准确、发表内容是否能够体现课前准备效果等方面的情况来对学生进行评价。

除了学习过程的评价以外，教师还需要对学生的学习效果进行评价。在这一方面的评价中，教师可以充分结合学生专业知识掌握情况和能力提升情况两个方面进行。其中，在专业知识掌握方面，主要考查学生是否能够理解日语专业知识、是否掌握了教学内容的知识点、是否能够对这些知识进行灵活应用。在能力提升方面，主要考查学生自主学习能力、自制能力、交际能力、信息收集能力、日语读写能力、社会实践能力等是否获得发展。

在评价形式方面，既可以是教师评价，也可以以此为基础，结合学生个人评价和相互评价。另外，还可以引入竞争机制，以此来促使学生的积极性得到提升。

第六章　网络资源在日语教学中的应用

/第一节/　网络资源应用于日语教学的实验分析

一、实验前期准备

由于传统教学模式的教学效果不佳，要想系统完成日语教学，实现日语教学目标，需要探索更为有效的教学方法。而探究需要组织理论与实际实现结合，并且理论研究有必要通过实验进行验证，以此来指导研究。基于此，以下主要以建构主义教学理论为指导，对网络资源应用于日语教学进行实验分析，以此来获取研究数据。

在这里主要是以高校的日语专业班级作为实验对象，为了能够得到实验的对比效果，以其中一个班级为实验班，使用网络资源辅助教学的教学模式，另一个班级为对照班，仍然采用传统教学模式进行教学。在实验结束之后开展前期调查，其中主要包括学生计算机及网络应用水平问卷调查、日语教学现状问卷调查和日语基础能力水平前测，通过这三个方面来了解学生计算机操作和网络应用水平，掌握学生对日语学习的兴趣和实际学习情况，了解经过一个学期传统教学模式的学习之后学生的日语水平情况。

通过对学生计算机及网络应用水平调查问卷可以发现，接受调查的学生已经完成计算机基础相关课程的学习，拥有一定的计算操作能力和网络应用能力，并且大部分学生都配有个人电脑，都拥有可以上网的智能手机，基本都会使用微信、百度搜索等。从这些方面来看，接受调查的学生在接受能力方面具备开展网络资源辅助日语教学的条件。日语教学现状调查问卷结果显示，学生在日语学习过程中学习兴趣较低，教学效果不理想，学生后续学习日语的信心不足，并且学生希望改进日语教学方法。

二、实验设计

根据日语课程特点和学生特点（基础较为薄弱、自主学习能力有限、自律能力较差），本次实验主要采用网络资源辅助课堂教学与网络自主学习相结合的教学模式。其中网络资源辅助课堂教学指的是将网络资源和日语课堂教学进行结合，教学过程中充分依托网络资源来辅助教学，其中包括教师占据主导地位的传统课堂和强调学生主体性的现代课堂。网络自主学习指的是学生以网络资源为基础进行自主学习，主要包括课前预习、课后复习和延展学习。

网络教学资源能够应用在日语教学过程的每个环节中，包括课前、课中和课后各个教学阶段。在课堂教学方面，包括以教师为主导的传统课堂教学和强调学生主体性的现代课堂教学，两种教学模式需要综合运用，实现循序渐进。在哪个教学过程中或在哪部分教学内容方面需要使用哪种教学模式，在实验过程中主要根据实际教学目标、教学需求和教学内容决定。在实验过程中，还需要充分考虑学生对网络资源辅助教学模式的整体接受能力，具体过程为：在实验前期主要使用以教师为主导的传统课堂教学模式，在熟悉一段时间之后，学生可以熟练自主使用网络资源辅助自身学习时，就可以过渡到强调学生主体性的现代课堂教学模式。本次实验中所指的强调学生主体性的现代课堂不仅能够充分发挥学生的主体地位，还能够有效帮助学生理解和掌握相关知识，提升学生的语言能力和培养学生的日语技能。①

在实验实施方面，教师首先需要参照日语教学大纲的要求，对教材进行深入分析和掌握。同时教师还需要分析教学内容，得出合适的教学要求、教学目标和教学方法。教师需要根据日语教学的特点及教学目标进行教学设计，然后以教学设计为基础制作符合日语教学需求的网络资源，进而建设网络资源库。通常情况下，日语教学网络资源库主要包含三种类型资源：第一种是教学内容类，这一类资源主要包括丰富多样的文本资源、音频资源、视频资源和课件资源，比如文化背景资料、日语口语训练资源、电子教案等。第二种为教学资料类，主要包含师资介绍、公开课教案、教学心得、单词速记、语法知识等。第三种为延展学习类，其中主要包含日本的国情、日本文化、日本童话、日本的诗歌散文及报刊选读等方面的延展读物资料。

---

① 韩新红：《充分利用网络资源学习和研究日语》，载《日语学习与研究》2005 年第 4 期，第 47~50 页。

整个课程教学主要采用网络资源辅助课堂教学和学生自主学习相结合的模式，课堂教学设计主要面向的是网络资源应用于强调学生主体性的现代课堂。在实验开始之前需要对学生进行日语基础能力水平的测试，在实验完成之后也需要对学生进行日语基础能力水平测试，然后结合相关调查问卷及分析学生成绩等来获得实验数据，最终得出实验结果。[①]

三、课堂教学实践案例

此次实验主要以高校日语教材的第 15 课教学为例，阐述网络资源应用于强调学生主体性的现代课堂中的教学方案设计思路。在此过程中，需要基于建构主义教学理论以及教学目标和教学内容，结合学生的认知特点，通过任务驱动教学方法、探究学习教学方法等最终得出本次实验的教学目标和教学方法。

（一）教学目标和安排

教学目标：通过对第 15 课的课文教学，促使学生掌握关于日本人日常兴趣爱好的相关单词和句子，完成相关听说技能训练，并且让学生从中了解关于日本人日常兴趣爱好的社会习俗。同时在此基础上进行延展学习，促使学生深入了解日本人的兴趣爱好。

教学内容：理解和掌握以日本人兴趣爱好为基础的相关词汇发音、假名及含义。了解和分析课文内容。以课文为基础进行听读训练。结合课文所展示的情景进行会话练习，并且进行延展学习。

教学重点：以日本人的日常兴趣爱好为基础进行听说技能训练。

教学方法：以学生为主体，教师为指导，网络资源辅助教学，充分结合任务驱动教学法、探究式教学法、协作学习教学法，促使多种教学模式和手段相结合。

教学场所：网络多媒体教室，该场所能够与互联网联通，方便获得各种网络资源。

教学时间：课堂教学，共计 80 分钟；课前课后的自主学习时间不定。

---

① 吴辉、杨晓辉：《论日语教学中对网络资源的运用》，载《沈阳师范大学学报》2007 年第 1 期，第 159 页。

(二) 教学环节设计

1. 课前自主学习

教师将课堂教学内容分解成为不同的学习任务。

单词识读任务:学生通过网络检索工具搜集关于日本人兴趣爱好的词汇知识,同时按照文化、音乐和体育运动等类型,对这些知识进行分类整理,分为假名表达和外来词表达,列出单词属性。教师通过网络搜索准备"看图片描述单词"这一教学活动的相关图片资料。

课文听说训练任务:教师借助校本日语教学资源库中的相关音频资源和视频资源,展开课文内容的听说训练。

课文情景会话演练任务:教师借助校本日语教学资源库中的教学资源及通过互联网获得的相关网络资源对课文情景会话进行演练,同时通过网络检索搜集适合课文情景会话的相关图片或视频资料,以此来为学生创设会话情境。

延展学习任务:教师选择日本的酒馆文化、卡通作品、相扑等方面主题,引导学生通过网络检索获得与这些主题相符的相关素材,制作相应的PPT。

教师要求学生在课前完成这些任务。学生则以小组为单位,充分借助网络资源来开展探究式小组学习,从而解决问题,完成任务。

2. 课堂教学

在教师的引导和网络资源的支撑下,学生之间交流学习所得,并且以此为基础进行特殊训练和情景会话演练。

第一,导入新课,时长为10分钟。在课堂教学开始时,播放关于日本人兴趣爱好的相关网络视频短片,以此为基础导入相应话题,引出新课。网络资源应用在课堂导入过程中,能够激发学生的学习兴趣,吸引学生注意力,提升学生的参与度。学生可以以此为基础初步了解日本人的基本兴趣爱好以及相关方面的知识。

第二,单词识读,时长为15分钟。教师选择两个学习小组来展示单词识读任务的完成情况及习得情况,同时开始"看图片描述单词"的教学活动。这一教学活动可以促使学生深化理解和记忆相关单词。

第三,课文听读训练,时长为20分钟。教师借助标准日语的音频资源对相关课文展开听读训练,在课文听读训练完成之后,组织学生以小组为单位进行个别朗读或齐声朗读,并且在朗读之后与标准朗读音频资料进行比对,教师给出评价。教师根据网络在线测试系统抽查检测,巩固学生的训练。强化训练十分适合日语学习，可以有效提升学生的学习效果。

第四，课文情景会话，时长为 15 分钟。根据情景课文会话演练任务，以课文为基础，教师抽取两个学习小组进行情景会话表演。然后教师以学习小组为单位展开教学活动，学生在其中扮演相关情境中的角色展开会话。学生为了获得更为真实的模拟效果，需要利用课文知识对会话内容进行编写，这就要求学生在了解课文的过程中做到有的放矢。在小组完成表演之后，教师要给出相应指导和评价，其他学生或小组则要对表演小组的语句是否恰当表达、单词语音语调是否正确等方面给出评价，提出自己的意见和看法。

教师还要鼓励学生通过网络获得相关的多媒体资源，并且以此为基础创造语言环境，促使学生在这种语言环境中感悟情境，在情境中学习日语。让学生参与到语言环境创设中，不仅可以培养学生的语言交际能力，还能强化学生小组合作意识，培养团队精神以及组织策划能力。课文情景会话还可以增加不同学生之间的交流活动，促使课堂气氛更加生动有趣，从而提升学生的学习兴趣，保障教学质量。

第五，延展学习，时长为 10 分钟。教师需要抽取两个学习小组通过 PPT 形式来展示延展学习所获得的效果及习得情况。

第六，课堂小结，时长为 10 分钟。教师需要布置作业和学生自主学习的任务。

在上述所有学生参与的课堂教学活动过程中，教师都需要注意对学生进行引导和组织，及时纠正学生学习过程中出现的错误，并且根据学生的实际表现进行相应评价。

在整个课堂教学过程中，应以教师为指导，体现学生的主体地位，还要通过网络资源为学生营造日语学习环境。网络资源应用于课堂教学中，能够促使教师顺利完成教学任务，帮助学生实现学习目标，从而提升课堂教学质量及最终教学效果。

3. 课后自主学习

学生通过网络资源，阅读与课文主题相关的材料，并且在网络中进行测试，完成作业任务，复习和巩固所学知识，并且预习下一堂课的学习内容。

四、实验结果统计与分析

网络资源在日语课程教学中的应用在高校的大力支持下顺利开展。笔者在实验结束之后，对此次日语课堂教学活动进行了分析，对实验班教学情况进行了问卷调查，并且对实验班学生进行了日语能力的水平测试，最终获得了相关实验数据与调查结果。先后两次的测试无论是在题量还是在难易程度等方面都完全相同，所以这次实验具备信度和效度。（附录三）

（一）课堂效果观察分析

在网络资源应用于日语教学过程中，实验班大部分学生都积极参与其中，比如情境表演、听力测试等教学活动。普通班只有少数学生主动参与到课堂教学活动中。实验班的学生参与问题回答较为主动，在情景会话表演中较为积极，同时小组成员之间的交流互动也更为频繁，日语课堂气氛较为活跃，学生获得了较为显著的学习效果。普通班学生参与课堂教学活动较为被动，学生之间几乎没有任何交流互动，学生之间也不愿意共同讨论和探索日语中的难点和重点问题，也不积极主动回答教师的提问，课堂教学气氛整体较为沉闷。

（二）学生日语能力水平测试成绩统计分析

在实验过程的第一周，对实验班级与普通班级学生进行了较为简单的日语测试，主要目的是保障实验对象的适应能力水平能够处于相同层次。在实验之前的测试中，共分为五个模块，具体为助词填空模块、阅读文章回答问题模块、句题模块、单选题模块、翻译题模块，总得分为100分。试题的内容主要取自该高校学生使用的日语教材，所以试题无论在结构还是在难易程度方面都符合学生的知识结构和整体水平。测试时，安排实验班的学生和普通班的学生在同一时间进行考试，考试条件一致，最终获得的成绩如下所示。

实验班学生得分为90～100分的人数为0，80～89分的人数为2人，70～79分的人数为9人，60～69分的人数为20人，不及格的人数为5人，平均分为69.03分。

普通班学生得分为90～100分的人数为0，80～89分的人数为3人，70～79分的人数为10人，60～69分的人数为17人，不及格的人数为6人，平均分为69.89分。

通过上述数据可以看出，实验班和普通班学生成绩较为接近。其中两个班级均没有学生在90分以上，并且在不及格人数方面，两个班级较为接近。其中实验班级的平均分为69.03分，普通班级的平均分为69.89分。这一结果反映出在实验之前，两个班级的平均成绩差异较小，这为后续实验创造了良好的条件。

在实验结束之后，为了能够验证实验班和普通班日语成绩之间的差距是否产生较大变化，对实验班和普通班进行了第二次日语测试，其中的试题内容仍然取自学生使用的日语教材，试卷的结构、难易程度与学生水平相符合。最终获得的成绩具体如下所示。

实验班学生得分为 90～100 分的人数为 3 人，80～89 分的人数为 11 人，70～79 分的人数为 15 人，60～69 分的人数为 7 人，不及格的人数为 0 人，平均分为 78.01 分。

普通班学生得分为 90～100 分的人数为 0，80～89 分的人数为 5 人，70～79 分的人数为 10 人，60～69 分的人数为 16 人，不及格的人数为 5 人，平均分为 71.56 分。

从这一组数据可以看出，实验班的日语学习成绩有了明显上升，平均成绩也高于普通班。其中实验班 90 分以上的学生由原来的 0 人增加至 3 人，而普通班级仍然为 0。并且实验班所有学生的日语成绩均及格，普通班级仍然有 5 名学生日语成绩不及格。所以两次测试成绩有较为显著的差别。

学生日语能力水平测试成绩优秀率具体统计结果如下所示。

在实验之前，普通班 90 分以上的学生人数为 0，80 分以上的学生人数为 3 人，所占百分比为 8.33%；实验班 90 分以上的学生人数为 0，80 分以上的学生人数为 2 人，所占比例为 5.56%。在实验之后，普通班 90 分以上的学生人数为 0，80 分以上的学生人数为 5 人，所占比例为 13.89%；实验班 90 分以上的学生人数为 3 人，80 分以上的学生人数为 11 人，所占比例为 38.89%。

如果将日语能力测试分数在 80 分以上的学生认定为优秀，那么实验班和普通班在两次测验中都存在一定优秀比例。从上述统计结果可以看出，在实验之后，两个班级的学生日语能力成绩优秀率产生了变化。实验班在实验之后出现了 3 名 90 分以上的学生，并且有 11 名学生的分数在 80 分以上（比实验之前增加了 9 人），优秀率达到 38.89%，相较于实验之前的 5.56% 增加了 33.33%。实验班成绩优秀的学生人数从原来的 2 人增加到 14 人，总体增长 6 倍多。在普通班使用传统教学方法，实验之后 90 分以上的学生依然为 0，有 5 人的成绩在 80 分以上，较实验之前有略微提升，但是总数仍比实验班少 9 人，优秀率占全班人数的 13.89%，尽管也实现了一定程度的提升，但是提升程度远远低于实验班。由此能够看出，实验班的学生在实验之后，能力水平测试成绩优秀率明显高于普通班，高出了 25%。

（三）学生问卷调查和师生座谈

为了能够充分了解网络资源应用于日语教学的科学性和有效性，我们开展了学生问卷调查和师生座谈。问卷调查主要涉及学生对日语传统教学和网络资源应用的相关观点和看法，网络教学的优点和不足，以及网络教学的作用和效果，另外还涉及学生学习兴趣及情感方面的内容。在问卷调查中共设计了20道题，包含单选题、多选题和简答题。调查对象为实验班的学生，最终获得的数据具体如下所示。

第一，在问卷调查中有1名学生表示自己认可传统教学模式，占所调查人数的2.78%；有2名学生表示自己认同使用单纯的网络教学，所占比例为5.55%；有33名学生表示自己认可网络资源应用、现代课堂教学和课后自主学习相结合的教学模式，所占比例为91.66%。从这里能够看出，大部分学生对传统教学模式并不认可，他们更希望在日语教学过程中应用网络资源来服务教学。

第二，有30名学生在问卷调查中选择了"实施网络资源应用于日语教学之后，自己课后自主学习时间明显增加"，所占比例为83.33%。大部分学生在课后不会主动进行日语学习，而是花费大量时间投入电脑游戏、娱乐、阅读杂志和聊天逛街中。所以调动学生充分利用课余时间积极进行日语学习十分重要。

第三，所有学生都选择了"在实施网络资源应用于日语教学后，学习兴趣明显增加，课堂教学氛围更加活跃，能够充分调动学生的学习积极性"。这反映出网络资源应用于日语教学能够有效激发学生的学习兴趣，提升学生的学习积极性，并且能让学生切身体会到网络资源给自己带来的便利。

第四，有24名学生选择了"实施网络资源应用于日语教学后，师生之间关系有所变化"，所占比例为67%，没有学生选择"师生互动明显增加"。这反映出在当前教师与学生之间通过网络进行交流互动的方式并不太受教师与学生的欢迎。

第五，有30名学生选择了"实施网络资源应用于日语教学后，对日语的学习能力更强"，所占比例为84%。学生能够通过网络资源进行自主学习，这样能够充分体现学生的主体作用，同时通过小组学习、合作学习、自主学习及任务驱动学习等，能够培养学生的日语分析能力与运用能力，还可以强化学生的探究能力、自主学习能力、独立处理问题的能力及创新能力。

第六，只有 7 名学生选择了"在实施网络资源应用于日语教学后，经常使用手机学习"，所占比例为 19.44%。这一比例反映出学生通过智能手机充分利用碎片时间进行日语学习还没有形成习惯，可能原因为通过手机能获取的学习资源较少。

第七，有 22 名学生选择了"在实施网络资源应用于日语教学后，经常参加日语学习 QQ 群聊或经常浏览相关学习论坛"，所占比例为 61.0%。这反映出借助各种网络资源进行日语学习交流，不断发展自身的跨文化日语交际能力已经被大部分学生所认同。

第八，有 34 名学生表示"网络资源应用于日语教学能够促使日语课堂效率得到提升"，并且这些学生表示在教学过程中，他们感受到网络资源的实用性及高效用，所占比例为 94.44%。这一结果充分说明网络资源对学生的日语学习具有极强的实用性。

第九，在学习效果选择方面，大部分学生都选择了"网络资源应用于日语教学对听力训练和单词记忆效果十分明显"，这说明大量的网络资源及以网络资源为基础创设的学习环境能锻炼学生的听力，同时通过网络资源能够更好地帮助学生去记日语单词，改变以往死记硬背的记忆方式。

在教师座谈会上，很多学生都积极发言，对日语教学提出了自己的意见和建议。比如一名学生表示，希望在日语课堂教学过程中，老师能够插入更多网络音频或视频资料，这样能够促使日语知识更加直观和形象地展现在学生眼前，给学生留下深刻印象，提升学生的学习效果。一位学生表示在课后使用网络资源进行复习和预习，网络资源中内容丰富、信息繁多，并且能够反复观看教师在课堂教学中所讲述的内容，反复进行学习，这个对于课后巩固自身的学习有良好作用。一位学生表示，在教学过程中开展小组学习时，可以通过网络寻找其他资料，这个对于拓展自己日语学习的知识面有很大帮助，可以帮助自己了解日本的风俗民情、文化及地理环境等。一位学生表示，在学习过程中边查资料边学习，通过网络资源与其他学生共同完成学习任务，这样能够增强学生之间的团结合作能力和自主学习能力。一位学生表示，在学习日语之后，平常喜欢观看网络日本动漫作品或日本电视剧，在坚持一段时间之后，可以借助日文字幕了解这些作品的剧情，听懂其中人物的一些对话，这些对于日语词汇学习和听力训练有很大帮助。一位学生表示，在网络资源应用于日语教学后，自己经常会寻找关于日语学习的网络资源，其中最为常用的是日中翻译网站，在其中翻译日文能够立刻验证自己翻译的对错。除了上述学生以外，还有很多学生建议教师在网络资源开发设计方面应设计更多样式，并且使样式与内容更加匹配。

五、实验结论

通过调查研究可以发现，在日语教学过程中应用网络资源存在多方面优势，不仅能够在课堂教学过程中为学生带来更多的信息，还能够促使课堂教学氛围更为活跃，使课堂学习具有趣味性，还有利于教师与学生之间的情感交流，提升学生的日语学习兴趣。除此之外，在日语教学过程中应用网络资源还能够打破时空限制，帮助学生在课后进行自主学习。调查结果还显示，学生对网络资源教学表达了更多的期望，他们希望在之后的日语教学中，教师能够更加充分和科学地使用网络资源进行教学。

整体来看，网络资源在日语教学中的应用能够有效提升学生的听说读写译能力，能够充分激发学生对日语学习的兴趣和积极性，能够促使学生养成利用网络资源进行自主学习的习惯，提升学习效果，能够改善课堂气氛，增加教师与学生之间的互动，能够增强学生在学习过程中的注意力及提升学生的认知。总而言之，网络资源在日语教学中的应用，改变了日语教学以往的教学面貌。以往的日语课堂教学气氛往往较为沉闷，能够专心听课的学生寥寥无几，教师经常在教学过程中唱独角戏。在网络资源应用于日语课堂教学后，学生的学习成绩得到了有效提升，在课堂中更加认真学习，并且会通过相互讨论来完成学习任务。

另外，通过网络资源在日语教学中的应用还能够改变以往传统教学的过程与方式，实现从以单纯知识传授为主转变为以知识传授、技能训练和能力素质提升为主的教学方式，还可以充分把握以学生为主体的原则，强调学生的主体地位，重视学生日语技能和其他能力的全面发展，还能够培养学生自主进行知识探究和学习的能力，从而提升教学质量及效率。

/第二节/　网络资源对日语教学的积极作用

一、有助于提升教学质量和效率

网络资源在日语教学中的运用，实现了和传统课堂教学的融合，为日语教学提供了全新的教学手段，最终有效提升了日语教学质量和效率。网络资源和传统课堂教学的结合有效促进了传统教学模式的变革，从以单纯知识传授为主的教学模式转变为以能力素质培养、知识传授及技能训练等多方面为主的教学模式，其十分符合学生的学习基础特点、接受能力特点及认知特点。

网络资源在日语教学中的应用，能够有效激发学生的潜能和创造力，提升学生的学习兴趣和积极性，强化学生的探究学习能力，还有利于帮助学生从被动学习者转为主动学习者，有利于培养学生在学习过程中充分运用网络资源进行学习的习惯，使学生在学习过程中掌握自主学习的技巧。在学习过程中通过网络资源来获取更多的学习信息，选择适合自己的学习信息，以及创造性地使用学习信息，能够促使学生将被动学习转变为主动学习，将以教师为中心的课堂转变为以学生为中心的课堂。

网络资源不仅载体形式多种多样，而且在表现形式方面也十分丰富，所以能够为日语教学提供多样化的教学手段。比如通过多媒体形式展现教学资源，能够通过刺激学生的感官来吸引学生的注意力，促使原本枯燥无味的知识更为具体和形象。再比如通过各种图片、课件、视频等资料能够改变日语教学的语言环境，为学生营造一个虚拟的语言环境，拓展学生日语学习的背景知识。

网络资源具有信息量大、更新速度快的特点，所以应用于日语教学中，能够充分促进学生形成认知结构，并且促进学生认知结构发展，这是其他教学方法和手段所无法实现的。无论是信息资源还是情境创设都是建构主义学习理论所提倡的，同时也是建构学习主义理论所提倡的教学环境必备的要素，所以网络资源为实现建构主义理论所提倡的教学环境提供了基础条件。网络资源还能够通过不同信息资源之间的相互连接及多层次的组织与沟通，充分适应学生的知识、理解和认知等方面的规律，因此，网络资源十分适合应用于日语教学中作为辅助日语教学的手段。另外，网络资源的应用还可以促进日语课程各个方面的评估得到优化调整。网络资源的应用促进了探究式学习、任务驱动式学习等优秀教学方法在实际教学过程中的开展和发展，提升了学生学习日语的效率，强化了学生日语听说读写译技能水平。同时网络资源的应用还打破了传统教学活动中存在的时空限制，能够实现不受时间与空间限制的教学。①

二、有助于训练学生的日语技能

在日语教学中培养学生的听说读写译能力适合应用网络资源，尤其是各种多媒体资源。在日语教学中应用的网络资源往往是集文本、音频、视频及图像于一体的多媒体资源，能够将日语教学内容通过更为直观和形象的方式展示在学生眼前，生动地向学生传递日语课程知识，并且能够通过创设语言环境来激活学生的不同感官。在建构主义理论中所提出的情境概念，在传统日语教学中无法实现，但是通过网络资源能够向学生传递原汁原味的日语，并且还能够向学生传递涉及日本文化、经济及科技等各个方面的知识，从而为学生创设出真实、自然、全面的语言学习环境。

在听力训练方面：网络资源可以为学生提供各种声音资料，学生通过这些声音资料获得更为丰富和广泛的知识信息，充分感受日语这一语言的魅力。同时，网络资源中包含多种形式的日语听力材料，比如日语新闻、日本电视剧、日本动漫作品等，这些都能够作为学生日语学习的材料。比如，学生可以通过观看日本电视剧来熟悉日本人在日常交流过程中的语速，判断不同层次不同类型人物在交流过程中的发音，还可以通过剧情来充分了解日本文化，了解日本人在日常生活中的各种行为。比如，通过介绍日本和服、寿司、樱花等的视频资料可以帮助学生更好地了解日本的社会风情及文化，从而给学生留下深刻印象。比如，学生每天都可以通过互联网接触日语，这对于提升学生日语听力能力和培养学生的语感有很大帮助。比如，日语网络视频新闻往往带有字幕，学生在观看过程中可以对照文字来检查自己听的效果，找到自己出现的错误并及时改正。

在口语训练方面：语言是交流的重要工具，所以学生的日语学习应建立在应用的基础之上，学生需要有良好和便利的日语交流环境。通过网络资源可以让学生了解所学习的内容，并且可以帮助学生熟悉相关话题。比如，学生可以

---

① 徐立乐：《网络资源在外语教学中的优选优用》，载《山东外语教学》2004 年第 4 期，第 37～38 页。

通过下载网上的各种音频材料进行反复播放，然后针对课文中的会话或文章进行跟读练习，最终达到锻炼口语能力的目标。教师可以利用网络资源鼓励学生进行自由交流，比如可以指导学生进入日语的语音聊天室，或通过微信等媒介与学生进行日语交流，这样能够促使学生的日语口语能力得到有效提升。学生还可以通过日语翻译在线词典、日语语音学习软件等进行日语跟读训练，这些不仅能够训练学生的日语表达能力，还可以纠正学生日语口语中出现的读音错误。

在阅读训练方面：在网络资源中最为丰富的资源为阅读资源，网络资源也可以弥补学校图书馆相关日文学习资料不足的缺陷。教师可以根据阅读训练的目标，通过互联网寻找合适的网络资源，然后以此为基础进行精心设计，最后运用到教学之中。教师也可以鼓励学生利用互联网进行日语泛读、浏览日本网站，比如日本经济新闻网站、人民网日文版网站、富士新闻网站等。学生可以通过日语泛读来获取和接收更多语言信息，从而对日语的语法、词汇及造句等方面有更为深入的了解，还能开阔视野，充分了解日本的风土人情及文化背景，并且了解日本当前社会各个方面的最新发展情况，这些对于学生的日语学习都是重要的补充。

在写作训练方面：教师可以通过互联网为学生搜集优秀的日本作文范文，还可以记录大量的日语词汇和句型，从而帮助学生了解更多的日语知识。学生可以通过网络和其他人进行日语交流，比如社交软件交流、论坛留言交流等，这些都能够促使学生的写作能力得到提升。同时，学生在日文写作过程中可以通过在线日语词典来检索疑难词汇，充分了解疑难词汇的用法。

在翻译训练方面：网络资源在日文翻译训练方面的作用相较于上述几个方面较小，但是仍然可以提升学生的翻译能力。教师可以将网络中的日文材料作为练习内容发给学生，学生则可以以这些资料为基础，结合从网络上收集的相关资料进行翻译训练，对照并且检验，最后掌握日语翻译技巧。

三、有助于培养学生的学习能力

日语教学应鼓励学生在教师的引导和帮助下进行自主探究，从而发现知识信息、获取知识信息及建构知识体系，促进知识和能力的发展，在教师的指导下形成和发展情感态度、价值观等。知识的学习需要建立在学生拥有一定学习能力的基础之上，提升学生的学习能力比单纯灌输给学生知识更加重要。而网络资源在日语教学中的应用更加有利于培养学生的学习能力。这是因为网络资源在日语教学中的应用能够促使学生的主体作用得到体现，还可以通过各种新型教学方法，如合作学习、自主学习及任务驱动学习等来培养学生的日语分析能力、日语运用能力等，从而强化学生的自主探究能力、自主学习能力、问题分析解决能力和创新能力，还可以强化学生的计算机应用能力、网络运用能力、知识获取能力、问题处理能力、交流沟通能力及团队协作能力等。

四、有利于提升教师的教学水平

网络资源在日语教学中的应用所产生的作用还表现在其能够促进学校的日语教师队伍建设，转变日语教师的教学理念，提升教师的信息素养，提高日语教师的业务水平，扩充日语教师的知识架构和知识体系。在网络资源应用于日语教学的过程中，教师需要充分结合教学要求、教学内容及教学实际情况灵活、娴熟地使用网络资源，这样不仅为教师的自主性和创造性发挥提供了更大空间，也对教师的教学理念及专业水平、教学水平等提出了新的挑战，所以，网络资源在日语教学中的应用有利于提升教师的教学水平。

/第三节/ 网络资源应用于日语教学的具体策略

一、网络资源在日语教学中应用的基本要素

网络资源在日语教学中的应用要想得到有效实施，需要建立在一定内外部条件支撑的基础上。这些条件主要包含高效的信息技术环境、教师与学生具备基本的信息素养、适合日语教学需求的网络资源设计开发以及其他方面的支持。

（一）学校信息技术环境支撑

为了使网络资源在日语教学过程中得到有效应用，学校必须拥有相应的信息技术环境，即需要拥有数字化校园基础设施、通畅的校园网络及大容量的网络资源存储空间和井然有序的网络管理。同时，学生宿舍需要接入互联网，学校图书馆和电子阅览室等也需要为学生提供上网服务，教师与学生在学校内外都可以方便地使用各种网络教学资源。这样才能够为网络资源在日语教学中得到有效应用提供保障。

另外，课堂是日语教学的主要场所，日语教学应安排在网络数字化语音室或多媒体教室，同时在这些场所也需要接入校园网络，实现与互联网的联通。另外，这些场所还需要有先进的多媒体教学设备，比如大屏幕投影设备、教学管理系统等，以便教师在教学过程中能够随时从互联网中调取相关教学资料进行教学。这样才能够更好地优化日语教学过程，帮助教师开展日语听说教学活动。

（二）师生具备基本的信息素养

信息素养指的是能够对信息形成有效判断，并且清晰了解为了何种需求或是通过哪些渠道来获取信息，如何有效评价和利用信息。信息素养主要涉及信息的意识、能力和应用。

一个拥有良好信息素养的个体往往能够熟练使用各种信息工具，比如网络信息传播工具、信息自动化处理工具、数据信息制作和应用工具等。同时，拥

有良好信息素养的个体，还能够根据自身的学习目标有针对性地快速获得各种学习信息，并对这些信息进行整理；能够熟练轻松地进行信息检索、下载、复制、传播及应用；能够对所获得的信息进行归纳整理、分类分析及表达传播；能够在大量信息的影响下具备判断能力，并且可以开发创造思维，创造出最有价值的新信息；能够使用所获得的信息进行问题分析并解决问题；能够综合应用信息，发挥信息的最大功能；能够将信息及信息工具作为自身与他人交往、合作的有效手段。[①]

教师与学生拥有信息素养是实现网络资源在日语教学中应用的重要保障，同时，在教学中应用网络资源可以促使教师与学生的信息素养得到提升。在当前信息技术应用于教学的发展趋势下，一名合格的教师必须具备获取、判断、选择及加工网络资源的能力。所以，需要提升教师的信息素养，这样才能够保证教师在教学过程中对网络资源进行有效应用，开发出高品质的资源，从而保障教学质量。利用网络资源进行日语教学，可以促使教师不断更新自己的知识储备，督促教师时刻关注日语教学动态发展，实现与时俱进。

（三）适合日语教学需求的网络资源设计开发

高质量并且适合教学需求的网络资源是提升日语教学质量的关键所在。这是因为在日语教学过程中，即使是优质的网络资源也需要经过精心选择和科学合理的开发设计，才能够在日语教学中得到有效应用。网络资源在日语教学中的设计开发主要包含需求分析、教学设计、资源选择与设计制作、网络资源库建设、测试评估和修改完善等环节。

1. 需求分析

在网络资源应用于日语教学的过程中，教师首先需要对网络资源辅助日语教学的实际需求以及相关策略进行研究，以此为基础开展需求分析，从而把握网络资源在日语教学中应用的可行性，进而进行总体设计。在此过程中，教师需要根据相关教学理念、教学方法及学生日语学习的特征来对日语教学目标、教学内容及预期达到的教学效果进行分析，从而确定如何使用网络资源来辅助日语教学，提升日语教学质量。

2. 教学设计

教师需要对日语教学目标、相关要求及教学内容等方面有充分的了解，并且了解日语教学的实际情况，从而在现代教育理念的指导下进行教学设计。教

---

① 王以宁：《网络教育应用》，高等教育出版社 2003 年版，第 33 页。

学设计包括策略设计、教学情境设计、网络资源呈现方式设计和学生自主合作学习设计等方面。通过这些方面可以形成日语教学网络资源的整体结构，从而实现日语课程网络资源结构的初始化。另外，通过对网络资源整体结构的设计，还可以实现对日语教学内容及整体流程的重新设计，从而解决传统日语教学过程中存在的教学内容不清晰和教学效果不显著的问题。

从目前来看，在日语教学中应用网络资源，更加提倡通过建构主义理论作为指导来进行教学设计。这是因为在建构主义思想的指导下，在日语教学中应用网络资源进行教学设计的目的在于支持学生的学习，引导学生进行积极主动的学习，而不是支持教师的教授。同时在教学设计过程中，需要充分考量学生的实际学习特征，加强学生的合作学习和实践学习，充分遵循教学性、智能性和技术性。

3. 资源的选择、设计制作与开发

基于互联网的信息传播更加自由和迅速的特点，优质教学资源能够更好地在全球实现交换和共享。网络资源丰富多样，其中包含各种内容，但并不意味着其中的所有内容都可以被日语教学使用，很多资源需要经过筛选和梳理。比如，其中一些资源可以直接运用于教学，一些资源更加适合作为二次开发的素材，一些资源则需要剔除。原始网络资源主要包括文字资源、图像资源、音频资源、视频资源等。日语教师要对网络资源进行设计开发，从中筛选出优质的网络资源。但是需要注意的是，对优质网络资源的筛选要求教师业务水平达到一定高度。具体来看，教师本身需要充分掌握日语教学的实际情况，还需要对现代教育理念有充分的理解，也要熟练使用计算机以及网络，同时也需要了解日语教学中网络资源的实际分布情况及实际存在状态，只有这样教师才能够从网络世界中发现高质量的日语教学资源，并且将这些资源应用到日语教学中。

原始的网络资源在大部分情况下并不符合日语教学的实际需求，真正能够完全应用到日语教学中的网络资源往往需要经过设计制作或整理加工。同时需要注意的是，在对原始网络资源进行整理加工或设计制作的过程中，需要教师根据实际教学情况选择适合本校特色的网络资源，这样才能够充分符合日语教学的实际需求，有效促使日语教学质量得到提升。网络资源是否适合在日语教学中应用，设计是其中的关键。具体来看，在日语教学中应用的网络资源设计需要充分符合日语课程的教学特点，并且要有明确的目标，在结构方面也需要合理有序，这样才能够辅助教师对学生的听说读写译等能力进行有效训练。在设计过程中，教师需要做到认真仔细，并且要有一定技巧性，使网络资源图文

声并茂。在内容选择方面，教师应保证网络资源能够与日语教学计划及相关要求相符合，充分体现出日语教学中知识、技能、情感及价值观等方面的有机结合。教师还要重视引导学生，培养学生的分析能力、思考能力及实际操作能力，提升学生的终身学习能力及敢于实践的能力。在各种音频或视频资源的设计方面，教师应保证这些资源短小精悍，方便在网络中传播，还应使网络资源应用具有较强的交互性、易于操作性及可实现性，这是因为资源的交互性会影响到学生的最终学习效果，可实现性及易于操作性会对学生的学习兴趣产生影响，所以，教师需要充分考虑学生的学习体验，保证这些内容能够更加形象生动地展示在学生眼前，并且易于操作。

4. 网络资源库建设

尽管分散的网络资源也能够为日语教学提供相应服务，但是这种分散的网络资源在系统性日语教学方面发挥作用较小，所以需要建立日语教学网络资源库。通过日语教学网络资源库可以更好地帮助网络资源系统应用到日语教学中，方便学生更好地自主学习。

日语教学资源库指的是在网络技术的支撑下，在日语教学目标和教学要求的指导下，结合学生的日语学习基础及学习能力，通过对网络资源进行整理、收集所开发的网络教学资源库。网络资源库能够对各种媒体素材、教学课程、教材、考试试卷、课后习题及教案等进行整合，从而在教师备课、教师课堂教学、学生课前预习、学生课后复习、学生自主学习等方面发挥积极作用，为教师的教和学生的学提供资源支撑。网络资源库是日语课程在网络中的延伸，所以需要以课程本身为核心，使课程具有综合性。

网络资源库不是各种素材、教材和教案的简单堆积，而是一种具有针对性的资源库，即在资源选择方面具有针对性。整体上来看，网络资源库的建设需要充分遵循简单、实用、易用的原则。同时在网页设计方面需要美观大方，用色不能过于花哨，而应简单朴素。同时还需要提升浏览速度，主题、风格、导航等方面要实现统一，要充分符合教师与学生的应用体验。① 这样才能够方便学生在课后通过资源库进行自主学习，最终提升日语教学效果。

5. 测试评估和修改完善

网络资源和网络资源库是否能够对日语教学起到促进作用，是否可以充分满足日语教学的实际需求，还需要进行测试与评估，通过实际效果来体现网络资源对日语教学的作用，然后以此为基础找到其中存在的不足并进行修改

---

① 王以宁：《网络教育应用》，高等教育出版社 2003 年版，第 158 页。

完善。

从当前已有的案例来看，存在于互联网中的网络教学资源在建设方面尽管已经取得一定成效，但是依然存在不少问题。比如，一些资源设计并不是在先进教学理念指导下进行的，导致整体设计不够科学，只是一种基于教材内容的复制。比如，一些网络资源没有与课程实现有效融合，并且操作性与实效性不足。再比如，一些网络资源库建设完成后更新速度较慢，内容不够完善，利用效率较低。这些问题都会导致教师与学生在网络资源利用方面产生一些问题。所以要对网络资源以及网络资源库进行测试与评估，并且对其中存在的问题进行修改和完善，只有这样才能够充分发挥网络资源及网络资源库的应有作用。

（四）其他方面的支持

网络资源的开发以及在日语教学中的应用并不能仅仅依靠教师，还需要其他各方力量的支持，尤其是需要学校从经费、机制、人力等方面给予大力支持，还需要学校的教务部门、信息技术部门、教研室等方面协同配合，这样才能够促使网络资源有效应用到日语教学中，并且发挥出网络资源的应有作用。

在网络资源应用于日语教学的过程中，日语教师需要从技术、时间、精力等方面进行充分考量，对日语教学网络资源进行开发建设。在此过程中，教师还需要获得学校及社会不同力量的支持和帮助，以此来更好地完成网络资源的开发建设。另外，教师需要通过培训或自主学习等方式来充分掌握信息技术方面的相关技能，这对于网络资源的开发建设更加有利，同时也更加有利于使用网络资源辅助日语教学。

二、网络资源在日语教学中的应用策略

（一）完善基础条件

要想在日语教学过程中对网络资源进行有效应用，首先，教师本身要具备现代教育理念，同时需要掌握网络资源应用于日语教学的方式方法及相关信息技术。其次，学生需要具备一定的计算机基础操作技能，并且需要有一定的网络应用能力。最后，学校需要完善基础建设，比如要有符合现代教育需求的教育网络等，这样才能够保障网络资源有效应用于日语教学中。

在建构主义教学理念的指导下，网络资源的应用需要建立在对学生认知特点、日语教学特征、日语教学要求及日语教学内容等方面有清晰认知的基础之

上，同时还需要充分结合协同学习、任务驱动学习和探究式学习等教学方法进行应用。实际进行过程中，日语教师需要根据教学目标、教学内容等找到优质的网络资源或自主设计相关网络资源，并且使用线上线下相结合的方式来促使网络资源有效应用至日语教学中，从而提升日语教学的整体教学效果和学生学习效率，促使学生的自主学习能力、信息技术应用能力等得到强化。

另外，网络资源在日语教学中的应用还需要充分根据日语课程特点及学生特点来进行。从目前实际情况来看，大部分高校的日语教学课时较为有限。同时，大部分学生所习惯的教学模式是传统教学模式，学生的自主学习能力十分有限，并且自律能力较差。所以，在网络资源应用于日语教学的过程中不能完全采用单纯的线上教学方式，也不能完全依靠网络资源进行教学，而是要使用网络资源辅助课堂教学与学生网络自主学习相结合的教学模式，其中网络资源辅助课堂教学指的是将课堂教学和网络资源进行融合，教师在教学过程中结合网络资源来辅助教学，包含完全以老师为主导的传统课堂教学和以学生为主体的现代课堂教学。学生自主学习指的是学生依靠网络资源，在课后自主学习提升，主要包含课前预习、课后复习和课堂学习延展。上述两种教学模式，在网络资源和相关技术的支撑下，都可以促使学生实现自主学习和创新学习，都能够帮助学生日语学习效果和学习能力得到提升。同时，学生网络自主学习和网络资源辅助课堂教学两者各有优势和不足，所以应扬长避短，做到相互融合。

还需要注意的是，网络资源在日语教学中的应用并不是在某一点中的应用，而是应延展至"面"的应用，这样才能够促使网络资源贯穿于整个教学过程，甚至延伸到终身学习。所以，网络资源在日语教学中的应用应覆盖教师课前备课、学生课前预习、课堂教学、课堂学习、课后学生复习、课后学生完成作业、课后教师帮助学生解决疑难问题等各个方面。同时，网络资源在日语教学中的应用还需要融入教学评价、教学反馈等方面。

在当前，网络资源也将成为教师与学生获得各种教学资源和学习资源的主要渠道，所以网络资源可以弥补日语教材中内容上存在的不足。教师与学生都可以通过各种网络渠道，比如百度教学日语频道、各大高校的日语教学网站等获取自己所需要的资源。

（二）网络资源在传统课堂中的应用

从日语课程的特征及学生学习特点来看，当前高校的日语教学主场地还应在课堂中，所以，网络资源在日语教学中的应用需要充分考虑其在传统课堂中的应用情况及应用策略。具体来看，网络资源应用在传统课堂教学中，在教学环境方面，应在多媒体教室或智能语音教室中进行教学。在教学方法方面，网络资源在传统课堂教学中的应用应是一种辅助，课堂还是以教师为主导，以教师的讲授为主。首先，网络资源在传统课堂中应用需要融入网络资源元素，实现网络资源和课程的整合，并且在教学过程中实现合理运用。从目前实际情况来看，在传统课堂教学中最为常用的网络资源大部分为多媒体形式，比如音频资源、动画资源、视频资源或 PPT 课件等。通过运用这些网络资源来辅助教学，可以促使学生的学习兴趣得到提升，从而提升最终教学效果。比如，在教学过程中，教师可以引导学生跟着网络中的音频或视频资源来学习日语单词或句子。此时教师所选择的网络资源应有相应的文字说明或字幕，这样可以帮助学生更好地理解日语词汇或句子，还可以帮助学生对照文字检查自己的学习效果。通过这些视频或音频资源来辅助教学，还可以促使学生对自己刚学习的句子和句型进行反复练习，从而形成习惯性表达，帮助学生更加有效地理解日语课文。再比如，在课后，教师可以将在课堂教学中所使用的网络资源通过微信、QQ 等方式传输给学生，以此来帮助学生在课后进行巩固复习及拓展学习。

网络资源在传统课堂中应用的主要目标是促使传统课堂教学效率更为高效。通过网络资源来构建更为高效的课堂教学，不仅可以充分发挥信息技术的优势，还能够促使教学形式更为丰富，教学过程更为流畅，从而提升教学质量和教学效果，帮助学生综合素质得到强化。但是需要注意的是，在实际教学过程中，如果过于依赖网络资源进行教学，容易导致以下问题：第一，教学过程过于简单，教师在教学过程中没有肢体语言并且缺少相应的交流沟通及表达，成为网络资源的播放人员，学生的学习也会更加被动。第二，教师仅仅关注教学进度，日语教学过程成为教师和网络资源的表演舞台，教师和学生之间的交流沟通减少。所以，网络资源应用于传统课堂教学中，需要十分注意不能对网络资源过度应用，要避免出现没有充分结合课堂教学内容需求而对网络资源进行应用的问题，还要避免只重视应用网络资源而忽视常规教学的问题。

（三）网络资源在现代课堂教学中的应用

现代课堂教学与传统课堂教学存在较大区别，在现代课堂教学中，尽管仍然是以教师为主导，但是更加重视学生在教学过程中主体作用的发挥。在现代课堂教学中，学生可以在学习过程中对网络资源进行收集、处理和接受，从而在此基础上完成学习任务，解决学习过程中出现的问题。教师在这一过程中主要是作为辅助者和督促者存在。即在现代课堂教学中，学生在教师的引导及在网络资源的支撑下，针对学习任务协同学习，在相互讨论和合作的基础上，共同解决问题。这样能够促使学生在完成学习任务和对学习问题的探究过程中获得成就感，从而激发学生的学习兴趣，提升学生学习的积极性，保障学生可以在轻松愉快的环境中学习。同时，由于学生需要通过亲自解决问题的方式来完成学习任务，因此学习过程已经变为学生个人探索和发展的过程，这样能够促使学生在探索发现的过程中不断获取知识和巩固知识。

网络资源在现代课堂教学中的应用，主要的教学方法是借助网络资源，同时结合小组协同学习、任务驱动学习及学生探究学习等教学方法来进行辅助教学。网络资源能够为先进的教学方法在教学中的应用提供更多帮助。比如网络资源在探究式学习、任务驱动学习及合作学习等教学方法中的应用，可以促进这些教学方法顺利实现。比如在探究式教学方法中，要想充分发挥这一教学方法的作用，学生需要有大量的学习资料作为支撑，而网络资源则能够为学生提供所需要的学习资料。

具体来看，在现代课堂教学中，教学过程被延展到课前及课后，需要课前、课堂及课后的连贯配合，才能够有效完成教学任务。在此过程中，教师需要提前将学习任务和相关学习问题传递给学生，让学生带着这些任务和问题进行课前预习，利用网络资源来收集信息，最后解决问题进而完成学习任务。在课堂学习过程中，学生可以针对其中的疑难问题通过网络或在本校的网络资源库查找答案，从而完成学习任务。在课后学习中，学生可以通过本校的网络资源库对课堂中学习的知识进行巩固复习，并且可以通过教师所提供的网络资源进行延展学习，最后提升自身的学习效果。[①]

网络资源应用于现代课堂和传统课堂，两者需要综合运用，并按照一定规律进行运用，循序渐进。即在实际运用过程中需要明确哪部分教学内容或哪堂课要运用哪种模式，然后根据教学目标和教学内容等对网络资源进行运用。另外，在应用过程中还需要充分考虑学生对网络资源的接受能力范围，在日语教学过程中所使用的网络资源不能超出学生的接受能力。具体来看，在日语课程的前期教学中，适用网络资源在传统课堂中应用的模式，经过一段时间之后，当学生在教师指导下在一定程度上掌握了网络资源使用方法时，就需要过渡到将网络资源应用于现代课堂教学这一模式。

---

① 黄丽媛：《"互联网+"视阈下大学日语视听说教学改革与发展研究》，载《理论观察》2018 年第 4 期，第 160 页。

在整个教学过程中，教师需要充分发挥自身的引导作用。无论是在学生的自主探究学习中，还是在任务自主完成过程中，教师都需要充分发挥引导作用。除了在课堂教学过程中对学生进行实时指导以外，还要在课余时间通过各种网络平台，比如微信等对学生进行指导。另外，很多学生在学习过程中，面对大量的网络教学资源不知如何进行选择，这样不仅不能提升学生的学习效率，还会耽误学生的学习时间，甚至在一些情况下，还会导致学生接触到不良信息，此时就需要教师对学生进行正确指导。因此，网络资源在日语教学中的有效应用，关键在于教师向学生提供与学生实际学习需求及与教学实际需求相适应的网络资源，并指导学生通过正确的方法获得自身所需的网络资源。

一些高校学生，尤其是高职院校学生在学习自律性和主动性方面较弱，在课余时间喜欢玩网络游戏或阅读小说、杂志等。虽然有一些学生在课余时间想进行进一步学习，但是由于缺乏引导且没有相应的学习氛围和环境，导致这些学生无法在课余时间进行深入学习。因此，教师应充分调动学生的学习积极性，积极引导学生，这对于网络资源在日语教学中的应用十分重要。

（四）网络资源在学生课余自主学习中的应用

网络资源在学生课余时间能够帮助学生进行自主学习，所以日语教师应对学生进行指导，促使学生在课余时间利用网络资源主动进行学习，从而增强学生的日语学习灵活性和开放性，实现课堂教学和课余时间教学的连接。上述提到一些学生本身自律性和自主性较弱，所以在将网络资源应用于学生自主学习的过程中，教师需要发挥引导作用，通过向学生布置相关学习目标和学习任务，向学生提供网络资源，与学生沟通交流来引导学生正确地自主学习，促使学生在学习计划制订、学习进度安排、学习方法掌握、学习资源收集等方面，做到有秩序和有成效，实现学有所获。

教师可以通过微信、QQ等来组织学生展开小组式学习，教师与学生共享学习资源，学生之间相互就学习内容进行合作探讨，这样能够促使学生理解所学知识及掌握相关技能。对于学生学习过程中遇到的疑难问题，教师可以通过QQ、微信等网络工具向学生提供帮助，学生也可以通过这些网络工具将遇到的疑难问题发布到各种论坛或QQ群中，以此来获取帮助。

网络资源尽管丰富多样，但是也具有内容混杂、掌控性不强等特点。所以在将网络资源应用于学生自主学习时，教师需要培养学生的网络自主学习技巧，比如教师帮助学生掌握网络资源搜索、网络资源下载、参与网络讨论和提交网络作业等方面的学习策略和相关技能。

由于网络学习活动不受时空限制，具有较强的灵活性和机动性，因此学生可以充分利用碎片化时间进行学习。学生在学习过程中可以通过手机、平板电脑等移动设备进行学习，也可以通过宿舍或图书馆的电脑进行学习。在课后时间，教师与学生的交流方式可以多种多样，比如教师和学生可以通过网络进行实时交互，如 QQ 群、微信、论坛等。

整体上来看，网络资源在学生课余自主学习中的应用方式多种多样，所以，教师可以根据教学内容、教学特点及教学实际需求，自由灵活地进行应用。

第七章 日语人才培养

/第一节/ 高校日语人才培养现状

以下主要以某高校的外语职业学院为例进行调查分析，以此了解我国高校日语人才培养实际情况。

一、Z学院概况

（一）Z学院发展现状

该高校2005年招收第一届高职学生，在2006年正式成为新的高职院校，是当地外语专业最为齐全，并且小语种种类最多的高职院校。2014年，该高校的外语职业学院拥有在校学生7000余人，教职工共计400余人。在外语专业方面，该学院开设了应用日语、应用法语、应用德语、商务英语、应用西班牙语等外语专业，其中省级重点专业2个，分别为应用日语专业与商务英语专业。2020年，该学院又新开设了应用葡萄牙语和应用阿拉伯语等外语专业。

该高校在发展过程中形成了自己的教育模式，为提升学生的整体外语水平及提升学校综合竞争力奠定了基础。近年来，该高校经过不断发展，已经与外资企业及国内大型企业建立了长期合作关系，其中主要包含日本的JTB集团，湖南的青苹果数据有限公司、华润有限责任公司、长沙创思维力信息科技公司等，并且在这种合作关系上建立了各种特色外语班级。通过这种方式，不仅改善了该高校的传统教学实践工作，而且对其本身的人才培养方案进行了优化，大大提升了学生理论联系实际的能力。

（二）Z学院专业特色

该学院的特色是以培养实用型和复合型的外语人才为主，学生不仅需要具备一定的外语技能，而且需要掌握高水平的专业技能。该学院要求日语专业学生的日语水平达到国家二级水平，其他专业的学生也要达到相对应的专业水平才能够毕业。以下研究的是日语专业，该专业是该学院最早开设的专业，逐渐由原来的日语教研室发展成为日语系，截至目前，已经培养出日语专业学生5000人次。

二、师资力量建设情况

（一）专业师资队伍整体梯队结构状态

市场对高职教育的定位，决定了高职教育的教师不仅需要有较强的理论能力及实践技能，还要具备较强的专业教学能力。日语专业作为该高校的重点学科之一，要求教师除了能够充分掌握基本的教学规律以外，还能够引导学生掌握专业技能，并且能够培养学生发展健康的心智，使学生拥有一定的商务管理能力，以及积累一定的日语专业从业经验。除此之外，还要求日语专业教师能够充分了解社会对日语行业人才的实际需求，能够结合行业的最新发展动态，准确找到社会实际发展对日语专业人才的需求点，从而引导学生成为能够充分满足社会实际需求的专业人才。从学院的实际情况来看，高校管理层尽管已经形成这种管理意识，但是教师的实际水平与预期还存在较大差距。

目前该高校在日语专业方面共有专职教师12名。从学历方面来看，本科层次的教师共计5人，硕士层次的教师共计6人，博士层次的教师共计1人。从年龄上来看，年龄在30岁以下的教师共计3人，年龄为30~40岁的教师共计6人，年龄在40岁以上的教师共计3人。从职称方面来看，拥有初级职称的教师共有2人，拥有中级职称的教师共有7人，拥有高级职称的教师共有3人。从整体来看，该学院的日语专业教师队伍整体梯队较为均衡，但是其中存在两个突出问题：第一，该学院的教师队伍中，拥有企业就职经验的仅有5人，这一数量和日语专业教学的相关要求存在较大差距，所以对实践教学会形成阻碍。第二，教师与学生的比例过大，和教育部所要求的1:18这一比例存在较大差距，整体师资缺口较大。

另外，该高校没有政府财政支持，所有办学资金完全依靠学生学费和学校的自主筹集，因此各方面资金较为困难，该学校的一线教师工作量较大，基本课时为每周14节，人均课时为每周16节，一些教师甚至每周课时为24节。这种情况使得该高校教师任务过于繁重，在面对各种科研任务或教学改革任务时，只能加班完成，从而导致一线教师难以深入企业进行调研，无法实时掌握当前行业企业的生产变化，所以在日语专业进行课程一体化以及实施实训课程具有较高难度。除此之外，在激励制度方面，该高校还没有从人性化角度将教师的学历提升及职称提升看作教师的专业提升，更没有将其看作整个学院层次的提升。这一点可以对比西方的职业教育来看，西方教育之所以能够为西方的经济发展提供极大动力，与西方职业教育较为完善的制度紧密关联。比如在澳大利亚，高职院校会将教师的专业培养放在十分重要的位置，整个高校都有一系列完善的教师培养计划，同时也有相应的管理制度和激励策略。整体上来看，澳大利亚的高职院校对教师的职业起点要求较低，但是十分重视教师在入职之后能力的提升，澳大利亚高职院校往往重视培养教师与行业发展相衔接的技能，促使教师能够成为终身学习者。而我国高职院校尤其是其中的民办高职院校在师资建设方面还与发达国家存在较大差距，仍然需要进一步发展。

（二）专业带头人

好的专业带头人是一个专业实现发展的重要条件和核心。该高校一直以来都十分重视专业带头人的建设工作，并且在近些年来按照一定原则为日语专业招聘了一批具有实力和才干的日语教师，从日语教师中选择了优秀教师作为日语专业的带头人。这样的优秀教师不仅拥有多年的企业工作经历，并且专业水平较高，也掌握了先进的管理理念，拥有较强的科研能力。

（三）科研教改开展情况

该高校一直以来都十分重视科研工作和教学改革工作，所有教师在教学过程中都十分重视对科研课题的研究。同时，学校也将课题研究作为考核教师的重要指标之一，学校的管理层都鼓励教师积极开展各种科研活动。学校还成立了专门的科研处，专门负责教师的科研课题申报及核查等工作，并且积极向省市的单位上报本校的科研选题。

该高校的日语专业截至目前共发表论文 30 余篇，省教育厅一般课题立项 5 项，省级规划课题立项 2 项，省级课题结题 2 项。2009 年，该高校的日语专业申报立项精品专业，并且在此之后致力于本专业的基础建设，引进了专业带头人，提升了师资队伍的整体质量，最终顺利通过了精品专业的省级验收。该高校通过教研教改提升了日语专业学生的整体素质，获得了一定成效。

（四）兼职教师现状

该高校在制订人才培养方案的调研过程中，与其合作的企业反映口语专业的兼职教师数量较少，需要有高水平的日语教师参与到日语专业教学中，以此来提升日语专业教师的整体质量，并且需要对专职教师和兼职教师的结构进行调整。

近五年来，该高校不断整合优质资源，并且邀请了行业企业专家进入校园进行讲学与授课，对学校的生产管理及服务等方面进行了讲解和指导，不仅让高校管理层开阔了眼界，同时还对学生产生了积极影响，提升了学生的问题分析能力和解决能力。但是，由于当前该高校所实行的校企合作还停留在表层，行业企业专家在学校常驻或定期进入学校开讲座的整体可能性较小。

截至 2021 年上半年，该高校的日语专业兼职教师共计 8 人，其中 2 人拥有企业经验，另外 6 位教师是校外教师。笔者认为，行业企业专家难以为学校的教育提供高质量服务，主要原因有以下 4 个方面：第一，行业企业专家所拥有的职称与教育领域中的职称存在较大差距，不能够通用。第二，学生群体是一个特定群体，行业企业的专家尽管拥有丰富的实践经验，但是在心理学、教育学等方面存在一定不足，需要在这些方面进行培训，否则行业企业专家在授课方面无法达到预期效果。第三，学校与企业是不同的实体，从目前来看，学校与企业之间的合作还停留在企业接收学校学生的层面，而企业专家进入学校和学校共同制订教学时间、教学内容，并且共同编制教材并不是一蹴而就的事情，需要长期逐步进行。第四，行业企业专家进入学校并不是个人的事情，而是学校和企业合作共同培养人才的大事。如果企业没有国家层面的政策支持，追求利润的企业并没有任何义务派企业精英进入学校参与教学管理。

三、学校实训基地配备情况

（一）校内实训基地情况

当前该高校建立了 4 个步骤的实践教学体系，具体为：①认知实训，主要包含学生入学时的军事训练、社会实践和公益劳动 3 个方面；②日语技能实训，主要包含日语语音实训、口语实训、听力实训、翻译实训等方面；③专业技能实训，主要包含日语专业不同教学环节的技能实训、综合实训等方面；④顶岗实习，主要包括生产性实习、顶岗实习和毕业设计 3 个方面。该实践教学环节具体如下所示。

在入学军训方面，学分为 3 分，学时为 84 学时，学期为 1 学期，起止周数为 1～3 周，主要内容为军事训练及体能锻炼，实训设备要求为军事操练及入学教育相关设备，实训成果为完成阅兵仪式，实训场所为操场。

在社会实践方面，学分为 1 分，学时为 28 学时，学期为 2 学期，起止周数由学校统一安排，主要内容为社会调研，实训设备要求为纸、笔等社会调研工具，实训成果为完成社会调研报告，实训场所为社会。

在公益劳动方面，学分为 1 分，学时为 28 学时，学期为 2 学期，起止周数由学校统一安排，主要内容为培养学生的劳动意识和卫生习惯等，实训设备要求为各种劳动工具，实训成果为完成卫生检查，实训场所为学校公共区域。

在外语技能实训方面，学分为 4 分，学时为 80 学时，学期为 1~4 学期，起止周数为 2~11 周，主要内容为外语技能实践训练，实训设备要求为中外教师合作训练所需设备，实训成果为完成口语考核，实训场所为教室、校园。

在专业技能实训方面，学分为 40 分，学时为 854 学时，学期为 1~5 学期，起止周数为 1~16 周，主要内容为日语电子文档编辑诗选、日汉翻译实训等，实训设备要求为计算机及多媒体等相关设备，实训成果为平时成绩及考察合格，实训场所为语言技能实训室、外国文化活动体验室、外语多功能工作室、语言技能实训室等。

在专业综合模拟实训方面，学分为 2 分，学时为 56 学时，学期为 3~4 学期，起止周数为 1 周，主要内容为商务文秘实训，实训设备要求为涉外口、笔翻译设备，实训成果为商务文秘、翻译文档，实训场所为外贸业务实训室、涉外导游模拟实训室。

在生产实习方面，学分为 2 分，学时为 56 学时，学期为 5 学期，起止周数为 2~3 周，主要内容为顶岗实习前的适应性实习，实训设备要求为涉外企业或是实训室内的设备，实训成果为适应顶岗实习的工作要求，实训场所为涉外企业或实训室。

在顶岗实习方面，学分为 20 分，学时为 560 学时，学期为 5~6 学期，起止周数为 14~19 周，主要内容为在相关实习岗位实习，实训设备要求为相关企业岗位所需设备，实训成果为实习指导书，实训场所为企业单位。

在毕业设计方面，学分为 4 分，学时为 112 学时，学期为 6 学期，起止周数为 15~18 周，主要内容为撰写毕业设计，实训设备要求为工作岗位或教室设备，实训成果为毕业设计，实训场所为企业单位或学校。

（二）校外实训基地情况

产学相结合的教学合作模式是一种以市场及社会作业实际需求为指导的教

育模式，使高校和企业共同参与到人才培养过程中。通过校企合作方式能够促使高校充分发挥自身的职能，并且与企业展开深入合作，从而通过引导学生进入企业进行实习来促使学生的专业技能得到锻炼和提升，同时促使高校本身的办学水平及人才培养质量得到提升。这种方式不仅有利于实现高校与企业之间的合作，还能够实现学校、学生和企业之间的共赢，从而共同促进教育发展，为人才发展提供更多的支撑。近年来，我国许多高校不断积极实行"请进来，走出去"的发展策略，与社会中的企业建立了紧密的合作关系，为高校实现产学研结合的校企合作模式创造了良好环境。

在该高校中，实践性教学环节及技能训练是教学工作的重要内容。其中对学生的实训不仅包含校内实训，也包含校外实训和顶岗实习。其中校内实训是高校人才培养中的重要组成部分，能够促使学生的专业技能得到提升。校外实训则培养学生的岗位技能，提升学生的岗位工作适应能力。

日语专业是该高校所开设的语言类专业之一，强调在培养学生语言能力的基础上培养学生的涉外职业技能。根据相关数据统计，日语专业的毕业生，大部分都从事文秘、旅游及酒店等方面的工作，尽管在这些工作中语言并不是唯一条件，但是学生所掌握的日语在找工作时起到了一定辅助作用。所以该高校在依托企业工作目标及与企业合作的基础上，建立了日语专业情境教学基地和仿真型实训基地，形成了学校与企业合作的双赢局面。具体如下所示：

该高校的日语翻译实训基地能够进行日语翻译及其他实训，主要实践教学项目为日汉口笔译实训、商务日语实训、交际日语实训，能够容纳 50 名学生，合作的单位主要有翻译文化传播有限公司、阳新宝加鞋业有限公司。

该高校的软件服务外包实训基地能够进行计算机日语运用等实训，主要实践教学项目为日汉计算机实训，能够容纳 120 名学生，合作的单位主要有湖南青苹果数据有限公司、长沙卓京信息有限公司。

除了上述软件服务外包实训基地以外，该高校的另一个软件服务外包实训基地也能够进行日语翻译及其他实训，主要实践教学项目为日汉口笔译实训，能够容纳 120 名学生，合作的单位主要有江苏奥博洋信息技术有限公司。

该高校的日企实训基地能够进行日语翻译和商务日语助理等实训，主要实践教学项目为日汉口笔译实训、商务日语实训、交际日语实训，能够容纳 30 名学生，合作的单位主要有京瓷办公设备科技有限公司。

该高校的外贸业务实训基地能够进行外贸业务流程实训，主要实践教学项目为日语对外营销和外贸跟单等实训，能够容纳 40 名学生，合作的单位主要有京瓷办公设备科技有限公司。

该高校的进出口贸易实训基地能够进行进出口规模实训，主要实践教学项目为外贸跟单员、外贸业务员实训，能够容纳 40 名学生，合作的单位主要有湖南浏阳花炮有限公司。

该高校的旅行社实训基地能够通过日语开展导游服务实训，主要实践教学项目为导游日语实训，能够容纳 20 名学生，合作的单位主要有湖南华天国际旅行社。

该高校的涉外文秘实训基地能够进行涉外档案管理实训，主要实践教学项目为档案管理实训，能够容纳 20 名学生，合作的单位主要有湖南省档案馆和长沙市档案馆。

四、学生就业岗位分布

在经济全球化发展大背景下，我国对世界的影响力不断提升，同时与各国之间的交流频率不断加快。从目前来看，中日两国关系仍处于稳定发展中。中国是日本工业产品的主要出口国，同时日本也是中国的第三大贸易合作伙伴。长时间以来，中日两国在经济交流和各种贸易活动中已经形成了特殊的战略合作伙伴关系。当前中日两国已经在市场机制方面建立起多种合作，带动了双方的经济发展，并且在此过程中规避了一些政治方面争端的干扰。两者合作时间已久，形成了较为深厚的相互依存的关系，为两者继续深入交流打下了基础，也为日语专业人才的就业提供了更为广阔的空间。

在对该高校日语人才培养方案进行实际调查的过程中，笔者主要使用了调查问卷的方式，了解了日语专业毕业生的毕业去向、毕业生工作岗位的变化、毕业生对学校学习内容的满意程度以及毕业生对学校日语人才培养的建议等。在此次调研中，共发放调查问卷 1000 份，其中回收调查问卷 950 份，有效问卷为 920 份。相关调查结果显示，80% 以上的日语专业毕业生对该高校日语专业的课程内容表示满意，有 75% 的学生对该高校的就业指导工作表示认可，有50% 的学生薪资水平在 4500 元左右，有 40% 的学生薪资水平在 2000~3000 元。

通过实际调查的反馈数据我们发现，该高校的毕业生就业的岗位主要为企事业单位的秘书岗位及外贸公司的相关岗位。具体岗位的任务如下所示：

涉外秘书岗位的，主要任务包含陪同日本工作人员负责日常工作的翻译，比如工作文件翻译、行业资料翻译、资讯翻译、技术翻译等。除此之外，还涉及部门之间的工作协调和联络，将分配到人事、市场、生产及研发等部门的工作进行协调管理，定期制作各种市场信息报表及对文件档案进行管理。外贸业务员岗位的主要任务包含进行商务谈判及签订合同，具体为对外贸合同中的各项条款进行管理与审核，保障合同可以顺利执行。除此之外，还有中日文单证处理，即制作和审核外贸单证，保障单证的质量及其内容的正确性，并且需要负责档案资料的存档和管理。

五、管理制度建设情况

（一）师资管理队伍情况

教师是日语专业课程改革的实际实施者，因此，教师的教学理念和综合素质会对日语课程的改革效果产生直接影响。近些年来，随着教师的不断增多，社会和公众对教师这一职业提出了更高要求，教师需要提升综合素质才能够满足实际教学要求。在日语专业教学中，教师本身的技能水平和综合素质处于重要地位，要想有效解决教育中存在的问题，需要高综合素质教师。所以，在国外发达国家中，各大高校对教师技能培训十分重视，并且会通过师资培训和教育完善来提升教师的技能水平。我国也需要将建设师资队伍作为重中之重，培养出更多高素质的教师，从而更好地解决教育问题。

该高校自创办以来已经有 30 余年历史，应用日语专业于 2005 年设置，发展至今已经有 17 个年头。同时日语专业的日语教师数量由最初的 3 位发展到现在的 11 位，并且学历层次由单一的本科发展为本硕博多层次学历，也形成了多层次的教学团队。从职称方面来看，已经发展至具有各个层次职称的多层次梯队。近些年来，该高校充分结合市场实际需求，不断对自身的人才培养计划进行优化调整，但是对一线教师的培训较少，即使组织相关培训，也主要为了帮助教师考取相应资格证书。近三年来，该高校仅有 1 名教师在日本高校进行了 1 个月的学习。在申报课题方面，该高校也只有一次邀请相关专家面向全体教职工进行指导。所以从整体来看，该高校的师资引进及培养一直以来都是制约日语专业发展的重要瓶颈之一。该高校对日语专业的日语教师的要求具体如下所示。

在商务日语实训课程方面，要求教师的学历层次为本科以上，职称方面要求为讲师以上，技术资格方面要求为日语一级、专八水平，教学经历方面要求教师有 1 年以上的教学经历，实践经历方面要求教师在日企工作 2 年以上。

在基础日语课程方面，要求教师的学历层次为本科以上，职称方面要求为讲师或副教授以上，技术资格方面要求为日语一级，教学经历方面要求教师有 2 年以上的教学经历，实践经历方面要求教师在日企工作 1 年以上。

在日语函电实训课程方面，要求教师的学历层次为本科以上，职称方面要求为讲师或副教授以上，技术资格方面要求为日语一级、专八水平，教学经历方面要求教师有 1 年以上的教学经历，实践经历方面要求教师在日企工作 2 年以上。

在二外日语课程方面，要求教师的学历层次为本科以上，职称方面要求为助教或讲师以上，技术资格方面要求为日语一级，教学经历方面要求教师有 1 年以上的教学经历，实践经历方面要求教师在日企工作 1 年以上。

在交际日语课程方面，要求教师的学历层次为本科以上，职称方面要求为助教以上，技术资格方面要求为有教师资格，教学经历方面要求教师有 1 年以上的教学经历，实践经历方面要求教师有外教经历或有 2 年以上的留学经历。

在日语视听课程方面，要求教师的学历层次为本科学历以上，职称方面要求为讲师或副教授以上，技术资格方面要求为日语一级、专八水平，教学经历方面要求教师有 1 年以上的教学经历，实践经历方面要求教师有 1 年以上相关工作经历。

在日本文化欣赏课程方面，要求教师的学历层次为本科以上，职称方面要求为讲师或副教授以上，技术资格方面要求为日语一级，教学经历方面要求教师有 1 年以上的教学经历，实践经历方面要求教师有 2 年以上的留学经历。

在日语翻译实训课程方面，要求教师的学历层次为本科以上，职称方面要求为讲师或副教授以上，技术资格方面要求为二级日语翻译及以上，教学经历方面要求教师有 1 年以上的教学经历，实践经历方面要求教师在日企工作 2 年以上。

在计算机应用基础课程方面，要求教师的学历层次为本科以上，职称方面要求为讲师或副教授以上，技术资格方面要求为计算机一级或持其他相关资格，教学经历方面要求教师有 2 年以上的教学经历，实践经历方面要求教师有 1 年以上相关工作经历。

在就业指导课程方面，要求教师的学历层次为本科以上，职称方面要求为讲师或副教授以上，无技术资格方面的要求，教学经历方面要求教师有 2 年以上的教学经历，实践经历方面要求教师有 3 年以上相关工作经历。

在大学英语课程方面，要求教师的学历层次为硕士以上，职称方面要求为讲师或副教授以上，技术资格方面要求为助理翻译，教学经历方面要求教师有2年以上的教学经历，实践经历方面要求教师有1年以上相关工作经历。

在涉外日语导游证培训课程方面，要求教师的学历层次为本科以上，职称方面要求为讲师或副教授以上，技术资格方面要求为导游资格，教学经历方面要求教师有1年以上的教学经历，实践经历方面要求教师有2年以上相关工作经历。

在对外汉语课程方面，要求教师的学历层次为本科以上，职称方面要求为助教或讲师以上，技术资格方面要求为初级及以上相关资格，教学经历方面要求教师有1年以上的教学经历，实践经历方面要求教师有1年以上相关工作经历。

在国际贸易实务课程方面，要求教师的学历层次为本科以上，职称方面要求为讲师或副教授以上，技术资格方面要求为中级及以上相关资格，教学经历方面要求教师有2年以上的教学经历，实践经历方面要求教师有2年以上相关工作经历。

在市场营销策划课程方面，要求教师的学历层次为本科以上，职称方面要求为讲师或副教授以上，技术资格方面要求为中级及以上相关资格，教学经历方面要求教师有2年以上的教学经历，实践经历方面要求教师有2年以上相关工作经历。

由上述要求可以看出，该高校的师资队伍建设任重而道远。

(二) 辅导员管理队伍情况

除了专业教师会对学生的学习和身心健康产生极大影响以外，辅导员队伍也会对学生的身心健康产生重要影响。在高校建设过程中，学生管理工作发挥着重要作用。如果在学生管理工作中，辅导员本身不具备相应能力，那么就无法引导班级学生形成良好班风。同时，由于高校生源复杂，不同学生又有不同的背景和个性，因此，高校必须将学生管理工作放在所有工作中最重要的位置。

从整体上来看，该高校的学生管理队伍整体较为完善，其中的学生工作主要是由学校副院长领导，具体事务主要是由学生工作处处长负责，辅导员和学生之间的比例为1∶200。该高校有各种社团及组织，能够丰富学生的校园生活，同时该高校还通过出台各种规章制度对学生管理工作进行了完善。但是从实际情况来看，由于该高校是一所高职院校，学生入学门槛较低，从而导致该高校学情较为复杂，学生群体所产生的心理问题较多，但是当前该高校没有专门的心理健康教师，心理健康教育工作主要由各个班级的辅导员兼职，但辅导员往往在引导学生形成健康心理方面缺乏理论和实践知识。2015 年，该高校出台了关于学业导师工作的实施方案，希望学校的一线教师能够在各个方面对学生进行有效指导，主要包括生活方面、学习方面、就业方面和心理方面。该方案要求一线教师对学生的生活及学习进行指导，这在一定程度上加重了一线教师的整体工作量，但是在方案中并没有提及提升教师的薪酬待遇，所以大部分教师对该方案并不支持，更没有付诸实践，最终该方案不了了之。事实上，上述这一问题是当前我国高职院校在教学管理中存在管理不够清晰、管理未能落实等问题的一种体现。

该高校曾经出现过学生跳楼、学生进入传销组织等较为恶劣的事件，尽管这些事件属于意外情况，但是也在一定程度上反映出该高校学生管理工作存在不足。所以当前该高校应提升辅导员的综合能力，加强对辅导员的考核。只有让辅导员树立以生为本的思想观念，才能够组织辅导员在实际工作过程中积极了解学生的性格特征，从而从各个方面关心及尊重学生的个人成长，帮助学生做好未来的职业发展规划，进而在校园中营造出和谐且积极向上的教育环境。

六、专业培养建设

（一）培养目标

该高校的日语专业以培养学生德智体美劳全面发展为目标，具体为培养学生的实际操作能力、合作应变能力、岗位适应能力、问题解决能力、独立工作能力及良好的心理素质，具体表现在学生能够熟练运用日语在日本企业或经贸业务中进行翻译，高效完成工作，或在涉外企业中完成文秘或导游等工作。

（二）培养规格

该高校在发展过程中制定了"三双"专业人才培养规格。"三双"专业人才具体指的是双素养、双技能和双证书的专业人才，即不仅具备人文素养和职业素养，还掌握相应的语音技能和专业技能，并拥有学历证书及职业资格证书。

学生培养的基本规格主要表现在以下六个方面：第一，促使学生形成坚定的政治方向，并且有较强的社会责任感；第二，促使学生形成良好的社会公德，拥有高水平的专业素质，并且形成职业道德；第三，促使学生形成爱岗敬业、团结合作的奋斗精神及团队合作精神；第四，促使学生具备积极的研究探索态度及敢于拼搏的精神；第五，促使学生形成良好的法律意识及拥有较好的人文素养，并且形成创新意识；第六，促使学生拥有健康的身体及良好的心理素质。

其中，在专业素质方面，主要包含：掌握相关日语技术知识及国际贸易理论；拥有较好的日语听说能力，可以在工作中熟练使用日语进行商务交流；具备一定的英语能力，能够在商务交流过程中使用英语与对方进行交流；具备一定的计算机应用能力，能够用计算机处理一些商务信息；具备一定的计算机数据处理能力，能够通过各种计算机软件对日文数据信息进行归纳和修改；熟悉外贸政策和方针，懂得相关法律法规及相关规则；掌握贸易和进出口业务中的基本理论及相关方法；具备商务谈判能力；具有可以处理商务函电、商务合同及单证等文件的能力；具有进出口货物报关的能力；具备处理公共关系的能力；获得日语国际能力测试三级以上证书；等等。

七、课程体系建设

（一）课程体系设计思路

该高校在发展过程中，在结合应用型技能人才培养目标的基础上，充分考虑学生的基本素质情况，以及学生的职业能力和未来可持续发展能力，并且按照国际外贸业务的岗位要求制定了符合实际需求的课程体系。

（二）课程体系构成

该高校日语专业的课程体系主要由三个模块构成，具体为基本素质模块、双证融通职业能力培养模块、职业定位顶岗实习模块。其中，基本素质模块主要包括人文素质类课程、专业素质类课程。在实际进行过程中，这一模块能够根据实际情况实施一体化教学，将不同课程的内容分散到不同的能力培养中。双证融通职业能力培养模块主要是由职业能力培养模块、职业能力实训模块和职业能力拓展模块组成。职业定位顶岗实习模块主要是由职业定位专项模块和顶岗实际就业模块组成。

/第二节/ 高校日语人才培养存在的问题

一、制度建设尚不完善

第一，政策环境是高校人才培养的重要前提，人才培养过程涉及学校、企业和政府三个主体单位。从目前实际情况来看，我国大部分高校在人才培养方面往往缺少和企业及政府的合作。尽管大部分高校重视培养日语专业人才，并且也在校内与校外设置了相应的培训基地，提升了学生的日语应用能力，但是从整体上来看，学生的应用能力仍然难以符合企业实际需求，与政府出台的规划需求仍然脱节。

第二，对高校日语人才培养模式最终所取得的效果需要有相应的客观评价，具体来说，需要有一套科学系统的评价指标来进行衡量。但是从实际情况来看，我国大部分高校在日语教学方面不仅缺乏良好的政策环境，而且自身的监督体制也尚不健全。高校的管理体制主要是垂直管理体制，即将高校分为多个部门，由专人进行领导和管理。这种管理模式十分容易使各部门之间协调性较差，从而导致工作效率降低。所以，我国高校在日语人才培养方面需要对人才培养模式进行创新，完善管理体制，形成更为积极的制度环境，这样才能够培养出更多符合社会需求的日语人才。

二、教师配备不足，教师素质参差不齐

第一，从实际调查结果来看，一些教师在教学过程中缺乏思想准备。当前，我国高校日语专业学生在日语方面存在底子薄、基础差的问题，并且有相当一部分学生没有形成良好的学习习惯，所以需要教师在教学过程中使用先进的教学理论对课堂教学进行指导。但是，大部分日语教师在教学过程中还是习惯使用传统教学模式进行教学，即在课堂教学过程中大量讲授日语知识，但是没有给学生留出足够的练习时间，这样不仅导致学生无法在短时间内接受大量日语知识，而且也不利于学生形成自主学习的习惯。从整体上来看，当前并没有改变学生被动学习的情况，也没有改变教师运用传统教学模式进行教学的情

况，那些重视创新能力的教学方法也并没有在日语教学中得到应用。

第二，教师在课程开发方面力度不足。目前大部分高校的日语课程设计主要是按照知识和学科体系进行设计，然后通过市场调研进行日语课程的可行性分析，以此为基础判断这些课程是否具有开发意义。对于大部分高校来说，培养日语人才的关键是要有相应的高素质教师队伍作为支撑。但是，大部分高校的日语教师往往是在研究生毕业之后就开始教学工作，在技能方面较为缺乏，所以难以满足高校日语人才培养的实际需求，进而导致高校日语人才培养质量较低。

第三，高校教师素质参差不齐。大部分高校的日语任职教师主要是通过正规途径招聘，多数为毕业于重点高校的学生或有海外留学经历的人才。但是其中也有部分教师存在工作经验不足、自身专业能力较差的情况，从而在一定程度上影响了学校的日语人才培养质量。

三、配套实训基地尚不完善

大部分高校的外语实训基地是以培养学生的外语技能、专业综合技能等为目标。但是从实际情况来看，由于生源素质问题的影响，很多学生没有形成自主学习的习惯，只有极少数学生能够按照教师的安排进行日语预习和复习，大部分学生在日语学习过程中不能及时理解教师所讲授的日语知识，跟不上教师的上课节奏，甚至一些学生由于对日语学习不感兴趣已经放弃日语学习。同时，大部分高校所开设的日语专项技能实训课程虽然对提升学生日语能力有一定帮助，但是作用较小。这是因为这些实训课程基本不属于基础主干课程，所以每周只有 2 个课时，学生在思想上没有对其给予足够重视，进而导致实训课堂教学效果不明显。另外，虽然当前日语专业的综合实践方式受到学生欢迎，但是在大部分情况下，这种实践方式要求学生通过自己查阅相关资料或收集相关资料来对实训场景进行演练，尽管这样能够更好地发挥学生的主观能动性，同时也将学习主动权交给学生，但是这种方式需要建立在学生有较强的纪律性和自主性之上，并且难以和企业的实际需求相适应，因此导致大部分学生无法通过这种方式来进行演练，也很难接触到与实际工作场景相近的工作内容。

当然，高校校外配套基地方面也存在较多问题，具体为：第一，企业的实际岗位与学校的实际教学内容不适应。比如在一些高职院校中，日语专业的学生往往是在大三第一学期的第一周进入企业开始顶岗实习，大概于每年的 11

月底开始。但是在学生进入企业进行顶岗实习之后，在 12 月初又需要参加国际日语能力等级考试，所以得向企业请假。而企业的岗位关系到企业的整体安排及生产进度，所以很多学生为了参加国际日语能力等级考试，不得不辞职离开工作岗位。除了国际日语能力等级考试以外，大量执业资格证书的考试往往也集中在学生的大三阶段，这样就导致企业的生产与学校的时间安排存在冲突，不仅给企业造成一定损失，同时也对学生的实践产生一定的影响。

另外，学生顶岗实习的岗位和学生的学习方向往往不相符。在通常情况下，由于企业生产任务较重，因此学生尽管只是顶岗实习，但是所承担的生产任务与企业员工并没有太大区别，工作时间较长，学习时间较短，甚至一些学生由于在工作过程中过于疲劳而没有多余时间进行学习，沦为企业的廉价劳动力，自身没有得到提升。换言之，很多学校是通过顶岗实习来完成实训这一教学环节，而企业则是通过顶岗实习来节约成本，利用学生来创造更多的利润。同时，企业方面存在投入不足的问题。相较于发达国家，我国的企业对于高等教育尤其是高等职业教育认识程度不足，不像发达国家那样会投入大量人力物力到教育中培养更多新人。这是因为企业没有认识到教育对自身发展的重要意义，所以导致当前只有少部分企业愿意投入更多的人力物力用于高等教育。另外，我国对企业参与高校课程改革及与高校合作等方面没有给出十分明确的政策支持，比如在税收减免等方面。

除此之外，学校与企业合作形式较为单一。校企合作指的是通过不同方式，高校向企业提供人才支撑，企业则向高校提供学生实习场所或为教师提供相关培训机会，同时向高校教师提供当前最新的行业信息。所以，整体上来看，高校与企业的合作应该是一种共赢模式。高校应该充分发挥校企合作的优势，提升自身的教学质量并做好学生就业工作，提高与企业的合作程度。通过校企合作，高校所培养的人才能更加符合社会实际需求，从而提升学校的人才实用性。同时，在校企合作的支撑下，还可以促使高校所培养的人才与市场实际接轨，帮助学生实现理论与实践的结合，实现高校和企业的共同发展。

在党的十九大报告中，习近平总书记再一次强调教育对社会发展的重要性，并且指出在社会建设过程中必须优先发展教育事业。与此同时，习近平总书记还强调要全面贯彻党的教育方针，落实立德树人根本任务，发展素质教育，推进教育公平，培养德智体美全面发展的社会主义建设者和接班人。另外，习近平总书记还强调要完善职业教育和培训体系，深化产教融合、校企合作。

从目前来看，校企合作主要有四种形式，第一种是高校将企业引入学校内部。这种校企合作形式的主要优势在于学校与企业可以相互借助对方的资源实现发展，并且能够形成综合性目标。这种校企合作形式的缺点主要是，因为学校与企业受到资金方面的影响，所以在通常情况下往往难以实现企业运营模式。

第二种形式为工学交替形式。这种形式的主要优势在于学校可以借助企业的优势，派遣学生到企业进行实习，促使学生在实际操作过程中实现理论与实践的结合，从而强化学生的实践能力。这种形式的缺点是，由于学校每年都会派出数量较多的学生进入企业实习，如果企业整体情况不佳，则会导致企业无法同时容纳这么多的学生进行实习。同时，由于学生需要实际进入企业进行实习，因此教师无法时刻关注，从而导致学校对学生的管理难度增加。除此之外，在学生实习过程中，学校还需要注意避免出现企业盘剥学生应得利益的情况。

第三种形式为校企互动，这一形式主要表现为企业参与到学校的教学过程中。学校可以在与企业合作的过程中引入企业的优秀管理者或精英人员到学校向学生授课，企业也可以从学校引入优秀教师帮助自己进行员工培训。这种形式的优势主要在于能够实现学校和企业之间的优势互补及资源互通。缺点主要是，由于学校的授课场所存在诸多限制，因此即使学校引入企业相关人员向学生进行授课，也会受到场地等条件的影响而导致授课效果不佳。

第四种形式为订单式合作形式。该项指的是学校与企业签订相关协议，企业从学校选择部分学生在毕业之后进入企业参加工作。这种形式的优势在于企业可以参与到学校的教学过程中，从而促使学校的教学更具有针对性。缺点则是学校需要充分结合企业的实际需求进行人才培养，所以学校在这种关系中处于被动位置。从当前高职院校的日语专业人才培养来看，毕业生在毕业之后主要从事的是外贸业务员、翻译人员、办公室文员等工作。从这里能够看出，目前大部分高职院校与企业之间的合作仍然停留在校企互动层面，即学校在与企业合作过程中只是简单邀请企业部分专家和精英人员来学校进行一些讲座类活动，整体不够深入。同时，很多高校毕业生在毕业之后都存在缺乏工作经验的问题，这也反映出当前校企合作停留于表面。尽管日语专业学生在毕业之后可以选择的工作岗位较多，并且范围也较为广泛，但是社会实际所需求的日语专业工作岗位数量较少，并且就业需求较为分散，所以高校必须加强校企合作，为学生提供更多实习机会，促进学生综合能力的提升。

近年来，境外教学实践基地的建设对外语专业复合型人才、应用型人才的培养起着极大的作用。然而境外教学实践基地仍有很多需要改进之处。就其具体问题所在及其改善方案的思考请参考拙文。①

四、培养目标与实际需求脱轨

高等教育的人才培养目标是为社会的生产、建设和管理等方面提供专业人才。但是，有些高校日语专业人才培养的目标在很大程度上背离了实际需求。所以，许多高校都需要改变人才培养定位和社会实际需求脱节的现状，对人才培养模式进行改革，同时在此基础上对日语课程体系进行重新调整，保障培养的日语专业人才能够充分满足社会实际需求。

高校人才培养工作包含多方面的内容，不仅有专业知识的传授，也有专业素养和职业技能的培养，并且这些方面不能相互替代。在当前社会对复合型人才十分重视的形势下，高校应对自身的人才发展目标进行重新设定，将培养复合型人才作为最终培养目标。但是从实际情况来看，许多高校还是使用传统教学，强调理论知识，忽视了对学生实践能力、技能等方面的培养。同时，由于大部分高校十分重视生源问题，往往会将日语专业调为特色专业，尽管这种方式在吸引学生方面获得了一定效果，但是在实际的人才培养过程中，忽略了人才培养应为地方提供高质量服务的原则，从而导致人才培养目标与实际需要脱节。

除此之外，部分高校在日语人才培养过程中出现了一种极端现象，即为了追求高就业率，在引导学生进行技能课程学习的过程中，忽视了培养学生的综合素养。拥有良好的综合素养是帮助学生更好地服务社会及顺利就业的重要基础，如果学生综合素养较低，必然会影响到学生的就业及未来发展。如果学生没有足够的知识储备或职业素养水平较低，就意味着学生在技能水平方面难以适应时代发展，从而导致学生在岗位上难以获得长远发展，甚至可能面临被淘汰的局面。一些高校尽管开设了相应的专业课程，但是在实际进行过程中没有形成有效的监管体系，从而导致学生专业素养提升缓慢，最终影响到学生综合素养的提升。尽管高职院校学生在毕业之前会进入企业进行顶岗实习或接受企业的培训，但是由于某些学生本身专业素养的不足，往往会导致实习无法达到预期效果。

从目前来看，高校人才培养中的就业问题逐渐凸显，之所以会产生这一问

────────

① 汤伊心：《外语专业多元化人才培养途径的探索》，载《宁夏大学学报人文社会科学版》2020 年第 1 期，第 185～188 页。

171

题，不仅与全国大学生就业问题相关，更是因为当前大部分高校人才培养结构尚不完善。在全球化发展和产业升级的大背景下，技术在生产过程中不断发展创新，各行业的岗位对劳动者的要求更多地体现在综合素养和技能方面。为了达到这样的要求，高校对学生的培养不仅需要有相应的设备环境和技术环境作为支撑，还必须有合理的人才培养体系。所以，高校需要在培养学生专业素养的基础上对培训内容进行调整，以此来促使学生能力符合社会经济发展的实际需求。

五、配套课程特色不足

从目前来看，促使课程资源实现信息化是高校专业配套课程彰显自身特色的重要渠道之一。但是从实际情况来看，我国大部分高校由于课程信息化起步较晚，发展时间较短，再加上在信息技术及发展模式方面受到了限制，导致课程信息化存在诸多问题。第一，要想实现课程信息化，需要有相应的机制作为支撑，同时也需要有完善的组织结构。但是大部分高校没有形成相应的管理机制，所进行的课程信息化仍然流于表面。第二，大部分高校在课程设置方面没有形成技术标准，尽管有其他已经实现课程资源信息化的高校作为参考，但是这种参考难以支撑高校形成具有自身特色的课程标准，从而导致高校课程信息化实施基础缺失。第三，政府在课程信息化方面的宣传力度不够大，并且没有推进高校课程信息化的相应的监管机制，也没有足够的资金支持，从而导致高校课程信息化实施难以进行，无法获得预期效果。

从高校日语专业方面来看，也存在上述问题。比如在一些高校中，由于课堂信息化体系难以建立，导致学校失去了宣传自己特色专业的机会。同时，当前部分高校的日语专业在教学和实际工作岗位需求方面没有形成有效连接，导致学生学习的日语知识无法在实际岗位中应用。并且对于学生在日常工作中应具备的能力来说，在当前部分高校的日语专业中，相关配套课程较少，无法提升学生这些方面的能力。通过对已经毕业的日语专业学生的调查发现，很多日语专业学生都指出自己所在高校的日语课存在与实际脱节的问题，这就导致毕业生虽然掌握了商务类的日语知识，但是没有掌握日语的专业术语，从而使所学习的日语知识无法在实际工作过程中得到应用。因此，高校必须建设双师型教师队伍，由双师型教师队伍对学生进行有针对性的授课，解决和弥补存在于人才培养模式中的问题和不足。

在知识经济时代，知识更新速度不断加快，高校教学活动需要紧跟时代发展步伐。但是在实际教学过程中，大部分教师还是习惯于使用传统教学方式进行教学，每年使用的教材基本相同，使用的教学方法基本一致，这样就会导致日语专业教学难以符合社会实际需求。比如在一些高校中，对日语专业人才的培养仅仅在于重视课程设置，而忽视了课程开发的重要性，从而导致培养的日语人才无法满足社会的实际需求。

六、教学管理工作存在的不足

从目前来看，尽管大部分高校实行两级管理模式，但是其中依然存在不少问题，主要体现在以下三个方面。

（一）管理理念落后，工作处于被动状态

从 20 世纪 50 年代开始，我国高校充分借鉴了苏联的行政管理模式，实行了两级教学管理体制。但是从实际情况来看，无论是学校的专业设置还是教学安排，仍然是由上级主管部门进行操作和协调。这种管理方式导致高校的教学活动具有较为浓厚的行政色彩，所有教学工作开展的主要目的为维持教学秩序，导致教学管理人员无法以全局视角对教学工作的开展进行考量，从而无法做出科学的决策，最终导致高校教学质量难以提升。

（二）权责不明，机制不全

任何一所高校的正常运营都要建立在权责分明的管理体制之上，同时这一体制也是高校内部各方面工作得以顺利进行的前提，是高校人才培养质量得到有效提升的关键。但是，当前部分高校的管理系统出现了权责不明的问题，主要体现在学校和二级学院之间对职责的划分不够清晰，导致在高校实际运行过程中，一些二级学院领导权责不明，管理效率较低。一般来说，教学管理工作具有极高的集中度，由学校的教务处负责，这就导致学校教务处工作较为繁重，容易出现管理的疏漏，影响管理质量的提升。但是很多二级学院的领导已经习惯于听从学校的命令和通知，没有积累相关教师管理经验，从而导致其对本学院或本系的管理工作存在诸多问题，弱化了学院本身的职能，甚至严重时还会导致教学管理功能失控。

（三）体制落后，制度不健全

从目前来看，我国高校的管理模式过度重视权威性，但是缺乏相应的配套体系，比如监督体系、评价体系、咨询体系等。现代高等教育的不断发展，要求高校的管理模式灵活多变，做到实时与规范。所以，教学管理规章制度方面的欠缺必然会影响到高校教学管理工作的整体质量，从而影响到人才培养质量。

七、学生学习能力不足

学习能力指的是在非正式学习过程中或处于非正式学习环境中，人本身所产生的求知和发展等方面的能力。从大学生群体的实际情况来看，大部分大学生都存在一定的共同点，尤其是对于高职类院校学生来说更为明显，具体如下。

首先，高职院校本身由于受到历史及政策等方面因素影响，其生源质量略低于高校本科学生。生源质量较低主要体现在以下两个方面：第一，大部分高职院校学生在中学阶段的学习成绩处于中等或较低水平，并且在学习能力方面与高校本科学生存在一定差距。第二，不同地区的学生学习能力存在一定差距，因此高职院校的教育难度更大。

其次，高职院校的学生往往没有形成良好的学习习惯，自我管理能力较弱，缺乏自我约束意识，并且自我学习能力较差，自信心不足，自卑感较强。

高职院校日语专业的学生还存在以下两个方面的特点：第一，高职院校日语专业学生往往专业基础较差，甚至有部分学生没有任何专业基础。大部分高职院校学生在进入学校之前都没有接触过日语，基本为零基础。日语专业学生选择日语专业主要由于本身的兴趣爱好，比如部分学生在观看日本动画或电影过程中对日语产生兴趣，但是对日语的认识整体不够深入与系统。第二，高职院校日语专业调剂率较高。很多高职院校的日语专业每年通过专业调剂招收到的学生数量不断上升，甚至一些高职院校非调剂学生和调剂学生的数量基本持平。日语专业学生基本为日语零起点和零基础，所以需要在学习过程中投入更多时间与精力才能够掌握日语。但是部分高职院校学生在学习过程中往往自律意识较差，学习较为松懈，导致高职院校日语专业教学效果不佳，很多学生都存在挂科现象。另外，由于日语是一门语言，需要学生在学习过程中多与其他人进行交流沟通，这样才能够促使学生的口语表达能力得到强化。但是大部分高职院校学生由于没有任何日语基础，并且学生之间在教育条件方面存在较大差距，因此学生之间的交流沟通存在一定困难。甚至一些学生由于无法适应新的生活环境，自卑感增强，从而导致学习效果较差，进一步加大了与他人交流沟通的难度，逐渐陷入恶性循环当中。

/第三节/ 高校日语人才培养的改革措施

一、完善体制建设，加大推进力度

首先，需要加强教育体制和办学模式的建设。高校需要和用人单位及地方政府建立紧密联系，以此为基础了解社会实际人才需求及市场经济的实际发展趋势，进而制订出符合社会实际需求的日语专业人才培养计划。具体为：第一，高校应向地方政府争取更多的财政支持和政策支撑，与政府、企业合作建立能够直接向学校反馈人才需求的渠道，形成紧密的合作关系，帮助高校及时了解社会实际人才需求。第二，政府应优化顶层设计，制定促进学校与企业合作的相关政策，促进高校和企业的合作关系进一步加深。第三，高校应在政府的相关政策及相关规章制度范围内，充分结合自身实际发展需求，建立完善的学科建设质量体系。

其次，需要完善评估监督体制。高等教育要实现良好发展，必须定期接受相应的评估，所以完善的评估监督体制对于高校发展来说十分重要。具体来说，高校需要建设透明公开的评估平台，并且在该平台中定期公开评估数据，接受社会和学生的监督，形成开放透明的评估环境。在专业人才培养方面，高校需要充分以就业为导向，以就业实际情况作为人才培养成果的重要标准，以此与其他高校进行横向比较，找到自身在人才培养过程中存在的问题及优势，对办学资源进行调整，优化人才培养条件，实现人才培养资源的最优配置。比如在教学质量评价方面，可以在与其他高校进行横向对比的基础上找到教学质量评价中存在的问题，然后以此为基础从不同角度和不同层次进行改善，可以充分结合社会实际需求的变化、学生自我评价及教育主管部门的评价等进行改善。事实上，高校的人才培养成果在很大程度上需要社会和企业进行评价，所以需要充分考虑社会及教育的发展，从而建立起完善的评价体系。具体来看，高校在对自身的人才培养绩效评价体系进行完善的过程中，需要与企业和教育主管部门加强沟通，促使三方共同参与到评价之中，这样才能够体现出高校人才培养的有效性和科学性。

二、加强师资配备，培养双师型人才

教师是教育的重要支撑，如果失去了教师的支撑，教育将无法进行。在高校人才培养中，需要教师本身具有较强的专业能力和综合素质。教师不仅需要完成日常的教学工作和相关科研任务，还需要积累更多的专业工作经验。具体来说，高校的教师队伍需要有一定比例的双师型教师人才，即当前高校教师队伍需要提升双师型人才的比例。具体到一所高校中，需要坚持以人为本，在此基础上对当前教师队伍进行重新分配，以此来促使教师队伍实现最优化配置。比如，可以加强精英教师的培养，解决老教师在技能方面存在不足的问题，投入更多的人力物力补足实训课程教师数量，从而完善双师型教师队伍建设。从整体上来看，就是要对当前的教师队伍进行优化，加强教师队伍建设，在提升教师理论知识的基础之上，促使教师的实践能力得到提升，并且加强教师技术应用能力的培养，最终形成一支高素质的双师型教师队伍。

另外，本书认为，要想建设一支高素质的教师队伍，提升教师队伍的业务水平，促使教师队伍能够在人才培养过程中发挥出更大作用，还需要将教师的引进和培训作为重点工作。第一，对教师队伍实行人性化管理。通过人性化管理可以稳定教师队伍，并且能够从制度层面对教师形成鼓励，提升教师的专业水平和教育水平。高校需要充分认识到只有高水平的教师队伍才能够有效提升教学质量，保障人才培养顺利进行，以及培养出更多高素质人才。所以，高校在对教师队伍的管理过程中需要督促教师在实际教学过程中发现自身存在的问题，且帮助教师及时解决问题，从而提升教师解决实际问题的能力，进而帮助教师成为双师型教师。第二，减少教师的基本课时。通过减少教师的基本课时，可以促使一线教师拥有更多时间深入到企业中进行调研，尤其是对于高职院校一线教师而言，更加需要深入企业进行调研，充分了解企业各方面的实际情况，使课程与实践相连接，提升教师的实践能力，促使教师能够在实际课程教学过程中言之有物。第三，加强教师的职前培训与职后培训。无论是职前培训还是职后培训，培训内容都需要广泛，不仅要包含日语专业方面的内容，还要包含心理学、教育管理学等方面的内容，另外，还需要将企业的工作内容融入其中，这样才能够促使教师的专业能力得到有效提升。第四，选材要不拘一格。从实际情况来看，那些拥有行业经验的专家并不一定有教师资格证，拥有教师资格证的教师未必拥有相应的工作经验，所以对于高校而言，学历及相关证书并不是选择人才的必备条件，而是需要充分考量教师的整体能力。第五，建议国家制定相关政策及指导文件对师资建设进行扶持。不同类型的高校，教师所享受的待遇差别较大，比如公办高校教师往往享受的待遇较高，民办高校教师则待遇较低。但是民办高校的教师承担着与公办高校教师相同的责任，所以待遇不同必然会影响到教师的整体水平及高校教师教学的积极性，从而影响到高校的人才培养质量。第六，高校的招生工作不应作为一线教师的考核条件。从目前来看，一些民办高校由于缺乏政府的资金支持，其发展需要依靠自身的资金，生源的多少直接决定了民办高校的生死存亡，因此很多民办高校将招生工作作为一线教师的考核条件，并且占据较大比例，这显然是不合理的。所以高校需要对该方面进行改善，将招生工作从一线教师的考核条件中剔除，以此来提升教师的积极性，保障人才培养质量。

教师队伍建设可以通过以下几个方面进行：第一，高校应对当前的教师队伍进行整合，充分考虑各个教师的实际能力，并且以此为基础对资源进行划分，实现教师之间的优势互补。第二，高校应对教师层次进行合理分配，培养更多双师型教师，保证教师队伍能够充分满足学校人才培养的需求。第三，高校应调整对教师的评价方式，在对教师的评估指标方面，需要与教师群体的实际变化进行结合，形成更为完善的评估体系。第四，高校需要根据实际需求，招聘一批具有丰富经验和较高管理水平的人员，改变传统教学模式，并且对学校的专职教师和兼职教师的师资结构进行调整，以此来扩充双师型教师队伍的整体规模。第五，高职院校需要进一步明确人才引进目标，同时以此为基础拓展人才引进途径，实现人才引进方式的创新，这样才能够促使内部原有教师和外部引进教师实现共同发展，从而建立一支高素质教师队伍。首先，学校本身需要根据社会实际需求及日语专业未来发展方向有针对性地引进优秀日语教师。同时，在引进优秀日语教师的过程中，需要充分遵循相关引进原则，始终坚持引进优质的日语教师。比如，如果在引进教师的过程中，面对的是综合能力较高的日语人才，此时学校需要根据实际情况适当降低人才引进的标准，以此来吸引更多具有丰富经验并且掌握各种先进教学理念，但是学历层次较低的人才加入学校，这样不仅能够优化教师队伍结构，还能够在一定程度上强化日语专业的发展。其次，学校在进行教师引进的同时，还需要在结合实际情况的基础上制订教师队伍培养计划，尤其是中青年日语教师，学校应为这些教师提供更多的提升机会，以此来促进这些教师实现进一步发展。通过外部引进和内部培训的相互作用，能够促使外部引进人才和内部原有人才实现有机结合，从

而形成一支结构完善、综合能力强的教师队伍。第六，在建设教师队伍的过程
中，学校需要建立科学的评价制度，不能仅仅追求科研成绩或教学任务完成度
等，应该从各个方面对教师进行考察，将不同指标纳入评价考核体系中，比如
教师的工作态度、教师的教学能力、教师的心理素质等，这些都能够充分反映
出教师本身的综合能力。需要强调的是，任何一位教师都应该具备良好的工作
态度，这是一位优秀教师应具备的基本素质之一。日语教师作为教育从业人
员，必须具备良好的职业道德。教学能力是教师的基本能力之一，是教师在日
常教学工作中能够获得良好教学效果的保障。心理素质是教师综合素质的重要
组成部分，在教学过程中教师拥有良好的心理素质，不仅能够积极引导学生健
康发展，而且能够在遇到困难和问题时冷静处理，正确引导学生，提升学生解
决问题的能力。第七，高校还必须重视人才流失问题，避免优秀教师的流失。
从目前实际情况来看，很多高校由于自身各方面条件的影响，导致一些优秀教
师流失。因此，高校必须在尽可能满足优秀教师合理的物质需求的基础上，为
教师提供更好的教学环境，以此来满足优秀教师进一步发展的需求。具体来
看，高校可以充分利用自身所拥有的资源，为优秀教师提供更多资源支撑，促
进教师的进一步发展。同时，高校也可以加强与其他学校之间的交流合作，以
此来帮助教师实现进一步发展。整体上来看，高校要从各个方面培养教师，促
使教师无论是在教学方面还是在科学研究方面都可以实现进一步发展，这样才
能够促使学校本身实现健康发展。

三、加强学生配套实训能力的培养

对于大部分高校来说，提升学生的实践能力十分重要。所以，高校需要在
原有基础上对实训场地进行拓展，除了建设校内实验室和实训基地以外，还需
要积极走出去与企业进行合作，拓展实习基地的面积，为提升学生的专业能力
及为教师的科研活动提供更好的条件，促使学生专业技能得到有效提升，激励
教师将科研成果转化为实际产品，从而对企业形成更强的吸引力。对于企业来
说，积极参与到高校的校企合作项目中，帮助高校进行基地建设，不仅能够促
使企业影响力得到提升，还可以帮助高校对科研资源进行合理分配与利用，为
企业的未来发展提供平台支撑。

在校内实训过程中，高校需要充分重视培养学生的配套实践能力。首先，
高校在人才培养过程中应引导学生进行日语技能训练，使学生能够将日语作为

一门技能进行学习，提升口语听力能力，同时也培养日语语言运用能力。要想实现这一目标，就需要高校在日语语言教学的过程中，重视学生的交流活动，让学生掌握课堂教学中的日语知识，激发学生学习日语知识的兴趣。其次，在教学过程中，教师应强调日语的背诵与朗读，并且在教学过程中对学生进行抽查。这是因为一些学生本身自觉性不高，难以发挥自身的主观能动性，但是只要教师进行督促，他们就能积极配合，所以教师的督促对于帮助学生打好日语语言基础十分重要。同时，在学习过程中，教师还需要加强学生的专项技能实训和专业综合实训，比如文秘、商业和会议等方面的技能实训。整体上来看，教师需要在日语教学过程中充分引导学生对日语进行深入认识，并且通过创造日语教学情境，促使学生快速掌握日语知识，并且提升学生的实践能力。

另外，高校对于日语专业学生的培养还可以使用国内与国外相结合的培养方式。从目前实际情况来，大部分高校的人才培养训练方式主要为三结合的训练方式，即将岗位化训练和岗位工作内容进行对接，将学生需要学习的知识技能与学生职业素养紧密结合，将岗位工作和日语教育进行紧密结合。在这一过程中，高校在完善日语专业国内实训条件的同时，也可以拓展国外实训渠道，从而促使人才培养手段更加丰富多样。

但是需要注意的是，目前在拓展国外实践渠道的过程中，还面临着各种困难。第一，来自农村地区的学生，其家庭在支付了学费和学生的生活费用之后往往难以再承担其他费用，所以对这一项费用难以承受，这是影响高校开展国外实训教学的最大问题之一。第二，在国外学校或企业开展实训活动的过程中，需要充分考量安全问题，比如人身安全、财产安全等，同时还需要考虑双方的责任和义务，这些都需要双方进行妥善商榷，短时间内难以完成。所以在当前还需要高校对国外实践进行进一步探索和发展。

四、构建产学研办学体系

我国市场经济的快速发展，对高校人才培养提出了新的要求，要求高校在人才培养过程中充分关注市场经济发展的实际需求，即各地方高校需要充分考虑当地经济的实际发展需要，具体来说，就是需要建立产学研相结合的人才培养模式。

近年来，我国高校尤其是高职院校在落实产学研相结合的人才培养模式方面做了多种尝试，并且获得了一定成效。但是在产学研相结合的人才培养模式实际操作过程中，仍然存在诸多问题。比如实训场地与专业培养不对口、实训岗位和教师数量不相符、过于重视培养学生的专业技能而忽视了提升学生的综合素养等问题。这些问题导致高校人才培养模式的最终效果不理想。对于我国高校而言，要想充分落实产学研相结合的人才培养模式，就必须充分结合学生的实际情况，根据专业人才培养的主旨进行落实。具体为在完成教学工作和教学任务的过程中进行落实，并且在此过程中做好教学工作的改革，促使日语教程的内容和形式能与实际需求相衔接。

另外，高校要想充分发展产学研相结合的人才培养模式，就必须积极推进校企改革，以此来促使人才培养标准得以提高。从目前实际情况来看，我国高职院校的校企合作模式已经成为大部分高校实现发展的一种成熟模式，因此需要在此基础上建立良好的运行机制，这是实现校企合作改革的关键一步。当前，我国高校进行校企合作已经有些时日，但是与发达国家的校企合作水平相比还存在较大差距，主要表现在合作模式较为单一、合作效果较差等方面。所以，在当前积极探索校企合作新模式对于高校人才培养具有重要意义，这是当前我国各大高校需要慎重考虑的问题。从实际情况来看，我国大部分高校和用人单位之间所使用的校企合作方式为订单式人才培养，主要表现为高校和用人单位根据人才培养计划以签订订单的方式来进行各方面合作。这种合作方式能够促使高校和企业资源实现共享，从而促进学校、企业和学生之间的合作关系。

五、完善课程培养体系，实现课程资源信息化

在对教育资源进行整合的过程中，需要对信息技术进行高效利用，进而实现课程资源的信息化。课程资源信息化主要指的是通过对信息技术的深入运用，促进教育资源得到优化和高效利用。课程资源信息化能够通过信息化的方式对传统教育资源进行优化，并且在作用方式方面更加直接有效，可以促使传统教育资源表现为数字化、网络化、智能化和多媒体化，具有共享性、交互性、开放性等特征。

首先，高校需要建立科学的专业课程体系，这样才能够充分保障提升教学质量，实现专业培养目标。高校应合理设置课程结构，促使理论与实践之间实现平衡，促使日语人才培养模式符合应用型人才培养规律。其中，课程内容结构包含两个方面：第一，职业素养和专业基础知识；第二，与就业岗位实际需

求相关的专业技能。

其次，对于高校来说，课程信息化工作对于培养高素质日语人才十分重要，所以高校应积极建构信息化平台，为实现信息化管理提供条件支撑，同时实现课程资源的信息化创新，通过多方渠道资源进行课程开发，保障课程资源的有效分配及利用。同时，高校还需要建立完善的课程开发体系和健全的监管体制及反馈体制。

六、优化教学管理模式

通过教学管理模式的优化能够有效提升教学质量，从而培养更多高素质日语专业人才。具体来看，可以通过以下三个方面来进行。

第一，提升认识，扭转观念。高校要想促使教学活动顺利开展，要有完善的教学管理体制作为支撑，这是因为完善的教学管理体制在高校教育教学工作开展方面发挥着重要作用。学校管理人员应从思想层面充分认识到教学管理体制的重要性，并且在日常工作过程中除了要在原有管理体制的支撑下进行教学管理工作以外，还需要在此过程中寻找其中存在的漏洞，从而对管理体制中存在的漏洞进行修正，帮助高校资源实现最优化配置。另外，还需要从思想观念方面进行创新，促使广大教职工充分认识到教学管理中所产生的变化，督促广大教职员工认真执行新的制度，保障教学管理改革能够顺利进行。

第二，明确权责，理顺机制。这里的明确权责指的是明确学校和二级学院的职责。高校的管理部门和二级学院处于不同层级，所承担的工作职责存在不同。因此，两者需要在高校管理过程中明确自身的权责范围，做到各司其职，保障高校的教学管理体制正常运行，促进各方面教学工作的顺利开展，避免在管理过程中出现各种问题。从目前实际情况来看，我国大部分高校的管理体制是以教务处为教学队伍管理的领导者，教务处引领各个二级学院或系部教学工作的开展，并且对教学实际运行情况进行监督和管理。所以教务处应注意避免过度干预问题，否则容易影响到二级学院的正常发展。同时，教务处应着眼于未来，通过全局视角对高校资源进行调配，对教学工作进行监督，并且制定学校教学评价标准，以此来保障教学工作顺利进行并且获得较好效果。高校的二级学院及系部是学校专业建设的执行者，二级学院及系部除了需要按照教务处的管理监督规则进行实际工作以外，还需要对学院的专业建设问题进行充分考虑，找到课程建设、教材建设、实习基地建设和实验室建设的渠道，并且制订出系统完善的方案，以此来保证教学活动有序开展。同时，二级学院及系部还需紧跟经济发展开展特色教学，提升教学的成果，提升人才培养的层次与水平。除此之外，二级学院及系部还需要严格执行高校的教学管理制度，保障高校各方面教学任务得以完成。结合当前我国大部分高校的实际教学管理情况，本书认为高层教务处应进行权力下放，将更多时间和精力放在对管理制度的修订和执行上，促使二级学院及系部发挥更大作用，从而调动学校管理队伍的工作积极性，提升学校的整体管理能力。

第三，完善教学管理制度，实现管理工作的标准化与规范化。要想提升日语人才培养质量，首先需要提升管理水平，而提升管理水平的关键在于从教学管理制度的完善着手，并且以保障教学管理体制的顺利执行为重点，建立起完善的工作机制及体制，实现教学管理的制度化、规范化和科学化。对于大部分高校来说，要完善教学管理制度，实现教学管理工作的规范化，可以从以下八个方面来进行：第一，制定教学常规管理工作规则，保障教学管理能够在合理范围内进行；第二，建立教学质量评估制度，保障教学质量能够得到及时有效的反馈；第三，完善考试管理制度，使考试能够充分反映高校人才培养质量；第四，制定教学档案管理制度，以此来充分掌握所有学生的实际情况；第五，建立教学督导制度，以此来促使教师更加积极地参与到人才培养中；第六，建立健全听课制度，促使不同教师之间可以通过相互交流沟通，提升自身专业能力；第七，完善教材管理制度，保障教材内容能够与实际相符，可以有效提升学生的综合能力；第八，建立实践教学管理制度，以此来保障实践教学发挥应有作用。除此之外，高校还需要建立教学管理的相关配套制度，以此来促进教学管理体制改革顺利进行。具体来看，主要包含以下四种：一是财务管理制度，二是人才引进制度，三是考核激励机制，四是监督机制。

七、改变传统观念，提高就业质量

近年来，尽管我国高等职业教育发展情况良好，但是并没有从根本上改变职业教育处于弱势地位的境况，大部分民众对职业教育的了解存在一定误区，认为职业教育是一种学生在没有进入本科高校之后的次等选择。对于民众的这种刻板印象，职业高校需要充分结合实际情况，提升自身的就业质量，从而改变传统观念。首先，高校本身需要通过不同渠道和不同方式进行宣传，通过宣传来改变大众对职业教育的刻板印象，比如高校可以向学生和家长充分展示自己,让更多学生与家长了解职业高校的优势,以获得更多生源。其次,学校本身需要保障教学质量,从而培养出社会与企业所认可的高素质人才,进而促使学校本身的就业质量得到提升,最终提升自身在家长和学生心目中的形象,为后续发展提供更多动力。最后,学校在培养专业人才的过程中,不仅需要重视专业知识和能力方面的培养,而且需要重视培养学生的职业道德素养,从而促使学生的综合素质得到提升。

八、新时代中国高等外语教育的新使命

2021 年 5 月,习近平总书记在主持十九届中央政治局第三十次集体学习时强调:"讲好中国故事,传播好中国声音,展示真实、立体、全面的中国,是加强我国国际传播能力建设的重要任务。要深刻认识新形势下加强和改进国际传播工作的重要性和必要性,下大气力加强国际传播能力建设,形成同我国综合国力和国际地位相匹配的国际话语权,为我国改革发展稳定营造有利外部舆论环境,为推动构建人类命运共同体作出积极贡献。"同年 9 月,习近平总书记给北京外国语大学老教授亲切回信,对全国高校外语人才培养提出殷切期许:"努力培养更多有家国情怀、有全球视野、有专业本领的复合型人才,在推动中国更好走向世界、世界更好了解中国上作出新的贡献。"

将习近平新时代中国特色社会主义思想有机融入高年级日语读写能力的教学与人才培养中,帮助学生系统学习、深入领会习近平治国理政思想,学会用中国特色社会主义理论、立场和方法观察分析当代中国的发展及其成就,学会从跨文化视角阐释中国道路和中国智慧成为当下日语教学的新目标。根据宣传部、教育部关于《习近平谈治国理政》多语种版本进高校进教材进课堂(简称"三进")工作的重要部署,自 2021 年 9 月 29 日高等学校外国语言文学类专业"理解当代中国"系列教材重大项目启动实施以来,日语系列教材编写团队高度重视系列教材编写工作,认真贯彻落实高等学校外国语言文学类专业"理解当代中国"系列教材重大项目启动会议的精神和要求,目前已完成《日语读写教程》《日语演讲教程》《汉日翻译教程》《高级汉日翻译教程》四部教材的编写工作。在教材的编写过程中,为加强教材标准化编制工作,工作组召开了 30 余次编委会议,对编写方案、样章及选篇进行反复推敲、打磨。中国外文出版发行事业局、教育部高等学校教学指导委员会专家作为审稿组成员,从教材宗旨、教材理念、教材定位、体例架构、素材选取等方面提出了许

多建设性的意见，为保质保量完成编写任务打下了良好的基础。通过反复论证，全体编委统一了思想、凝练了方向、提高了认识，在实现教材内容的本、硕有机衔接，教材体系标准化、系统化与学科化，把好教材方向关与质量关等方面达成了共识。

该系列教材旨在将习近平新时代中国特色社会主义思想与日语读写、演讲和翻译能力的培养有机融合，引导学生系统学习、深入领会习近平新时代中国特色社会主义思想的核心要义，学会用中国理论观察和分析当代中国的发展与成就，从跨文化视角阐释中国道路和中国智慧，坚定"四个自信"。通过学习该课程，让学生进一步了解中国特色话语体系，用中国理论解读中国实践，提高用日语向国际社会讲好中国故事的能力，成为有家国情怀、有全球视野、有专业本领的新时代国际化外语人才，为中国参与全球治理、推动文明互鉴、构建人类命运共同体贡献力量。

在教学方法方面，实施内容与语言融合外语教学理念，帮助学生在使用外语进行知识探究的过程中不断提高外语能力，在开展听说读写译语言活动的过程中，不断加深对习近平新时代中国特色社会主义思想的理解，最大限度地提高外语学习效能；推行跨文化思辨外语教学理念，帮助学生从跨文化视角分析中国实践，探究中国理论，通过启发式、讨论式、体验式、项目式和线上线下混合式等多种教学形式，提升语言运用能力、跨文化能力、思辨能力、研究能力、合作能力、自主学习能力等多元能力。

该教材的使用对教师的教学水平有一定的要求：第一，要提高理论素养，为了有效开展教学，教师应率先阅读原著，领会学习习近平新时代中国特色社会主义思想的核心要义和内在逻辑，全面提高自身的政治理论素养，坚定"四个自信"，学会用中国理论解读中国实践；第二，要理解当代中国，教师在授课中应引导学生细读原著，必要时进行拓展阅读和研究，鼓励和帮助学生运用习近平新时代中国特色社会主义思想的基本观点和方法，在全球大背景下深入分析当代中国丰富多彩的改革开放实践，坚定"四个自信"，成为堪当民族复兴重任的时代新人；第三，要强化语言对比，教师应扎实掌握汉、日两种语言的基本知识，系统了解汉日两种语言的基本关系，特别是汉日时政文献话语体系在词汇、句法、逻辑、文化背景等不同层面的差异，引导学生熟悉时政文献的语言特点，树立汉日时政文献语言对比意识，加强中国时政文献对日翻译的语言规范性；第四，要突出国际传播，教师应具备国际传播意识，掌握国际传播的基本知识，在坚持"以我为主"忠实传达中国时政文献核心思想内涵的基础上，明确"融通中外"的国际传播原则，充分理解并客观评价多样化翻译策略的组织协调与具体效果；第五，要丰富教学方法，教师应深刻认识到中国话语翻译与国际传播的重要性和艰巨性，充分应用启发式、研讨式教学方法，避免翻译原则与策略的一般性介绍，重视中国时政文献翻译原则统一性与翻译策略灵活性的结合，避免简单而机械地进行语言对比分析，重视基于主题思想理解的跨文化阐释与翻译，避免"标准答案"式的绝对化评价，鼓励基于主题思想有效传播的多样化阐释。

新时代中国高等外语教育对学生寄予了以下希望：第一，争做"三有"（有家国情怀、有全球视野、有专业本领）人才；第二，掌握中国话语，加强国际传播能力建设，提高中国国际话语权，自觉成为中国道路、中国理论、中国制度、中国文化的学习者、实践者、传播者；第三，熟悉国际传播，以语言为载体、以文化为媒介、以传播为核心，努力提高中国话语的国际传播力、影响力、感召力；第四，加强自主学习，培养独立思考能力，磨炼思辨能力，重视个人实践经验的提炼与升华。①

---

① 以上为 2022 年 8 月《理解当代中国》多语种版本教材任课教师培训内容。

结　　语

本书主要在阐述我国高等日语教育发展的基础上，分析了我国日语教学创新与人才培养。通过分析我国高校日语人才的培养情况和培养过程中存在的不足，试图寻找新形势下更为完善的日语人才培养模式。本书的部分内容尽管是以部分高校为案例进行分析的，但是这些案例具有一定代表性，对其他学校也基本适用。比如其中所论述的日语人才培养方面存在的问题在其他高校中也存在。因此，本书的研究成果应该引起所有高校日语专业的重视，大部分高校都应该能从其中获得一定借鉴，从而促进自身日语专业人才培养的发展。但是本书也存在一定不足，比如尽管本书论述了高校日语人才培养，但是由于覆盖范围较窄，因此在一些方面可能存在分量不足的问题。同时，本书提出的一些关于日语人才培养或教学法应用等方面的策略具有较强的普适性，在日语专业方面的创新思考较少。另外，在我国高等日语教育发展方面，日语作为在我国仅次于英语的第二大外语语种，高等日语教育是我国外语教育事业的一个重要组成部分，其持续发展与不断提升，始终与祖国的兴旺发达紧密相关，国运昌则教育兴，国家有进步、有发展，高等日语教育才会有起色、有跨越、有新气象，这一点不论是在过去、现在，还是将来都不会改变。日语教育始终与中国各个时代的社会背景，以及中日关系的变化紧密相连。我国的高等日语教育与中日各方面友好交流和贸易投资发展形势还有不相适应之处，虽然在总量上已经达到了相当的程度，但在内部结构和分布、层次上都存在问题，这些问题亟待解决。随着时代的进步，未来的高等日语教育必然会在各方面都逐步完善。在当前日本经济不如以前景气、高校继续保持大规模招生、高考人数不断减少、社会对人才质量的要求不断提高等因素的影响下，可以预见：目前高等日语教育的规模可谓到了巅峰阶段，今后将会朝着稳定或适度减少数量、大力提高质量的方向前进。六十年来，我国日语高等教育在资料保存方面有所欠缺，有很多教学计划、课程表、教师情况统计、学生情况统计、留学派遣人员统计等都没有保留下来。改革开放以来，特别是进入 21 世纪后，得益于社会的稳定、经济的发展、高校教学质量的评估等，各高校日语教学的相关资料都得到了一定程度的抢救性完善，未来的高等日语教育相关数据的完整性必然会大大改善，发展脉络也会越发清晰。北京、上海等大城市和东北等日语教育历史较长的地区与日语教育历史还比较短的其他地区，无论是在高等日语教育层次上还是研究领域规模上都存在很大差距。保持专业教育的高水准并开展多层次、多形式办学对日语教育的持续发展具有重要意义。未来随着我国经济的不断发展和国力的日益强盛，日语高等教育必然会呈现出以这些大城市为引领的全面进步的态势，并且，在教育方法上，必然还会随着学生知识结构、社会观念意识、硬件条件等诸多因素的改变而发生更大的变革，课程形式必然趋向多元，不同地区的高等日语教育侧重点和发展优势也会越发明显。

中国的日语教育有着自身的特殊性，中国学生学习日语遇到的困难，以及中国高校推进日语教学的改革，都体现着中国特色。中国的事情毕竟要靠中国人自己来做。相信在从事这一事业的广大教师的不懈努力下，未来的中国高等日语教育一定能在教育理论与实践中不断探索出适合自己的道路，继续焕发出自己的光彩。

附　录

附录一　　关于日语教学现状的问卷调查

1. 在学习第二外语日语前，你主要以何种途径了解日本的情况（　　）

    A. 电影、电视、漫画、游戏等　　　　B. 在日本的亲戚朋友

    C. 学校的老师和同学　　　　　　　　D. 在此之前不太了解日本

2. 你为何选择日语作为你的第二外语学习课程（　　）

    A. 喜欢日本和日语，想学

    B. 认为学习日语比较轻松，容易拿到学分

    C. 一定要选一门第二外语，被逼无奈

    D. 同学（或好朋友）选了日语，我也就选了

    E. 其他原因

3. 日语课程学习，你是属于（　　）

    A. 主动、积极地学习

    B. 为了完成学习任务而被动学习

4. 你对目前第二外语日语课的总体兴趣是（　　）

    A. 感兴趣　　　　B. 应付式学习　　　C. 没有兴趣

5. 你认为现在所学的日语对你今后最大的帮助是（　　）

    A. 有利于考研

    B. 有利于去日本留学或旅行

    C. 有利于将来找工作

    D. 有利于进行与日本相关的娱乐（游戏、歌曲、影视等）

6. 在日语学习上，你主要时间用于（　　）

    A. 背单词，学语法

    B. 听说技能训练

    C. 阅读

7. 你目前日语学习中最大的困难是（　　）

    A. 词汇　　　　　B. 语法　　　　　C. 听力　　　　　D. 口语

8. 你认为现在的日语教材难度如何 （　　　）

    A. 较难   B. 难易适中   C. 较简单   D. 不知道

9. 你认为自己学习日语至今是否有收获 （　　　）

    A. 很有收获   B. 有一点收获   C. 没有收获

10. 你认为学习日语最大的收获是 （　　　）

    A. 改变了对日本原有的印象   B. 能用日语简单对话

    C. 了解了很多日本文化和民俗   D. 看日剧或玩游戏更方便了

    E. 其他

11. 你对现在第二外语日语课程的意见是 （　　　）

    A. 保持现状   B. 加大力度   C. 减小比重

12. 你认为哪种方式最有利于学好日语、提高日语成绩 （　　　）

    A. 认真听课，严格按老师要求去做

    B. 到校外参加各种日语培训班和考级班

    C. 看动漫、听日语歌、打有日文的游戏

13. 在教学形式上，你认为应该采用 （　　　）

    A. 由学生通过自学来获取新知识

    B. 在教师的指导下，学生积极主动学习和实践，以获得新知识

    C. 完全由老师讲授，学生听讲

14. 你对以下哪些教学方法感兴趣 （　　　）（可多选）

    A. 网络学习   B. 合作学习

    C. 情景化学习   D. 多媒体教学

15. 经过一个学期的日语学习，你对下一学期的日语学习 （　　　）

    A. 更有信心   B. 没有信心

附录二　Seminar 教学法学生问卷调查

1. 你所在的年级是 （　　　）

    A. 二年级   B. 三年级

2. 你是否按时出席 Seminar 课 （　　　）

    A. 出席 90%以上   B. 出席 80%～89%

    C. 出席 70%～79%   D. 出席 70%以下

3. 你在什么课程中，参加过 Seminar（　　　）（可多选）

　　A. 基础日语　　　　　　　　　　B. 日语语法

　　C. 日语阅读　　　　　　　　　　D. 日语听说

　　E. 经贸日语　　　　　　　　　　F. 日本国概况

　　G. 没有参加

4. 你觉得适合 Seminar 的课程有（　　　）（可多选）

　　A. 基础日语　　　　　　　　　　B. 日语语法

　　C. 日语阅读　　　　　　　　　　D. 日语听说

　　E. 经贸日语　　　　　　　　　　F. 日本国概况

　　G. 都不合适

5. 你觉得 Seminar 课中教师选题是否合理（　　　）

　　A. 优　　　　　　B. 良　　　　　　C. 中　　　　　　D. 差

6. 与普通课程相比，你用在 Seminar 课的课外学习时间（　　　）

　　A. 多　　　　　　B. 比较多　　　　C. 差不多　　　　D. 少

7. 与普通课程相比，Seminar 课中你参加讨论的积极程度（　　　）

　　A. 优　　　　　　B. 良　　　　　　C. 中　　　　　　D. 差

8. 你觉得 Seminar 课中，任课教师的讨论组织水平（　　　）

　　A. 优　　　　　　B. 良　　　　　　C. 中　　　　　　D. 差

9. 与普通课程相比，Seminar 对增长你的知识的效果（　　　）

　　A. 优　　　　　　B. 良　　　　　　C. 中　　　　　　D. 差

10. 与普通课程比较，Seminar 对培养你的能力的效果（　　　）

　　　A. 优　　　　　B. 良　　　　　　C. 中　　　　　　D. 差

11. 你觉得 Seminar 课程中查阅资料等自主学习的效果（　　　）

　　　A. 优　　　　　B. 良　　　　　　C. 中　　　　　　D. 差

12. Seminar 课与传统理论课教学方式比较，掌握知识点的效果（　　　）

　　　A. 优　　　　　B. 良　　　　　　C. 中　　　　　　D. 差

13. 与普通课程相比，Seminar 课中课堂讨论的效果（　　　）

　　　A. 优　　　　　B. 良　　　　　　C. 中　　　　　　D. 差

14. 上了 Seminar 课后，师生、同学之间的关系的增进效果（　　　）

　　　A. 优　　　　　B. 良　　　　　　C. 中　　　　　　D. 差

15. 今后，你是否愿意上 Seminar 课（　　　）

　　　A. 很愿意　　　B. 还行　　　　　C. 不想上

附录三　Seminar 教学法教师问卷调查

1. 您所上课的年级是（　　　）

   A. 二年级　　　　　　B. 三年级

2. 你是否在课程中组织过 Seminar 课（　　　）

   A. 总课时 80% 以上　　　　　　　B. 总课时 60%～79%

   C. 总课时 40%～59%　　　　　　　D. 总课时 20%～39%

   E. 总课时 20% 以下

3. 你在什么课程中组织过 Seminar（　　　）（可多选）

   A. 基础日语　　　　　　　　　　B. 日语语法

   C. 日语阅读　　　　　　　　　　D. 日语听说

   E. 经贸日语　　　　　　　　　　F. 日本国概况

   G. 没有组织

4. 你觉得适合 Seminar 的课程有（　　　）（可多选）

   A. 基础日语　　　　　　　　　　B. 日语语法

   C. 日语阅读　　　　　　　　　　D. 日语听说

   E. 经贸日语　　　　　　　　　　F. 日本国概况

   G. 都不合适

5. 你觉得 Seminar 课中选题是否有难度（　　　）

   A. 很难　　　　B. 比较难　　　　C. 一般　　　　D. 比较容易

6. 与普通课程相比，你用在 Seminar 课的备课时间（　　　）

   A. 多　　　　B. 比较多　　　　C. 不多　　　　D. 比较少

7. 与普通课程相比，Seminar 课中学生参加讨论的积极程度（　　　）

   A. 优　　　　B. 良　　　　C. 中　　　　D. 差

8. 你觉得 Seminar 课中，组织讨论的难度（　　　）

   A. 很难　　　　B. 比较难　　　　C. 一般　　　　D. 比较容易

9. 与普通课程相比，Seminar 课对增长学生知识的效果（　　　）

   A. 优　　　　B. 良　　　　C. 中　　　　D. 差

10. 与普通课程比较，Seminar 课对培养学生能力的效果（　　　）

    A. 优　　　　B. 良　　　　C. 中　　　　D. 差

11. 你觉得在 Seminar 课程中，学生查阅资料等自主学习的效果（　　）

    A. 优　　　　　　B. 良　　　　　　C. 中　　　　　　D. 差

12. Seminar 课与传统理论课教学方式比较，学生掌握知识点的效果
（　　）

    A. 优　　　　　　B. 良　　　　　　C. 中　　　　　　D. 差

13. 与普通课程相比，Seminar 课中课堂讨论的效果（　　）

    A. 优　　　　　　B. 良　　　　　　C. 中　　　　　　D. 差

14. 上了 Seminar 课后，师生、同学之间的关系的增进效果（　　）

    A. 优　　　　　　B. 良　　　　　　C. 中　　　　　　D. 差

15. 今后，你是否愿意组织 Seminar 课（　　）

    A. 很愿意　　　B. 还行　　　　C. 不愿组织

附录四　网络资源问卷调查

（一）单选

1. 你认同的教学模式是（　　）

    A. 传统教学

    B. 单纯的网络学习

    C. 基于网络资源应用的现代课堂教学与课后自主学习相结合

2. 该课程实施网络资源教学之后，自己的课后自主学习时间（　　）

    A. 没明显变化　　B. 明显增加　　C. 有所下降

3. 该课程实施网络资源教学之后，学习兴趣和课堂氛围有何变化（　　）

    A. 学习兴趣明显增强，课堂氛围更活跃，能调动大多数学生学习积
极性

    B. 较活跃，但只能调动少部分学生学习积极性

    C. 学习兴趣没变化，课堂氛围不活跃，没有调动学生学习积极性

4. 该课程实施网络资源教学之后，师生互动（　　）

    A. 显著增加，并方式多种

    B. 稍有变化

    C. 基本没有变化

5. 该课程实施网络资源教学之后，学生对日语的学习能力（　　）

    A. 更强　　　　　B. 没有什么变化

6. 该课程实施网络资源教学后，你的手机是否增加了网络资源学习的相关应用（　　）

    A. 经常　　　　　　B. 很少　　　　　　C. 没有

7. 你是否会通过网络与同学分享日语网络资源（　　）

    A. 经常　　　　　　B. 很少　　　　　　C. 没有

8. 你认为日语教学方法比较适合的是（　　）

    A. 传统"黑板+粉笔+课本"，教师讲授

    B. 课程教学中融合网络资源、多媒体等方式

    C. 单纯网络学习

9. 你是否掌握用互联网搜索获取学习资源的技能（　　）

    A. 有　　　　　　　B. 无

10. 你是否加入日语学习 QQ 群或经常浏览日语学习论坛（　　）

    A. 有　　　　　　　B. 无

（二）多选

11. 网络资源辅助教学表现出的优点或特点在于（　　）

    A. 增进师生间的感情交流

    B. 增加学习兴趣，提升探究知识的能力和自主学习能力

    C. 有利于课后学生预习、复习和巩固学习

    D. 多媒体形式的网络资源有利于提高日语的听、说、读、写、译能力

12. 该课程实施网络资源辅助教学之后，如果在学习上遇到难题，你会（　　）

    A. 在网络课程资源库里搜索

    B. 用百度、谷歌等搜索引擎搜索

    C. 通过网络方式向同学或教师提问交流

    D. 在日语学习留言簿或论坛中提问

13. 你采用过哪些网络交流方式与同学、老师或其他日语学习者进行日语学习交流（　　）

    A. QQ　　　　　　　　　　B. 论坛与留言簿

    C. 微信　　　　　　　　　　D. 电子邮件

14. 在校本日语教学网络资源库中，你经常使用的网络资源有（　　）

    A. 教学课件　　　　　　　　　B. 参考资料

    C. 师生交流　　　　　　　　　D. 多媒体材料

15. 采用网络资源辅助教学方式，你的日语水平在哪方面提高明显（　　）

    A. 单词记忆　　　　　　　　　B. 语法理解

    C. 听力训练　　　　　　　　　D. 日语训练

（三）简答

16. 由教师提供的高职第二外语日语学习网络资源，在内容与设计方面有哪些需要改进之处？

17. 在移动互联网时代，你对网络资源开发与共享有什么建议？

18. 你希望在校本日语网络资源库中增加哪些栏目或资源？

19. 与之前的学习情况比较，使用网络资源教学后，教学情况发生了哪些变化？

20. 从课程改革总体效果而言，请你对课堂使用网络资源教学的满意程度给予评价。

参考文献

[1] 冯瑞云，高秀清，王升. 中日关系史（第三卷）［M］. 北京：社会科学文献出版社，2006.

[2] 修刚，李运博. 中国日语教育概览［M］. 北京：外语教学与研究出版社，2011.

[3] 高军峰，姚润田. 新中国高考史［M］. 福州：福建人民出版社，2009.

[4] 李传松. 新中国外语教育史［M］. 北京：旅游教育出版社，2009.

[5] 王守仁. 高校大学外语教育发展报告（1978—2008）［M］. 上海：上海外语教育出版社，2008.

[6] 王以宁. 网络教育应用［M］. 北京：高等教育出版社，2003.

[7] 付克. 中国外语教育史［M］. 上海：上外教育出版社，1986.

[8] 修刚. 中国高等学校日语教学的现状与展望：以专业日语教学为例［J］. 日语教学与研究，2008（5）：1-5.

[9] 赵冬茜，修刚. 三位一体的高校日语专业人才培养路径：外语类专业《教学质量国家标准》《日语教学指南》《日语教学大纲》的制定［J］. 西安外国语大学学报，2022（3）：74-78.

[10] 曹大峰，费晓东. 中国高校日语学习环境的现状研究（1）：基于问卷调查的分析结果［J］. 日本学研究，2018（1）：107-128.

[11] 杨雅琳，曹大峰. 中国高校日语学习环境的现状研究（2）：基于深入访谈的分析结果［J］. 日本学研究，2019（1）：89-108.

[12] 鲍同. 综合性高校日语学习现状研究：以中国人民大学日语学习者为例［J］. 大学外语教学研究，2016（00）：151-193.

[13] 伏泉. 近四十年我国日语教育的发展特征及影响因素：基于国际交流基金调查报告等［J］. 日语学习与研究，2018（2）：88-99.

[14] 伏泉. 以科技日语为例探讨大学外语教学［J］. 学园，2013（1）：1-3.

［15］伏泉. 新中国日语高等教育历史研究［D］. 上海：上海外国语大学，2013.

［16］程志燕. 日语教育近年在中国的发展及启示［J］. 理论与现代化，2016（5）：123-128.

［17］徐一平. 中国的日语研究与教育［J］. 日语学习与研究，1997（4）：35-41.

［18］王宏. 1993年中国日本語教育事情調査報告［J］. 世界の日本語教育，1995（3）：150-165.

［19］张国强.《标准日语》及其编写特点［J］. 中小学各科教学和教学法，1995（1）：31-34.

［20］张敏.《中日交流标准日本语》的成功及其思索［C］//日语教育与日本学研究论丛（第一辑）. 2002（10）：97-105.

［21］朱桂荣. 一项关于中国日语硕士研究生教育的基础调查［J］. 日语学习与研究，2016（4）：49-56.

［22］朱桂荣. 高校日语教师专业发展现状研究：基于反思型工作坊的质性分析［J］. 日语学习与研究，2021（4）：99-108.

［23］徐冰. 全国日语专业研究生培养工作的现状与思考［J］. 日语学习与研究，2001（4）：34-35.

［24］薛育宁，黄燕青，吴志虹，等. 日语专业课程设置及改革的思考［J］. 集美大学学报，2011（4）：121-124.

［25］谢为集. 关于高校日语专业本科课程设置的探讨［J］. 日语学习与研究，2002（4）：53-56.

［26］陈俊霖，赵刚. 大学日语（二外）教学改革展望［J］. 日语学习与研究，2006（2）：73-76.

［27］李吉林. 情景教学的理论与实践［J］. 人民教育，1998（5）：28-30.

［28］李迎春. 情景教学法在大学日语精读教学中的应用［J］. 高教研究，2013（2）：2-5.

［29］马启明.“seminar”教学范式的结构、功能、特征及其对中国大学文科教学的启示［J］. 比较教育研究，2003（2）：20-23.

［30］刘劲聪. 日本大学本科seminar课程教学在我国的应用探析［J］. 广东外语外贸大学学报，2008（9）：105-108.

［31］陈潭，陈瑛. Seminar教学法、案例教学法及课堂教学模型构建［J］. 湖南师范大学教育科学学报，2004（4）：57-59.

[32] 万雪梅，伊美霞，蔡艳. Seminar 教学法在高职教学中的应用 [J]. 卫生职业教育，2015（14）：38-40.

[33] 韩新红. 充分利用网络资源学习和研究日语 [J]. 日语学习与研究，2005（4）：47-50.

[34] 吴辉，杨晓辉. 论日语教学中对网络资源的运用 [J]. 沈阳师范大学学报，2007（1）：158-160.

[35] 徐立乐. 网络资源在外语教学中的优先用 [J]. 山东外国语教学，2004（4）：37-38.

[36] 黄丽媛. "互联网+"视阈下大学日语视听说教学改革与发展研究 [J]. 理论观察，2018（4）：159-161.

[37] 王丽娜，王艳华. 全媒体背景下高校日语教学中日媒语料资源的应用探析 [C]. 东北亚外语论坛（2022年第一季度论文合集），2022：78-84.

[38] 张丽梅. 中国高校日语专业教师发展现状和发展需求研究：以教学、科研与能力意识为中心 [J]. 日语学习与研究，2017（4）：47-56.

[39] 程实，王雯雯. 基于日企人才需求的高校日语教学方向分析 [J]. 北京印刷学院学报，2017（4）：106-108.

[40] 高令君. 双创人才需求背景下日语教学新途径探索 [J]. 高教学刊，2017（6）：94-95.

[41] 李广悦，韩辉，李鸿娜，等. 电子辞典在高校日语教学中的应用：教案4 商务日语篇（续）[J]. 日语学习与研究，2022（2）：92.

[42] 宋艳军，郑海峰. 智能手机辅助基础日语教学应用研究 [J]. 通讯世界，2019，26（9）：340-341.

[43] 冯涛. 高职高专综合日语教学改革与实践探索 [J]. 科教导刊，2013（7）：83-85.

[44] 汤伊心. 高校日语教学中融入茶文化实践研究 [J]. 福建茶叶，2021（10）：150-151.

[45] 汤伊心. 试论日本文科毕业论文写作课程的意义 [J]. 大学教育，2016（10）：43-45.

[46] 汤伊心，陈盛谷. 境外教学实践项目对于外语专业多元化人才培养的意义和作用 [J]. 决策探索，2018（12）：76.

[47] 汤伊心. 境外教学实践与外语专业多元化人才培养的探索：以海南师范大学境外实践项目为例 [J]. 宁夏大学学报（人文社会科学版），2020（1）：185-188.